轉傳統為開新

——另眼看待漢文化

周慶華◎著

序

　　每當看到西方人所寫《英語帝國》、《文化帝國主義》、《白宮使命》、《誰是恐怖主義》這類夸夸其談的著作，不論是為自褒還是為自貶，都覺得鋒芒、榮耀、甚至使壞盡在他人；而再看也是西方人所寫的《中國——新霸權》、《當中國改變世界》、《中國撼動世界：飢餓之國崛起》這類國人「無緣置喙」的著作，就又覺得大家儘是「仿效別人」而前景不甚樂觀。為什麼會是這樣的局面？

　　以古老中國來說，所形塑的氣化觀型文化以「縮結人情」和「諧和自然」為特長而立足於東亞；它兼吸收來自印度以「自證涅槃」和「解脫痛苦」為宗旨的緣起觀型文化，二者並以「節約利用」和「少量輕取」的姿態面世而有所助益於地球的永續經營。但從近代以來，西方緣於「挑戰自然」和「媲美上帝」欲求所開啟的創造觀型文化一支獨大，透過科技、政經和軍事優勢征服全世界，導至前兩系文化卑微退卻的卑微退卻、妥協迎合的妥協迎合，再也看不到自我的面貌。這除了對方過於張揚跋扈，自己別無「爭氣的良方」也是一大關鍵。

　　然而，這卻不是可以樂見的通向未來的局勢。我們知道，創造觀型文化所以會橫掃全球，主要是基督教興起後為廣招徠信徒而在希伯來宗教的基礎上加入「原罪」教條的強為訂定，造成必須尋求救贖以便重返天堂而出現明顯的「塵世急迫感」。這種急迫感的「積重難返」，就是到了十六世紀宗教改革後新教徒（並一起「刺激」帶動舊教徒）的相關反應的「逾量」表現：新教徒脫離天主教教會後

所強調的「因信稱義」觀念，逐漸演變成要以在塵世累積財富和創造發明（包含哲學、科學、文學、藝術等等的建樹翻新）來榮耀上帝或當作特能仰體上帝造人「賜給他無窮潛能」的旨意而不免會躁急蹙迫；尤其在資本主義和殖民主義隨著矯為成形後，更見這種「過度的煩憂」。此外，在他們漸次締造現世巨大成就以及武力支配取得優勢後孳生出來的「優選觀」，也變本加厲的掀起浩天噬人的殖民災難和帝國夢魘；而為媲美上帝造物的本事而極力於宰制塵世的作為，也已經衍生出地球的資源日益枯竭，且因科技不斷發達所帶來的汙染、臭氧層破壞，溫室效應、核武恐怖、生化戰爭風險等後遺症無法解決。因此，原不是這個路數的另二系文化的委縮退場，就正好舉世一起走上面臨能趨疲（entropy）到達臨界點的不歸路。

　　中國傳統原有美好的「大同社會」的設計：「大道之行也，天下為公。選賢與能，講信修睦。故人不獨親其親，不獨子其子；使老有所終，壯有所用，幼有所長，鰥寡孤獨廢疾者皆有所養。男有分，女有歸。貨惡其棄於地也，不必藏於己；力惡其不出於身也，不必為己。是故謀閉而不興，盜竊亂賊而不作。故外戶而不閉，是謂大同。」（《禮記・禮運》）但始終都沒能徹底的落實，以至輾轉迄今「淪落」到海峽兩岸必須仰西方人鼻息才能過活的下場。所謂「亞洲四小龍」、「新中國」的崛起，都是以西方為模本且只能充當別人的中下游工廠，從此喪失了自家面目。

　　有感於創造觀型文化無理的凌駕和人類前途多舛的堪憂，我個人認為召回另二系文化以為參與現實事務的運作而不再失衡日困，理當是一件急切要「廣為施行」的大事。而這可以總攝為漢文化的特別稱呼，將它原先高格化所未被深入發掘的質素，重新另眼看待而以「轉傳統為開新」的方式呈現，以便對諍緩和西化或全球化浪潮所帶來的能趨疲窘迫的壓力。

　　這本書的寫作，就是基於該一淑世的關懷，可以跟我已經出版的《新時代的宗教》、《中國符號學》、《後宗教學》、《死亡學》、《後佛學》、《身體權力學》、《靈異學》、《語用符號學》和《走訪哲學後花園》等書相呼應，前後體現為當今特能有效救治舉世沉淪的對策。

　　另外，友人陳界華教授是本書的主要催生者，在這裏得特地向他致意。正因為感染了他對學術的熱忱，才激起我不斷向極地探險，而終於有了上述一些成果。走在這條註定要「艱苦奮鬥」的學術路上，有了他在旁邊鼓勵，多少可以減輕一點寂寥感。

周慶華

目次

第一章　緒論

一、讓神秘文本與生活美學浮現出來

　　不論從那個角度看，漢文化都有所區別於其他文化；舉凡自成系統的語言文字以及內蘊的宗教信仰、思想觀念、道德規範、文學藝術和典章制度等等，都戛戛乎獨造而不跟其他文化共量。只是近代以來因「敵」不過西方文化的強勢侵凌而逐漸「退藏於密」，不再復現歷史上有過的光芒。這所導至的不僅是一個泱泱大國尊嚴的邊失，而且還造成舉世缺少漢文化參與運作的失衡日困的後遺症。因此，重振漢文化以「矯正」全球西化浪潮漸趨能趨疲（entropy）末路的弊病，也就有高度濟危扶傾的現實的意義。

　　這在總說上是要「轉傳統為開新」以為應時所需，而在細說上則可以從許多層面來提點這種取徑的方向。好比一個「不大顯眼」的標點符號現象，就大有關係我們抉擇前路的能否成形。換句話說，大家只要認真追究，就會發現：標點符號在音系文字（以印歐語系為主）為絕對必要；在形系文字（如今則為漢語系所專屬）則不需要或未必需要。西方人所發明的標點符號，用於他們的音系文字，可以「定」音／義／語氣／敘述／思維方式等等；漢民族原來沒有發明標點符號，僅見的一些句讀鉤識點畫等（邱燮友等編著，1991：279〜315）也不過是藉來輔助斷句易讀而已。因此，回到各自的來處，有標點符號的書寫緣於為紀錄有「時效」性的語音而偏向時間化；無標點符號的書寫則緣於方塊字的自為「形體」化而偏向空間

化。前者在切割音／義／語氣／敘述等而發揮語法功能的同時，也「正向」成就了音律思維方式；後者缺乏標點符號，則形同「反向」音律思維方式而成就了圖像思維方式。這麼一來，標點符號就可以進一步用來區別異系統文化（而使得它又具有文化功能）。也就是說，有標點符號的是創造觀型文化使然，它的順從上帝造物「各異」的理則（對所稟自上帝的語言能力中必須說話「音音判別」的在意），委實釐然可辨；而無標點符號的則是氣化觀型文化使然，它的仿氣流動而造字表意，一切都有如線條漫布空中，畫意十足可感。然而，這在後者近一個世紀來移植前者的書寫模式後（雖然還自創或改造了少數標點符號），整個漢語世界中的人就不斷地發生圖像思維／音律思維的糾纏、空間化／時間化的混淆和氣化觀型文化／創造觀型文化的衝突等病徵，至今還不見有什麼好辦法可以改善這種「中不中，西不西」的怪現象（周慶華，2007a：332～333）。

連標點符號的有無這麼一個不起眼的對象都隱藏著「偌多」尚未被廣為察覺的問題，更何況是其他早已被忽視而「不能如此輕易略過」的思想、文學、宗教等大的對象？因此，重新來發掘自我所屬漢文化中各種還沒有真正轉為開新的質素，也就成了我們今後可以展現淑世的用心的一大契機。而這首先可以考慮的是，讓中國傳統文哲中的神祕文本和某些特殊的生活美學浮現出來。

中國傳統文哲好說鬼怪神奇、勤於講論體證玄理，外人見著多斥為無稽；殊不知這都是緣於氣化信仰而可能的。因此，新為勾勒錯雜文哲著作中的相關材料而敷成一可供「概循」的文本並加以專精的詮釋，也就有比較文化學「對觀」或「互鏡」上的意義。這在中國傳統為不必言宣的常理，演變至今國人改向急務西方發揚蹈厲的文化而自我退卻，從此不辨彼此面貌且一起誤蹈「戡天役物」而迅趨能趨疲臨界點的末路；以至重返那一神祕文本所處的情境前

沿，就不啻是在召喚遺落在內的曾經甚知「諧和自然，絪縕人情」的唯美和善的心靈，很可以順勢推廣而悉數昭鑑世人。

至於特殊的美學方面，可以舉「野合」和「自」字的生發演變為例。前者，「野合」是先秦時代的一種祈雨儀式，由國君率領男男女女到略有雲氣聚合的山野集體交媾，希冀「天人感應」而降雨以解除旱象。此一習俗在秦漢大一統帝國形成後，已不便從事而失傳；但它的專屬於中國傳統氣化觀型文化特有的強調陰陽交感／諧和自然的生活美學，並未全然退出歷史舞臺。如今重新回顧它，除了緬懷自省，還可以對諍外來的「換妻俱樂部」、「轟趴」、「雜交」等一類純為感官享受的娛樂。後者，「自」為「鼻」的本字，因中國古來大家習慣當著他人的面自指鼻而衍為自我的代稱，然後再造鼻字還原它的本義。而這一「本」一「衍」，所透露的是中國傳統一種「尊尊系統」漫化諧和的生活美學以及專屬的「氣化觀」在背後支撐的文化意識形式。「自」字，所代表的是該一生活美學的內涵；而字「自」，則是徵候著該一文化意識形式，彼此一起體現著有別於異系統不時興自指鼻以及書寫自我主體常多有懷疑的「特殊」情況。

二、儒道哲學與佛教形上學的雙雙關懷

中國傳統文哲中的神祕文本的重新召喚，可以延緩國人自我退卻而改向急務西方發揚蹈厲的文化，不再誤闖「戡天役物」而迅趨能趨疲臨界點的末路；而有關中國傳統氣化觀型文化特有的強調陰陽交感／諧和自然的生活美學或所著重的「尊尊系統」漫化諧和的生活美學的重新體驗，也有助於減低外來沉迷感官享受或「個體突刺」挑戰自然的衝突張力（將在第二、三、四章中詳論）。再來可能就要靠相關修為體現在儒道哲學裏以及重整早已傳來中土並流的佛

教哲學等資源來「強力」對諍這個被西化浸染支配而傾圮灰暗的「世道人心」了。

　　我們知道，時下流行的跨文化溝通議題，得有哲學式的諍論才能確保它不會流於「無謂」或「偏離方向」；同時哲學諍論本身也已經內隱在跨文化溝通中而成了跨文化溝通的一個環節。這一「不得不爾」的循環論證所開啟的新的論域，則可以藉為曠觀當今跨文化溝通的「乏效」或「未能焦點化」；以至重新來後設思維這個議題，而以關涉「人類前途」的問題為諍論的核心，也就成了在目前來說所得有的終極的使命。而這由儒道佛的哲學思想出發來擔起這一對諍的使命，正是「躬逢其時」且「責無旁貸」的。當中則又以佛教的哲學思想特具有「可為猛藥」的價值，無妨勤加借重。

　　雖然如此，佛教所預設的宇宙萬物的實相以及洞見該實相以便解脫的智慧和解脫後的境界朗現等等，分別以空、般若和涅槃（佛）等形上語言著見，已經成為眾人傳習體證和詮釋著述不輟的對象；但有關該形上語言所指涉的實質究竟如何可能卻還有如煙花閃爍，解說者言詮多為籠統奢華而不實在。這種難題，基本上得回返每一次第的形上語言是經由論者的「限定」而可能的前提上，才能知曉如何的去因應體證一類的課題。換句話說，佛教的形上語言所隱含的「實證」上的困難，在必要化解的情況下得從「人的賦義」中尋隙予以理論兼經驗式的分疏，然後不再預期終極境況而只為它保留「可進」的彈性。從此相關的「紛擾」或可止息，而所有的修行依止的「理據」也才具有正當性。

　　大體上，儒道佛值得被珍惜的是它們所內蘊的自覺仁心道志而發為仁行仁政或無為而治所顯現的「縮結人情」和「諧和自然」的特性以及自證涅槃而解脫痛苦煩惱所表率的「毋庸我執」和「少量輕取」的風範，可以用來對治畸型科技和假性民主（現有的民主制

度的設計都無法容許「等值的參與」，只能在「程序」上動腦筋而又不免為少數人所操控，不啻形同虛設）的過度發展，使人類得有機會「重返」較素樸以及較平和的生活形態，以避免能趨疲（耗用資源而使不可再生能量趨於飽和）的快速來臨以及競逐世俗權益所引發的爭奪殺伐。此外，對儒道再有「過多」的期待（如現代化之類），都是無濟於事的。但為了容易看到成效，儒道佛內部勢必也得恆常的處於對諍的局面，而由此啟發或引導世人予以「取精用宏」；否則又退回過去曾有過的孤發自範的僵局中，終究不利於人類文明的重現「生機」（周慶華，2001a：132～133；2007b：193～197）。

三、古文今譯與轉言為文以顯創意的語用符號學紀元

以關命妨生的後遺症的輕重作為標準，可以斷定未來人類所需要優先發展的信仰。這時回歸中國傳統儒道兼及佛教哲學的呼聲，也就無庸置疑的要「發出再三」了。至於它在實踐上的可能性，則可以由「永續經營」地球和「長治久安」人類社會的欲求來作保證（將在第五、六章中詳論）。此外，我們還可以有一些輔助性的思想觀念來「旁襯」或「激活」這一波轉傳統為創新的思潮。它約略有「古文今譯」的翻新配合和「轉言為文」以顯創意的語用符號學發用等。

古文今譯涉及信息轉換的高度不確定性以及形式結構／音韻格調／內外語境眾成分無從對應的難題等，幾乎可以判定它是不可能「成功」的。因此，如果有所謂「古文今譯」的宣稱，那麼它無非就是由權力意志在作終極的保證，並且以譯者的前結構為中介而冀能獲得相互主觀性為所蘄嚮，再創作的「志業」性依然可以酌予看待。而這不妨依便取陳鼓應的《莊子今註今譯》來檢視，一窺它不

能媒合的根由。縱是如此,我們仍然可以採取基進求變(創造譯語)的思路來「制動啟新」。

　　至於所要發用的語用符號學部分,它兼有語用學的語用表意訴求和符號學的符號操作手段等雙重一體性內涵,可以為相關的新學建構的最新指標。而這在當今的開展,則得擺脫西方文化的片面影響而向中國傳統文化去汲取資源,才足夠撐起一門新學科的「新異」身分。至於這條道路的成形,則無疑的是在由「言」向「文」的回歸;將原有的文字/文化性以及更進一層的極盡「文飾」性和「諧和自然,綰結人情」的精神意態等予以融鑄而再出新潮。它的輾轉成功,不但可以藉為「改造世界」,更可以晉身為人類最切實際的「終極關懷」。

四、非邏輯的後設認知與漢語聲調的重新定位

　　基進求變的「破舊出新」的動力,基本上還會是今後文化向前推展的一大保障,而可以成為我們思考古文今譯再翻新的一個難以取代的向度(這時就不只是為了「傳承或發揚固有文化」,它還為了尋隙「再創新文化」)(周慶華,1998;2000a;2007c)。而從歷史的經驗來看,轉言為文的語用符號學的塑造,它的「違俗」構想也永遠可以禁得起有意更新文化者的考驗而值得我們戮力以赴(將在第七、八章中詳論)。而如果要說還有什麼要「一併注意」的,那麼先秦時代名家所「遺留」給我們的非邏輯的後設認知和漢語聲調的獨特價值的揭發就是了。

　　好比公孫龍一派的名家所輾轉暗示的:公孫龍為戰國時代的辯士,所傳有《公孫龍子》一書滯世。他曾以「別異同」、「離堅白」等辯題聞名,時人多以「能勝人之口,不能服人之心」看待;而後

人也不盡包容他的一些琦辭詭論。這究竟要怎麼「理會」，也就成了今人面對往哲時的一大考驗。其實，這一切全是後設認知的問題，只要考察他如何的進行邏輯思辨以及在同一文化系統中所以不流行這種邏輯思辨的原因，約略就可以判定該後設認知的歷史意義和現代意義。也就是說，《公孫龍子》中所呈現的後設認知，隱示了國人不能走邏輯思辨的「歧路」的命運。

　　至於漢語聲調所可以提醒我們的是：漢語聲調在調類、調值和頻譜等物質性的特徵上，論者多能有效的舉實析理；但對於漢語聲調更有著挈情的社會作用和特殊的氣化觀型文化背景（可據為區別於其他文化傳統中的語言）卻未能一併深透，以至有關漢語聲調的「獨特性」就無法進一步的予以彰顯。這種遺憾自然要有一篇專論來彌補，藉由對上述社會功能和文化功能的揭發而奠定相關漢語聲調的「知識」基礎，並進而思考自我文化遭受西方文化強為壓迫的「突破之道」。

五、從中國傳統文學到臺灣文學的斷裂修補發微

　　公孫龍一派的琦辭詭論所呈現的後設認知，隱示了國人不能走邏輯思辨的「歧路」的命運；而它在當今無法取來跟西方的邏輯學匹敵而還有那麼一點意義的，就是它可以促使我們重新思考召喚自我傳統原有的一些獨特的東西而不是再行「盲目」的追隨他者文化。而從漢語聲調所得到的由逐漸被創造觀型文化同化擴散的「言」（說話）向氣化觀型文化原有的精實華美的「文」（書寫）回歸的啟示，也可以知道重樹文化尊嚴的可貴和必要性（將在第九、十章中詳論）。而由這一點，我們還可以推及原有精實華美的「文」傳統在當今遭受外來文化侵蝕而斷裂的勢必予以修補，才能「重見天日」。

　　好比「臺灣文學」經國人的形塑創發後，已經自成了一個想像共同體，有著魔咒般的束縛人心的效果。只是它的涉外爭取文學桂冠的乏力以及未能趕上普世思「變」孔亟的潮流，總有深深的遺憾而得別為尋找出路。這在有識之士的盱衡燭照中，原也有如葉笛慷慨陳言的，只不過都罕及他力倡超越傳統／樹立新美學的膽識；以至臺灣文學如果要有希望，就得從他的文學論述／批評觀中「奮起」進一步去創新超越世界其他地區的文學成就。這就是再造另一個足以開展臺灣文學新局面的不一樣的想像共同體，機會不可錯失。

　　還有較「廣擴」的華語敘述也一樣。我們知道，敘述為人類展示發達語言的運作能力以及刻意藉為區別學科的捷徑。它在如今正當全球化風捲殘雲而促使海峽兩岸同感必要乘勢發聲的關口，所推出的華語敘述就成了一個可以檢視的好案例。只是華語敘述本身在缺乏「雄厚實力」作為後盾的情況下仍舊高揚不起來；尤其臺灣一地近年來的華語敘述熱潮卻難以激起國際社會的迴響，就可見它的「主體性」未能完構的一斑。要改善這種不利的處境，既有的「臺灣文本」式的華語敘述模式勢必得向「文本臺灣」式的華語敘述模式過渡，以未來可以有的相關「濟世」或「益世」的良方重新發聲，一切才庶幾可望！

六、情志思維與文學進路的規模

　　從中國傳統文學的斷裂發微所相準的再造另一個足以開展臺灣文學新局面的不一樣的想像共同體的機會，是以「臺灣有的文學」作為理想標的，它所得吸收轉化中國傳統文學的成分自然不會缺少；而透過「文本臺灣」式的華語敘述模式的建立，以為相關「濟世」或「益世」的良方重新發聲，也得從中國傳統文學尋覓可借鑑

的資源，這些都是轉傳統為開新的特別具有現實「切近」感的作為（將在第十一、十二章中詳論）。最後可以再從中國傳統的「情志思維」和當今「數位文學」的未能救活文學的雙雙提點和批判，來規模這一條「必要啟新」的文學道路。

　　向來有關中西文學的區判，學者多能以奔迸暴露和內斂含蓄等特徵來分別指稱，但並未一併了卻箇中原委。其實這跟中西方文學都以詩為核心密切相關：詩在西方傳統為「詩性思維」（野性思維或非邏輯思維）所制約，而在中國傳統則為「情志思維」所制約，彼此一著重「外衍」一著重「內煥」；以至外衍的恣肆宏闊而有氣勢磅礴的史詩及其流派戲劇和小說等的賡續發皇，而內煥的精巧洗鍊而有抒情味濃厚的詩歌及其流派詞曲和平話等的另現風華。這些都可以再行追踪定性，以便時人藉以省悟繼續「仿效對方」的脫序乏效以及重估萃取精華求進的可能性。由於這是攸關「詩思」的貫串成形，所以直取中西方詩觀來對比發論，並冀以解決國人創作「失準」的問題。

　　二十世紀末，由於電子及資訊社會的發達以及文學被評論或文化評論所代替而引發「文學已死」的哀悼聲言猶在耳，不久網路新媒體興起，以「捨我其誰」的姿態立即拯救了陷於危境的文學，似乎這樣就一切天下太平而文學也找到了另一春。但從二十一世紀初這幾年的情況來看，數位化並未能一併「救活」文學；它的粗糙複製／再現現實以及苦苦追趕科技潮流的窘態等都一再的「自暴其短」，以至從中再思「基進奮起」的必要性仍是當今大家所要面對的課題。這在文學未來學裏可以成為一個新的焦慮點，試著以科技破解科技的方式將文學導到無限超鏈結的境地（終而徹底解消文學的「嚴肅」性）；不然就退出科技的牢籠重新找尋生機。而不論如何，

數位文學的明天都得排上議程去計慮，才能知道文學究竟是否還有前景可以期待。

　　前者（指情志思維）的提點，在於反當前「前路不明」的文學混沌狀態以及理該勤於「知己知彼」的自行尋求出路；後者（指數位文學）的批判，則在於指出資源的節約利用和文化的永續經營依然是下一波文學創新必須面對的真實課題（將在第十三、十四章中詳論），這些都成了我們所得培養的見識和所得勇於承受的擔負。

第二章　另具隻眼：

中國傳統文哲中神祕文本的建構與詮釋

一、所謂的另具隻眼

當今談論學問能不深感艱難的幾希！試想當我們才準備好要向「傳統」去蒐尋素材時，馬上就會遇到「傳統是被發明的（而非真實存在的）」嘈雜聲〔霍布斯邦（E. Hobsbawm）等，2002；傅柯（M. Foucault）；1998〕；而當我們正信誓旦旦的想將某些文本「詮釋」個所以然來時，很快地又有人在旁邊搖旗吶喊說他「反對詮釋」或「詮釋只不過是一種戲劇性獨白」〔桑塔格（S. Sontag），2003；伽達瑪（H. G. Gadamer），1999〕，這樣又如何能夠「順利」的肯定有一樣東西可以在我們眼前純粹的展開且相信如實的把握了它？

把握不住談論的對象以及談論的方式，自然也無法理解「曾經有人自信滿滿的說他比作者更了解作者及其作品，如歌德就認為他對《哈姆雷特》的理解比原作者莎士比亞更為深刻透徹；希勒格對《唐吉訶德》也有這種超越原作的感覺；康德也認為自己所了解的柏拉圖更甚於柏拉圖自己。但別忘了，伽達瑪也曾經說過：我們不能自稱更加了解柏拉圖，我們只是了解的跟他本人不同罷了。我們還可以更進一層的說：柏拉圖是否真的了解他自己（其他人也是），也還是一個問題呢」（周慶華，2000b：2）這一類的爭議究竟「緣何

而起」。因此，遮斷式的「權說」可能就是克服這種艱難的唯一有效的辦法。

　　從這一點來看，我們還能夠說「傳統如何如何」的，就不是準備成就什麼「真理之見」，而是權力慾的驅使試著要藉它來展現一點「功利論說」的風采（周慶華，2000a；2004a；2004b；2005）。這時它所能自我標榜的異質性，就僅僅是那「相對差異」的論說格局以及「說服無門」的新認識論前提。而這似乎也塑造了一種可以易動卻又不失基進進取的價值體系，永遠等著跟「他者」對諍也被「他者」所對諍。一般如果也有所謂的另具隻眼說，那麼依理也應該是這種情況；它所照見的整全或隙隙，都是權宜宣稱，目的在取得發言權、甚至晉身為言論領袖。

　　本論述在這個環節上也要軋一腳，立場本來也很清楚了（也就是只為遊戲騁快而不為什麼真理）；但基於副標題「中國傳統文哲中神秘文本的建構與詮釋」隱隱然存在的一點嚴肅性，也不好那麼快就自我先行解構掉。換句話說，另具隻眼的相對性的堅持本身難免也要成為一種絕對性；倒不如就先如是看待而後才容許被解構。好比當代盛行的德希達（J. Derrida）的解構理論在批判完西方的形上學傳統後自己也不禁成了可被批判的新的形上學（朱耀偉，1994：60～61）；但有人（包括德氏本人）卻一再辯解說「解構文本的目的在要求透過不斷地重構過程，重新詮釋文本的意義，以開放其他可能的詮釋，並經由一連串的思考辯證，更深入地探討文本……換句話說，解構思考在解體現存的中心結構，破除二元階級對立的關係，不斷重構，以進行歷史演變和思潮接替更換的不止息過程；如此循環不已，才能在各個歷史階段裏產生新象和新知，而不致封閉和約束在現存結構的『意識形態國家機器』裏」（楊容，2002：20）。這樣一來，它的理論的弔詭性（在解構他人時也蘊涵了自我解構）以

及實踐的策略性（也是基於權力欲而可能的）等（周慶華，2003：217～218），就都一併「蒙混」了過去而只等別人「挑釁」時再來作回應（不論是否回應得了）。

二、從文本到神祕文本的發掘旅程

那麼另具雙眼所要盯衡的中國傳統文哲中的神祕文本究竟又怎麼了，這是接下來要再作交代的。雖然如此，這裏還有一個更根本的「文本」問題需要解決。也就是說，神祕文本是以神祕作為文本的限制詞，而文本這種更優先存在的觀念則得有所「說而後可」。這條從文本到神祕文本的道路是一個發掘的旅程；它很少被留意卻不得不在本論述中「強」為註記。

大體上文本（text）是二十世紀上半葉才出現的新概念，它主要緣於結構主義者要用它來區別作品（work）而設定的。當中以巴特（R. Barthes）的「可寫性」文本和「可讀性」作品的分疏，最常被人所援引。巴特認為這二者的不同顯現在下列五個層面：(一)作品是一個完成了客體，它可以計算，能夠佔據一處實際的空間（如圖書館的書架上有它的一塊立足地）；而文本則是一個方法論的範疇。也就是說，文本只能在一種活動中、一個生成過程中被感知。因此，我們不能計算文本的數目；至少不能用普通的方法來計算。我們只能說在某某作品中有或沒有某一文本。作品可以拿在手中；而文本則存在語言裏。(二)文本是一個科學的（或者至少是認識論的）概念，同時又是一個批評值；它允許依據作品內部意指活動的強度對作品進行評價。因此，它不一定接受把作品分為好、壞的傳統概念和標準；在那些為高尚的和人文主義的文化所揚棄的作品中，至少能零星找到文本的主要標準。互文性文本和文字的（或意符的）遊

戲可能存在於非常流行的作品之中；而意指活動很可能存在於那些在傳統上為文學所不齒的無稽的作品之中。(三)作品總是隸屬於一些類別範疇，如體裁、樣式、風格和創作方法等等；而文本既然是意指活動，那麼反過來說一切意指實踐（包括繪畫實踐、音樂實踐和電影實踐等等）都可以產生文本。作品既然被視為文本，作品本身就破壞了各種類型，破壞了它們所隸屬的那些內部整齊的類別；因為文本的經驗幾乎總是一種超越體裁界線的經驗。(四)按照傳統的觀念，作品被視為信息的貯存、傳達，或者是按照創作所遵循的規則對語句加以組織和安排；而文本理論不再把作品看成僅僅是信息、甚至也不看作語句（也就是完成了作品，它們的命運在被表達出來的那一瞬間就已經註定），而是看成永無休止的生成過程和陳述，主體則在當中掙扎不已。（五）在接受方面，傳統理論把接受者和作品的關係僅僅看作是單向活動，有些人的接受僅僅是消費行為；文本理論不僅無限制地擴大接受的自由（批准我們用現代眼光去讀過去的作品，從而正當合法地在讀例如索福克勒斯的《俄底帕斯王》時反過來運用佛洛伊德關於戀母情結的說法……），而且它還強烈地堅持認為創作和接受（在生成方面）是平等的（王先霈等主編，1999：171～172）。這樣「神秘文本」如果不是泛稱（而是承襲上述文本概念而來的），那麼它也是一個可寫性的，「神秘」這個限制詞就是虛提（不能有實質限制的作用）。

神秘文本的虛提神秘性，在經由巴特的文本互涉觀的相當程度的「淡化」後再遇到德希達的意符延異觀的「解構」威脅（巴特，2004；德希達，2004），簡直是再也掛不得了。換句話說，在文本互涉觀和意符延異觀的前後夾逼下，神秘再也「無從神秘」或「不知其為神秘」了。這會是我們現在所要面對的狀況嗎？不然！所謂的

文本互涉或意符延異一類說詞，都是人為的「使它如此」；我們不認同依然可以別為認定。正如伊格頓（T. Eagleton）所說的：

> 如果我們對語言仔細審視一番，看作紙上一連串的能指詞（意符），意義最終很可能是不確定的；但當我們把語言看成我們做的某件事，跟我們的實際生活形式不可分離地交織在一起時，意義就成為「確定的」，像「真理」、「知識」和「肯定性」等詞語就恢復了原來的力量。這當然不是說語言因此就成為確定的和明白易懂的了；恰恰相反，它比最徹底的「分解了的」文學文本更加晦澀和矛盾。只有這時，我們才能夠以一種實際而不是學究的方式看到，那些東西算是明確無誤的、可信的、肯定的、真實的和虛假的等等，並看到在語言之外還有那些東西捲入這些界定之中。（伊格頓，1987：142）

這段話有多重的涵義：第一，我們可以操縱語言而使它的意義「確定」或「不確定」；第二，由於我們知道自己在操縱語言而使它的意義「確定」或「不確定」，所以語言的意義不論是「確定」還是「不確定」都是一種策略運作；第三，既然語言的意義「確定」或「不確定」只是一種策略運作，那麼任何後起的語言觀都可以享有它「獨自」發展的空間（周慶華，2003：218～219）。這樣就同時保障了文本互涉或意符延異觀和非文本互涉或非意符延異觀；但前者的刻意否定後者卻成了非理性行為而得加以捨棄。最後所要保留的是「確定」式的策略；至於「不確定」式的策略，則隨機讓它穿插點綴而不再賦予什麼優位性（周慶華，2004c：93～94）。所謂從文本到神秘文本的發掘旅程，就是意識神秘文本的存在而繼續深入追究一如上述那樣的概念生產機制所形成的；它的「發掘」說的自我循環以

及相關概念的「憑空」出現等，最終都只是為了開闢新的論題，而無須再有後設邏輯來強迫它「表白」什麼。

三、中國傳統文哲中神秘文本的建構

神秘文本的發掘所要提供給另具隻眼「衡鑑」的地方，主要是它的超現實性的學問。這種超現實性的學問，在字面上很明顯就有別於現實性的學問；而在實質上它可能更富意涵（也就是裏面可能有關係兩界的許多「交涉」或「互動」的網絡）。而根據這一點來看，中國傳統文哲所已經被條理出來的學問幾乎都是現實性的〔偶爾有擴及玄奧或神怪這一超現實領域的，也大多被唯物論的視野所囚禁而無法窺見它的「秘辛」或「精髓」（本書編寫組編，1999；文史知識編輯部編，1992；劉曉明，1995；馮其庸等，2000；臺靜農，2004）〕，這就會讓人懷疑同樣存在的超現實性的學問被「無知」略去或被「刻意」抹煞了。

所以說超現實性的學問「同樣存在」，是因為它在人類計慮經驗的獲取上是不可或缺的。這不妨從這類學問所顯現的神秘性說起：神秘，在一般的觀念裏是帶有貶義的：「『神秘主義』和『神秘的』這些字眼常用作純為譴斥的名詞，用來指任何我們認為模糊、闊大的、濫情而且沒有事實上或邏輯上根據的意見。有些人以為我們相信他心傳意或死後有鬼的人是『神秘者』。除此之外，這個名詞就很少用了；因為不這樣模稜的同義詞太多了。因此，為限制它的意義而使它有用起見，我採用我解釋宗教名詞的辦法，只對你們提出四個特性（按：指超言說性、知悟性、暫時性和被動性等），我們在此就可以把它叫做神秘」（久大編輯部編譯，1990：179～180）。但它也不過是以無驗或無稽一類的理由在排斥著，完全忽略了一些能夠

冥契或靈通的人的真實經驗（我們不能說自己經驗不到就否定它的存在）；更何況我們又有多少的知識是來自親身體驗的？所謂「（如果我們認為認同那些神秘事物的行為是迷信）那我們就得承認下面一些不合理結論：（一）人的智力是無限的、萬能的，可以洞悉所有事理，上天下地沒有人的智力不能達到的領域；（二）每一個人的所有知識都由自己研究得來的，不必靠別人的權威；（三）歷史上至少有些人，在探討真理的過程中、在追求知識所作的努力上，未曾犯過任何錯誤」（曾仰如，1993：283～284），不就在說明我們所擁有的知識已經摻雜了神祕成分。它不可能被過濾汰除；而我們也無從不對它「續有所求」（除非一個人完全非知化了）。現在再把這個課題帶出來，也只是在強調正視「神祕經驗一樣關生」的必要性（周慶華，2001a；2002a；2004a）。

　　那麼中國傳統文哲中的神祕文本又是怎麼一回事？這就得略仿當代系譜學或新歷史主義方法學裏的「建構」說〔傅柯，1993；詹京斯（K. Jenkins），1996〕而將它稍微建構一下：我們知道，中國傳統文哲的表現可以（摘取）列入神秘範疇的，不外有超現實的玄奧語言和奇妙的神怪經驗以及直接間接相應於這些玄奧語言和神怪經驗的一些象徵性的符號和儀式等等。因此，這就可以彙整出四種彼此相需相索或辯證互涉的神祕文本：第一是超現實事物所從來慣使或體現的語言（文字）這一單純性的符號組構，如「二氣感應以相與……天地感而萬物化生」（孔穎達等，1982a：82）和「道者，虛無之至真也。術者，變化之玄伎也。道無形，因術以濟人；人有靈，因修而會道」（白雲觀長春真人編纂，1995a：583）等等；第二是超現實事物的經驗現象顯示這一混合性的符號組構，如所有口傳以及輯錄保存在諸如《列仙傳》、《神異經》、《十洲記》、《洞冥記》、《神仙傳》、《搜神記》、《續搜神記》、《枕中書》、《佛國記》、《洞仙

傳》、《述異記》、《續齊諧記》、《還冤記》、《神仙感遇傳》、《墉城集
仙錄》、《續仙傳》、《疑仙傳》、《三洞羣仙錄》、《歷代真仙體道通鑑》、
《三教源流搜神大全》、《神仙鑑》、《聊齋誌異》、《閱微草堂筆記》、
《神怪大典》等等（王謨輯，1988；捷幼出版社編輯部主編，1992；
蒲松齡，1984；紀曉嵐，1977；蔣廷錫等編，1991）的神仙鬼怪傳
奇；第三是超越界（靈界）所選創而為現實界外發的視聽媒介這一
半混合性的符號組構，如咒語、符籙和卜兆卦相等等（趙仲明，1993；
高壽仙，1994；鄭志明，2000）；第四是現實界為溝通超越界而選創
的視聽媒介這一半混合性的符號組構，如祭器、祭品、誦經、禮拜、
呼求、術數、禱告和修持等等（郭立誠，1992；賴亞生，1993；馬
昌儀，1999；鄭小江主編，1993；鄭仲宇，2003；鄭志明，2004）。

　　以上四種特殊符號組構所可以成就的四種神秘文本，在內裏第
一種和第二種彼此會有辯證或互涉的關係（也就是超現實事物所從
來慣使或體現的語言是超現實事物的經驗現象所以可能的「前提」
依據；而超現實事物的經驗現象繁複化後所衍生的成分又可以回過
來增飾或改造超現實事物所從來慣使或體現的語言）；同時它們還會
跟第三種和第四種有機的形成一種「相互需索」式的聯結（也就是
彼此都得藉助或依賴對方而不可能單獨存在）。這不論可被相對檢證
而具有的「相互主觀性」有多高，都可以自成一個論述模式。這個
論述模式所試圖挑戰的是「不作此圖」的其他只知片面框限中國傳
統文哲的現實性的學問論述；而這必須再有一道詮釋的程序來貞定
它的「文化模塑」的攸關性。

四、中國傳統文哲中神祕文本建構後的詮釋

　　如果只把中國傳統文哲的表現侷限在現實性的學問面，那麼所被有意無意摒除的超現實的學問面就會在識者的堅持下反擊而一舉攻破它所據「迷信」理由的脆弱的防禦工事。因為所謂的迷信指責本身就是一個不太有效的策略運用：「『在某一時代，某些信仰如果違背了科學團體的主張或違反了文化宗教團體主要派別所確證的一些道理，一概屬於迷信』。這項適用於任何歷史及文化背景的定義，能賦予迷信的研究工作一個整體統一性。這項定義也代表著『迷信』這個字眼包含了下列兩型的信仰：（一）『傳統迷信』：就是『基礎謬誤』，人們同意並認定為迷信的一些世俗或祭祀信仰，如四葉苜蓿、克里斯托夫聖牌、觸摸一下木頭和十三人上桌等等。（二）『超科學信仰』：就是甚至在科學界仍『爭論不休』且被大部分成員所拒絕而其他少數成員所接受的一些信仰，如占星術和以精神力量移動物品等等」〔勒埃珀（F. A. Leherpeux），1989：31〕。殊不知那些「違背了科學團體的主張或違反了文化宗教團體主要派別所確證的一些道理」只是站在科學團體或文化宗教團體主要派別的立場發話，根本忽略了這不過是「各信其所信」而已（按：今人的「迷信」觀念多來自西方，所以引例也取自西方人的著作）。既然信仰和迷信的揭發都是各就各的所信而呈現，那麼也就沒有誰是誰非或誰有理誰沒理的問題。

　　雖然如此，上述這類的反駁還不是最重要的（因為它還是會緣於「立場分歧」而彼此中止對話）；最重要的是這些一樣可信仰的中國傳統文哲中的神祕文本究竟隱含了什麼樣的信息而值得我們予以重視？這就得從下列幾方面來詮解釋繹：

　　首先，所有的神祕文本，在存有的作用上很明顯的也有通泛性的在進行命令、指示、警告、禁止、祈使和感嘆等等；而這都可以比照一般文本的表義方式來理解。此外，特別可觀的是，那些神祕文本也同樣具有現代意義下的「隱喻」的功能。隱喻在當前被認為早就跨出了修辭學的辭格範圍而向認識世界或創新世界的重要手段發展：「今天人們對隱喻的認識已經不僅僅是修辭學中跟明喻、誇張、頂真等併列的一種修辭手段，它是我們認識世界和語言發生變化的重要手段之一。因為我們要認識和描寫以前未知的事物，必須依賴我已經知道和懂得的概念及其語言表達式，由此及彼，由表及裏，有時還要發揮驚人的聯想力和創新力。這個認知過程正是隱喻的核心；它把熟悉和不熟悉的事物作不尋常的併列，從而加深了我們對不熟悉事物的認識」（胡壯麟，2004：3）。而所謂的「隱喻原則」的理論建立，也就是因為隱喻技巧的使用及其特殊的表義方式已經改變了大家的思維方式：「『隱喻原則』憑著自己對符號表達形式的強調很自然的取代了符號的結構形態，它使物體和符號之間本應有的主客對應關係走了樣；它甚至在符號能指間建立了錯綜複雜的種種聯繫，使人們在驚異於符號能指的無窮變幻中喪失了對符號所指意義的興趣」（黃亞平，2004：導言 5）。這在中國傳統文哲中的神秘文本方面，更有「氣化」成世界的獨特的文化隱喻而可以為我們所重新體認發揚。舉凡它所內蘊的道／氣式的玄奧語言以及迎應道／氣式的神怪經驗等等，都是舉世無雙而不可取代（今人還未能深為契會就想拿西方的科學／宗教觀念來「矯治」或「扭轉」它，不啻白使力氣）；國人不必再「糊塗」的追隨西方文化而對它失去信心。

　　其次，就神秘文本的生產實踐來說，由於它的形態有多重性（如前節所指出的四大類型），所以有關它的組合和使用以及可能的賦義、隱喻和接受回饋等也就可以想像會前後一起「變化多端」了。

而這種情況的「探本」思考，就是追問誰在當中操縱了神秘文本。「誰在當中操縱了神秘文本」這個命題的成立，是假定沒有一個神秘文本是自我無謂顯現的；它要回過頭去提住神秘文本的物質性以外的組合、使用、賦義和隱喻等生產位置以及保障實踐接受回饋的資訊交流管道的必要順暢。這是另一個深沉的考量，對象內部難免會有一些社會文化的因素「先驗介入」而等待我們勤加發掘。對於這一點，我們可以推測神秘文本的操縱者在最低（最表顯）層次是四個大不相同的主體：第一是最早為神秘文本量身打造而許以相關語言的神或人；第二是能夠描述、體驗和定位神秘文本的個別人；第三是應需而選創媒介的超越界的眾神；第四是應需而選創媒介的現實界的個別人或集團人。而出了這最低層次，文化傳統（特別是該傳統中緣終極信仰而形塑的世界觀）則成了較高的操縱神秘文本的主體。這種情況似乎有點費解（因為前者的主體都是有位格的存在體，而文化傳統卻只是一種類位格的抽象的觀念）。但也不然！以現在後設的角度（而不涉及虛擬的發生學）來看，文化傳統這種主體的類位格性如果不先存在，也就不會有後續的相關的神／人出來操縱神秘文本（因為缺乏觀念或觀照的動力）。因此，相對於神／人這種「後驗」主體來說，文化傳統可以算是「先驗」主體。這種先驗主體既內在於後驗主體的意識中（而為該意識所發用）又超越後驗主體的意識，是一個得帶「特殊眼光」去看待的對象。雖然如此，在這兩類可以察見推知的操縱神秘文本的主體以外，還有一個早就「呼之欲出」的中間性的操縱者，那就是社會背景。社會背景所以也成了操縱神秘文本的主體之一，是因為「超越界所選創而為現實界外發的視聽媒介」和「現實界為溝通超越界而選創的視聽媒介」等兩種情況都是在社會中發生或要進入社會中才能完成程序；而「超現實事物所從來慣使或體現的語言」和「超現實事物的經驗現象」等兩

種情況也多不離社會這個供馳騁或寄存的場域。因此，社會背景的主體性就可以依照它通貫於其他兩類主體而特別賦予它兼有先驗特徵和後驗特徵的中間型主體性格。這在中國傳統文哲中的神秘文本方面，也無不如此而「自有特色」。也就是說，中國傳統文哲中的神秘文本所生發演變的場域已經自成一種泛靈（神）信仰的社會形態；而它背後所搏造成就的氣化觀型的文化韌力又制約著它的實際走向。至於表面在搬演故事的那些流轉於兩界的神／人〔按：神為精氣本身；人則為精氣所化生具軀殼的存在體，「死」後又回復為精氣（周慶華，1999a）〕，則一起體現了該文化中氣聚氣散的「無常有理」的變易精神，這就不言可喻了。

　　再次，從神秘文本的隱喻功用到神秘文本的生產實踐機制的條理，最後都得歸結到權力意志這一仍為「強勢」存在的終極主體上。這種主體在文本最基本的表義階段「話語」（或類話語）中就已經現形了：「『話語』是現代和後現代社會將人作為『主體』來進行組構和規定的一條最具特權的途徑。用當今流行的話來說，『權力』透過它分散的制度化中介使我們『主體化』：這就是說，它使我們成為『主體』，並使我們服從於控制性法則的統治。這法則為我們社會所授權，並給人類自由劃定了可能的、允許的範疇（這就是說，它『擺布』著我們）。實際上，我們甚至可以假定，權力影響著我們反抗它所採取的形式」〔蘭特利奇（F. Lentricchia）等編，1994：77〕。根據這個觀念，權力之外並不存在本質的自我；同樣的，對權力任何特定形式的反抗（也就是對任何散布的「真理」的反抗），也是依賴於權力。換句話說，我們所生存的世界，就是一個話語運作的場域，而權力則為該場域終極的主體（周慶華，1999b：227～228）。整體上權力這種影響力或支配力在還沒有實現以前，只能以欲求形式存在（所以才稱它為「權力意志」）；而這種欲求形式早已帶有普世性

的徵候。也就是說，權力欲求是人在社會中不得不然的一種「求生存」的方式：「如同觀念一樣，權力是重要的表達詞彙，傳遞了人類想要影響他人並互為關聯的深植欲望……當然，權力本身並不是一件壞事。人類需要運用權力，以便在大自然中生存、分流築渠以便灌溉、開墾土地以及運送貨物……只有在我們擁有足夠的權力時，才能夠順利地過我們想過的生活……事實上，我們迷戀權力，或許只是因為感受到自身的無力感。圍繞我們的龐大團體組織以及社會壓力，似乎正塑造著我們的命運……當我們說覺得自己充滿了無力感，這意味著自覺沒有足夠的力量去對抗組織機構、官僚體系、系統制度、別人的強勢個性，或是某個潛伏在我們心裏剛愎自用的某人……飄浮在處處權力的世界裏，我們該如何前進？通常的回答是：設法從中得到一些權力」〔布睿格（J. Briggs）等，2000：51～54〕。縱是如此，人對權力的著迷，在相當程度上還是因為權力可以產生許多附帶的效益：諸如導至物質需求和精神需求的滿足（前者如獲得財富和地位等；後者如獲得尊嚴和名譽等）以及可以帶給某些性格特殊的人一種心理上的補償（如有自卑感的人，擁有權力會使他產生優越感；又如缺乏安全感的人，擁有權力等於獲得一副安慰劑）等等（劉軍寧，1992：72～74；周慶華，2004c：224～226）。可見權力意志這種主體在左右人的言行上（以現在後設的角度來看）比文化主體還要具有優位性（這時文化主體倒成了可被藉使或可被引來「相輔相成」的對象）。這在中國傳統文哲中的神秘文本方面，也無法不把該神秘文本的隱喻技巧及其生產實踐的向度等的最終抉擇裁奪者，歸給一樣既內在於後驗主體的意識中（而為該意識所終極發用）又超越後驗主體的意識的權力意志。只是這在中土的表現終究不及在西方社會的表現那樣赤裸裸且又常旁生「血淋淋」（詳後）！

　　中國傳統文哲中的神秘文本可以窺見的意涵如此眾多而深刻，又豈是尚未「置身其中」的人所能想像於萬一？雖然現在情勢開始逆轉已經有人略為看出這裏面蘊涵有中國人特殊的智慧，但又曲囿於唯物論的框架（而想辦法用「科學」的方法來解釋它的合理則性）（林在勇，2005；溫天，2005），依然是「莫辨所以」！換句話說，神秘文本就是神秘文本，它跟現實文本畢竟要「分看合算」。前者（指分看），是因為神秘文本交通兩界，一定要抹除它所帶有的超現實性，總是會掣肘相關的談論；後者（指合算），是因為它交通兩界的「循環互進」的隱喻作用必須要整併才得以瞧見（周慶華，2006a）。這一部分雖然無法在這裏詳論，但能先行點出多少還是有「開新啟智」的功用。

五、相關的建構與詮釋的當代意義

　　現實性的學問可以體現在認知文本、道德文本和審美文本等眾現實文本（周慶華，2005），同樣的超現實性的學問也可以體現在超認知文本、超道德文本和超審美文本等眾神秘文本；但除了專門論述那些知識類型，否則是無暇顧及的（只能像本論述這樣稍微條列神秘文本的形式類型）。雖然如此，現實文本成形所內蘊的知識前提（源頭），神秘文本卻最先佔有、甚至還在某種程度上穩居該知識前提。而這不啻可以給相關中國傳統文哲中的神秘文本的建構和詮釋提供了一個對比「彰顯意義（價值）」的機會。

　　我們知道，世界現存的創造觀型文化、緣起觀型文化和氣化觀型文化等三大文化體系，它們的知識形態幾乎是不可共量的。當中創造觀型文化的相關知識的建構是根源於建構者相信宇宙萬物受造於某一主宰（神／上帝），如一神教教義的構設和古希臘時代形上學

的推演以及近代西方擅長的科學研究等等都是同一範疇；而緣起觀型文化的相關知識的建構是根源於建構者相信宇宙萬物為因緣和合而成（洞悉因緣和合道理而不為所縛就是佛），如古印度佛教（甚至婆羅門教／印度教）教義的構設和增飾就是如此；而氣化觀型文化的相關知識的建構是根源於建構者相信宇宙萬物為自然氣化而成（自然氣化就是一個天道流衍的過程），如中國傳統儒道義理的順為施設和演化（儒教／儒家注重在集體秩序的經營；道教／道家注重在個體生命的安頓，彼此略有「進路」上的差別）就是如此（周慶華，2001a：22）。它們都各有所稟終極信仰（如神／上帝、佛和道等）而衍發為各自專屬的世界觀（如創造觀、緣起觀和氣化觀等），彼此都不可能相互置換而還可以發展出對方的知識形態。這雖然無法追溯得知當初分歧的原因，但從各自（著為文本）成形以來所演出的某些戲碼確有令人難以承受的地方。

　　這最主要的是創造觀型文化以它所醞釀發皇的民主、科學和軍事／政治／經濟／文化殖民等全球化所造成的無止盡的征服／殺戮／宰制的人為災難以及迫使能趨疲即將面臨臨界點的空前浩劫（周慶華，2001a；2004a；2005）。其他兩種類型的文化，原都以自證佛果／解脫痛苦和諧和自然／縮結人情為旨趣，既不時興創造發明（以它來媲美造物主或榮耀造物主），也不窮為戕天役物和巧取豪奪，可以說是穩定世界秩序的兩大力量。但這一切在創造觀型文化極力竄起後強勢凌駕，已經大為改觀，不只兩類型的文化快速萎縮到難以再發揮影響力的地步，而且還不由自主的尾隨創造觀型文化並「任其操弄擺布」。這樣一來，實在教人無從想像大家「還有明天」！

　　在這種情況下，我們特為揭發中國傳統文哲中的神秘文本所蘊涵的的氣化／道體世界觀念，無異就是再度「正告世人」有一種不會讓世界沈淪的智慧的存在（緣起觀型文化那邊也可以比照去作類

似的闡發）。它所佔有、甚至穩居氣化觀型文化的知識前提部分（顯現在它所有的「超現實事物所從來慣使或體現的語言」）是綱領；而其他的諸如「超現實事物的經驗現象」、「超越界所選創而為現實界外發的視聽媒介」和「現實界為溝通超越界而選創的視聽媒介」等等，也都或直證或分衍的將該智慧發露無遺。雖然我們無從知道權力意志這一更優先內具的動力源自那裏，但創造觀型文化的極度發展在跟西方人強烈的權力意志「聯手」或「合謀」演出後所造成的生態危機和殖民災難等後遺症，就得靠原就懂得「收斂」的東方人的表現來挽救；以至重提中國傳統文哲中的神秘文本，就如同為當今混沌失序的局面投下一個可能的「延緩滅絕」的變數，值得世人一起來重視「促進」。

第三章　「野合」：
中國上古社會的一種生活美學

一、從孔子「野合而生」談起

　　孔子，先秦時代一個不世出的人物，《史記》中有〈孔子世家〉專傳。雖然孔子從政最高僅官拜魯國司寇（攝行相事），不能比擬侯王總宰（而可以廁入「世家」行列），但他的德智術業影響深遠，以至太史公依情依理將他升級而形同以「素王」對待。對於這樣一個聲譽無比崇隆的大儒，太史公在他的出生背景裏卻記上這麼一筆：「紇與顏氏女野合而生孔子」（司馬遷，1979：1905）。野合，這個容易被人「望文生義」的詞出現在這裏，究竟是要標示什麼，太史公並沒有明說，後人只好揣測紛紛了。

　　我們看太史公在野合句下緊接著還有「禱於尼丘得孔子」的補述，這可以讓人知曉孔子父母在野合生他前已經先祈禱過天神以及可以讓人連帶想及孔子父母的野合也經過一番特定的儀式（而不是隨便行事的）。這麼一來，野合這個事實也就不是後人所可能猜想的「不知為賢者諱」的一種魯莽的舉動了（何況太史公又那麼推崇孔子）。換句話說，孔子的出生是經由「禱天」再到「野合」的過程，這中間必定有某種「有機」的聯結，所以太史公才覺得它「非記不可」。而這「非記不可」的用心未被發掘，後人卻多儘從「野」字著眼而「想入非非」或「競騁異路」！

二、「野合」不是你想像的那個樣子

　　以「務實」的角度來看，「野合」就是在野地交媾，但從情理上想又覺得難以說得通。因為孔子的父親為「陬大夫」（司馬遷，1979：1905）是個有身分地位的人，他再「猴急」也不太可能不顧顏面或不在意別人偷窺就在野地跟孔子的母親「幹」起來。因此，這裏面一定「別有隱情」而可以聊供後人「猜它一猜」。

　　雖然如此，後人的猜測卻常刻意迴避這種「有可能是在野地交媾卻別有隱情」的路數而老是往「事關禮儀」上纏繞。如司馬貞《史記索隱》和張守節《史記正義》就分別說：「今此云野合者，蓋謂梁紇老而徵在少，非當壯室初笄之禮，故云野合，謂不合禮儀」（司馬遷，1979：1906）、「（男）二八十六陽道通，八八六十四陽道絕……（女）二七十四陰道通，七七四十九陰道絕，婚姻過此者，皆為野合。故《家語》云：『梁紇娶魯施氏女，生九女，乃求婚於顏氏。顏氏有三女，小女徵在。』據此，婚過六十四矣」（同上）。這都「有所發揮」（雖然後則並未「明言」老少配不合禮儀）卻又嫌太過僵化，導致該說一出後就多有批判的聲音：「梁玉繩曰：『古婚禮頗重，一禮未備，及謂之奔、謂之野合，故自行媒納采納徵問名卜吉請期而後告廟。顏氏從父命為婚，豈有六禮不備者？〈壇公疏〉及《索隱》《正義》以婚約過期為野合，亦無所據；蓋因紇偕顏禱於尼山而為之說耳。』崔適曰：『按此文，疑本作「紇與顏氏女禱於尼丘，野合而生孔子」。於丘尼掃地為祭天之壇而禱之，猶《詩》所謂以弗（祓）無子也；遂感而生孔子，猶《詩》所謂履帝武敏歆也，故曰野合。〈高祖本紀〉「其先劉媼嘗息大澤之陂。夢與神遇。是時雷電晦冥，太公往視，則見蛟龍於其上。已而有身，遂產高祖」，即《詩》齊魯韓、《春秋》《公羊》學家所謂聖人皆感天而生，此所謂野合而生也……

太史公以受命帝王尊孔子，故云爾。《索隱》謂「梁紇老而徵在少，非當壯室初笄之禮，故云野合」，此說謬矣。老夫得其女妻，未聞謂之野合也。』中井積德曰：『使尊孔子，欲神其事，乃以非禮誣其父母，惑之甚者！』愚按：野合，中說得之，崔說可參。」（瀧川龜太郎，1983：743）然而，這也只是「不滿前說」而已，實際上並沒有提出新的解釋；倒是當中所含的「感天生子」說一點又把野合推遠了（也就是原傳並未「明喻暗示」這種神蹟）。所謂「在野地交媾」這麼可以「顧名思義」的方向，還是沒有一個註家或考證家「敢」朝它去理會著想。

三、實況是集體在野外交媾

　　像前人這種拘謹「全禮」的雅好，承繼說解的人大多唯恐不能「說得更圓滿」以為孔子父母脫卸一些可能的「不當的指責」（包括私生孔子之類）（端木鐸，1983；王孺松，1991；劉根報，1992；陳香，2000）；甚至還特別從「野」字這一表「鄙陋」或「粗略」義著眼而推測孔子父母是因為「婚禮簡略」才有野合的傳聞：

> 顏氏之適孔紇也，不曰婚配；而書為野合者，其原因究安在哉？竊意其理由可能有二：其在顏氏者，茲首就《史記索隱》所載「顏氏於乃夫之喪，曾以少寡為嫌而不送葬」為論，概可想見。當其于歸之際，或以甫笄而嫁為歉。譚及采飾纖縟，以至慢於新婚嘉禮，似為極近人情世態之可能者也；其於孔紇者，則以正值啣命軍次，戎馬倥傯，致對饋遺迎娶之節，失於疏略，因而極招巧言醜詆，抑亦為當時輿論之不克或免者也。有此觀之，則桂之說（按：桂馥《札璞》有「未得成

　　　　禮於女氏之廟也」為野合的說法），為近是矣。（江維民，
　　　　1972：14）

只是它保住了孔子及其父母的「聲譽」卻無助於我們對一個禱天以
冀得子的「事實」的理解。也就是說，「全禮」的解釋進路跟孔子父
母要不要野合一事是不相干的；它應該還有更合理或更近於實情的
解釋，才能讓一個「非泛泛的事件」得以被重現式的想像。

　　大體上，野合的字面義已足夠顯現它有別於「室合」或「宮合」
而為一「涉外」的交媾行為。這種涉外的交媾行為，在少數有領會
能力的學者那裏也能觸及；但不一定像他們所說的它是在特定的神
社進行：「古代許多帝王聖人都是在社祭野合時懷孕而生的。少昊及
殷人始祖契已見上述……《史記‧孔子世家》：『紇與顏氏女野合而
生孔子。』說得比較實在。在神社中野合而能懷孕，這是社神的祐
助，對初生者來說無疑塗上了一個神聖的光環，是值得榮耀的事。
正因如此，司馬遷把開國皇帝劉邦的由來也寫成野合而生。《史記‧
高祖本紀》：『劉媼嘗息大澤之陂，夢與神遇。是時雷電晦冥，太公
往視，則見蛟龍於其上。已而有身，遂產高祖。』跟孔子的出生頗
為相似。後世不明野合而孕具有的神聖意蘊，以為聖人竟是個野種，
有損光輝形象，便曲為迴護……這是歷史的灰塵造成的文化隔膜。
楚國令尹子文也是在社林中野合而生出來的……」（楊琳，1994：32
～34）。這除了無法十分肯定神社的「神聖地」容許人們在那裏交媾
求子（而不是祭禱就夠了），還容易把一些僅是「神感」懷孕（如少
昊、契、劉邦等人的來歷之類）而不是真正的野合事牽扯進來附會。
換句話說，野合就是男女實際在野地交媾的稱呼（上引《史記‧孔
子世家》不是明白載及「紇於顏氏女野合而生孔子」的麼），它跟女

性單方面的神感不可同日而語;而交媾地是否只准神社一處,也沒有可靠的證據可以援引,不如就當它「可以泛指」。

縱是如此,可以泛指交媾處的野合還是會令人不安。理由是孔子父母「沒有什麼理由」非得在任何野地交媾不可(見前);如果我們一定要這樣「指派他們」,那麼孔子父母就真的成了類似時下那些「不擇地而滿足性飢渴」的貪歡者(並且還「不幸」的被窺見而傳揚開來),這顯然是一件很不可思議的事!其實,這裏我們還是可以「大膽」的想像:這種有「名義」的野合不可能是兩人單獨行動的,它一定是集體性的(這樣才有正當性)。也就是說,孔子的父母參加了集體的性愛派對;只是這種性愛派對要在野地進行就不僅是一個「感官享受」可以了得。

四、一切都為了祈雨

所謂不僅是一個「感官享受」可以了得,主要有兩層意涵:一層是如果野合是為了感官享受,那麼參與者還可以透過「雜交」來充分的滿足(這時孔子倘若一定得降世的話。那麼他就不一定是叔梁紇和顏徵在所生的),而這種情況於理來說實在是太費想像了;另一層是該野合勢必要有超越感官享受的理由,才會被公開的討論以及著為社會風氣,而這一點則會回過頭來「包裹」、甚至「消融」原先多少也會存在的感官享受。因此,孔子父母所參加的性愛派對就真的別有隱情而可以放心的猜它一猜了。

前面說過,依《史記・孔子世家》那段記載,孔子父母是先禱天於尼山而後才因野合生孔的。這樣孔子父母的野合就隱隱然有一個「加值」的作用可以理解了。也就是說,為了更能夠看到實效,孔子父母還主動或被邀參加該負有「特殊使命」的性愛派對,終而

如願以償的懷有了孔子。而從另一個角度來看，孔子的出生也許只是一種偶然，但該帶儀式性的性愛派對卻緣於有特定的社會背景和文化傳統在制約而不可能因為誰要不要它存在或有沒有意願促成它存在就可以「如此輕視」或「自我隱藏」著。很明顯的，不論是否有孔子的誕生，當時的野合習俗都會像我們所能想到的任何一種有價值可感的事物那樣存在著。

這種事物因為可欲（需求）性高，所以它的附加價值也就會跟著出現（比如有人會大量收藏它以為顯示品味和象徵財富之類）；同樣的，野合的儀式也可以讓有心人實質參與而蒙受諸如得子的額外的好處。孔子父母已經先禱天於尼山了，一旦有這種可以一樣得到天神福佑的性愛派對的機會，他們怎會平白的錯過？因此，從禱天的行動到參與野合的儀式，孔子父母的行為也就「自然順當」，並沒有什麼邏輯上可議的地方（旁人可以不認同，但難以否定參與該儀式本身的內在的邏輯結構）。剩下的，就是「野合究竟是緣何而起」這個問題有待給予一個合理的解答。

首先，野合的存在顯然已經被儀式化了。而通常所見的儀式，是指「安排過的符號習慣及典禮活動，用來表明及再現某些社會和文化場合、事件或變遷的重要性」〔歐蘇利文（T. O'Sullivan）等，1997：342〕。而它約有兩種不同層次的觀點：第一種是凡幾內普稱為變遷儀式的觀點，指的是「在個人及團體生活中，代表社會變遷的慶典。像生日、結婚以及其他許多在地位變化及親屬關係變化、法定位置或社會位置的變遷上，都可以由這種形式的慶典活動來進行串連和表意的。這類儀式象徵了文化認可的變遷，也代表了從一個社會狀態到另一個社會狀態的改變」；第二種是認為「儀式在人們期待達到某種目標的意義上，有著取得象徵符號（往往是超自然的）的介入或幫助的功能在內。例如沃斯禮從昔日英國在西太平洋島羣

上的殖民地美拉尼西亞的拜物儀式中研究出，外來者顯然會認為是非理性的一種奇特儀式，其實是用來表達和代表了因為殖民化所帶給他們社會文化急速變遷經驗下的一種符號的回應和表示。因此，許多人類學上的證據指出，在社會不穩定的情況下，或者當其中的個人或整個社羣的『正常狀態』感覺受到了某種威脅，儀式活動就會增強」（同上。342～344）。這麼說，儀式就是社會化過程中為確保集體認同和政治控制的一種兼具抽象和具體的活動方式。而在野合這類特殊的性愛派對上，如果沒有內涵上述這一集體認同和政治控制的成分，簡直很難想及它的可能性。

　　其次，野合在相當程度上的「公開」化由於帶著集體性和非純娛樂性，所以它一定是「偶爾為之」且有高階的人在發動主導。而這最有可能的就是直接起因於「祈雨」。所謂「古人的祈雨典禮一般在山林裏進行；因為山林裏常可看到雲飄氣蒸，他們就以為雨是由山神掌管著的……按照天人一體、天人相應的生殖觀，男女交媾就能使天地感應，從而生出雲雨來，所以古人的祈雨活動往往伴有性交儀式。這在古代文獻中是有案可稽的。《墨子・明鬼下》:『燕將馳祖。燕之有祖，當齊之社稷、宋之桑林、楚之有雲夢也，此男女之所屬而觀也。』燕之祖、宋之桑林及楚之雲夢跟齊國之社稷相當，都是祭神的地方，是男女『屬而觀』的場所……『屬而觀』就是交合玩樂的意思，這樣的地方正是祈雨的所在……在古代典籍中，我們常見到男女在桑林中合歡觀玩的記述，這是社中『屬而觀』時留下的印跡。《詩・鄘風・桑中》是衛國青年男女歡會時所唱的歌。歌中唱道:『云誰之思？美孟姜矣。期我乎桑中，要我乎上宮。』『桑中』就是桑林之中。〈毛詩序〉解釋說:『衛之公室淫亂，男女相奔，至於世族在位相竊妻妾期於幽遠，政散民流而不可止。』不但老百姓相奔，連世族官宦也相竊妻妾期於幽遠，這顯然是一個全國性的

正當合理的活動。『淫亂』云云，那是戴著有色眼鏡的後世衛道士們的道德標準；不過這種集體聚會中男女可以姿情縱欲則是無疑的」（楊琳，1994：20～23），這大致上講的不錯；只不過在解釋「天人感應」一事上還差一間（詳後）。

　　再次，既然野合是為了祈雨，那麼挑起促成這一特殊使命的重責大任的人在當時就非國君莫屬了。這麼一來，國君為了表示「高格」化的敬意，由他親自率隊到上空有雲氣聚集的野地一起舉行性愛派對，也就勢非得已要「勉而為之」了（所以說「勉而為之」，主要是因為在別人身旁交媾多少還會是一件「難為情」的事）。而這時會優先被「徵召」或被「徵求」的，一定是所屬的文武官員及其妻妾（都是上司僚屬關係且深知使命在身，彼此比較可以不必「顧及顏面」）。以至野合的成形，也就摻和著政治控制、祈雨所憑和士氣可用等因素，儼然不是局外人所能輕易「契入」的。

　　由此可見，孔子父母的野合所以要被特別的記上一筆，就是因為叔梁紇是陬邑大夫有機會參與祈雨的性愛派對以及該性愛派對帶有「解救蒼生疾苦」（因乾旱而引發的）的神聖性足以榮耀在（而跟男女私合的禮儀毫無關係）。至於孔子父母到底是被動的「應徵而去」還是主動的「探詢前往」，那就無從考得了。不過，從孔子父母上尼山禱天而急於得子的前況來推測，他們應該是會「把握機會」興沖沖去參加的。

五、祈雨背後的文化意涵

　　參加祈雨的性愛派對是否真有助於得子期望的實現，姑且不論（因為那還得看天神是不是真的受感動而肯「幫忙」到底），但它一旦發生了，那就有除了上述社會背景以外的更深層次的文化傳統在

背後支持著;而這也是我們想透徹了解野合這件事的一個關鍵點。換句話說,不管野合在當時是多麼的「迫切需求」,都得有形上或終極的理由來為它提供依據,才能保證它不是一時的「即興行動」或偶然的「相沿成習」。

這得從中國傳統文化所精蘊的氣化觀說起。氣化觀這種世界觀肯定或預設了萬物是由精氣化生的:天地間有陰陽二氣(它們是從混沌中判分而出現的);而陰陽二氣又有駁雜的部分(就是一般的氣)和精純的部分。當中精純的部分,就是所謂的神靈(陽精為神,陰精為靈):「陽之精氣曰神,陰之精氣曰靈。神靈者,品物之本也」(戴德,1988:508~509)。這神靈交感(陽精和陰精遇合),則可以化生萬物:「二氣感應以相與……天地感而萬物化生」(孔穎達等,1982a:82)。而人的肉體自然也在這一化生的範疇裏:「凡人物者,陰陽之化也」(高誘,1978a:260)、「天地合氣,命之曰人」(白雲觀長春真人編纂,1995b:720)、「氣凝為人」(王充,1978:202)。在人肉體內的陰陽精氣,又被稱為魂魄:「魂,人之陽精也。陽精為魂,陰精為魄」(高誘,1978b:70)。人死後,魂魄消散,又恢復為神靈。不過魂氣固然還原為「神」,魄氣卻又多出一個「鬼」名:「體魄下降於地為鬼」(戴德,1988:509)、「存亡既異,別為作名,改生之魂曰神,改生之魄曰鬼」(孔穎達,1982b:764)。而這魄氣只能歸地(而不像魂氣可以昇天),從此跟魂氣分異。這把肉體視為靈體的孿生,頗有別於西方創造觀型文化傳統所肯認的「靈肉為上帝所造」和印度佛教開啟的緣起觀型文化傳統所肯認的「靈肉為因緣和合所成」等(賴亞生,1993;鄭志明,1997;馬昌儀,1999;王德育,2000;周慶華,2002a;蒲慕州編,2005)。只是它的細碎化(如分神/靈、魂/魄之類)以及相關的化生說等,至今仍難以想像(周慶華,2006a:163~164)。雖然如此,它所要點出的「精氣」

優著漫布的觀念，依然是舉世無雙的（周慶華，1999a；2001a；2007b）。在這種情況下，人和神就是同位格的；差別只在一個有肉體的負擔一個沒有肉體的負擔以及彼此的「本事」互有等次而已（神可以飛昇和暗中驅物弄人，而人就大為缺乏這種能耐）。因此，當人有所求助於神時，就可以透過各種途徑來「感動」對方或以許願的方式請求對方成全（宋兆麟，2001；林富士，2004；岳娟娟等，2005），以體現「人神互通」而「報應不爽」的文化精義。

　　且看先秦時代，諸侯國境內有了乾旱，國君就率領文武官員及其妻妾前往上空有雲氣（還不到可以降雨程度）的野地集體交媾，冀以感動或誘發天上諸神比照交合而勤聚雲氣降雨（按：前引論者文中推測「山神掌管雨」，不大可信。從氣化觀的角度看，純精氣的天神一起交合呼應，才能「翻雲覆雨」；而先秦時代人選擇山野有雲氣的地方辦事，只不過相中那裏有較多天神聚集罷了），這就是上述整體神人互通觀念促動的一種倫理行為；它的「可以擇便」或「可寄以厚望」性，全由氣化觀這種中國傳統文化專屬的世界觀所保障，那麼採取野合儀式也就再恰當也不過了。雖然這種習俗在秦漢大一統形成後就不見了（先秦時代諸侯轄地小，國君方便率隊到野地集體交媾冀以解救蒼生疾苦；而秦漢以後，每逢乾旱四起，皇帝「不勝祈雨」，只得望著廣大的幅員而興嘆，早期有的野合儀式也就「失傳」了），但該一「天人感應」觀還是保留著；只是一轉變成「災祥符應」一類的純道德教訓。這在漢代董仲舒《春秋繁露》和王充《論衡》中，都可以見著當時人思慮的遺跡（周慶華，2006a：291）。

六、相關的欲求所體現的生活美學

　　野合這種上古社會的習俗，倘若我們只了解到上述這個地步，那麼也不過多了一種「新知識」而已，對於它背後還可能兼具的特殊精神並沒有一併予以揭發，毋乃是一件遺憾的事！為了不讓這種缺漏繼續存在，試著將該內蘊的可能的特殊精神加以摹擬重現，也就有更知所「活用」新知識的啟迪作用。換句話說，探討一個已經不存在的野合行為不是最終目的，只有如何把它轉來激勵自己學著那裏面的特殊精神才是。而這最直接相關的，就是它體現了一種仍然可以給今人借鏡的幽雅崇敬的生活美學。

　　我們知道，西方社會也有類似的「感靈」行動，比如在播種後的農地性交「以祈祝豐產」〔方迪遜（O. Foundation），2005：49〕就是；而這還可以透過許多動植物跟人互通「信息」的現象得著異類相感應的印證〔艾柯瑞（D. Acorah），2007；康克林（S. R. Conklin），2004；蔡天起，2007〕。然而，這在西方人的研究中並沒有把它推到他們的上帝信仰去作什麼「必要的解釋」；以至表面看來跟中國上古社會的祈雨儀式的「異曲同工」性還有待給予比較分辨。如果只就「感物」一點來說，西方人顯然不必帶著莊重的心情在農地交媾（只要盡情性遊戲就行了）。反觀中國人的野合就不然了！他們的「感神」行動要「討好」天神或激發天神「活動」，勢必少不了一些禮讚呼求的儀式；而這種禮讚呼求的儀式就帶有某種程度的嚴肅性和虔敬性，使得野合的整個過程不致出現過度淫濫（包括雜交在內）且容易「壞了雅興」的勾當。這樣它就很可能醞釀出一種雍容諧和的生活美感，從此摶成自比著生氣「周流六虛」的協暢蘊藉的精神形態。當然，所有「合男女」的舉動都難免會有失控脫軌的時候，正如底下這段文字所描繪的：

《史記‧滑稽列傳》中淳于髡對齊國「合男女」的「州閭之
會」的熱鬧場面有一番形象生動的描繪:「男女雜坐,行酒
稽留,六博投壺,相引為曹;握手無罰,目眙不禁,前有墮
珥,後有遺簪。」完全是一幅百無禁忌、放浪形骸的縱樂畫
面。難怪魯莊公非要去齊國觀社不可。《左傳》莊公二十三
年:「夏,公如齊觀社,非禮也。曹劌諫曰:『不可。夫禮所
以整民也,故會以訓上下之責,制財用之節;朝以正班爵之
義,帥長幼之序;征伐以討其不然。諸侯有王,王有巡狩,
以大習之。非是君不舉矣。君舉必書,書而不法,後嗣何
觀?』」關於莊公觀社的動機,《左傳》沒說。《穀梁傳》云:
「常事曰視,非常曰觀。觀,無事之辭也,以是為尸女也。」
鄭玄《駁五經異義》引《公羊傳》說:「蓋以觀齊女也。」
《公羊傳》何休注:「觀社者,觀祭社,諱淫。」「觀社」跟
我們前面所說的「觀桑」是一個意思。社祭時有代神受淫樂
的女子,這種女子就叫「尸女」,又稱「女尸」。魯莊公身為
國君,帶著滿足感官之欲的目的去別國觀看尸女的交媾儀式
(說不定也參與其中,並非僅僅袖手旁觀),這在講究禮儀
的魯國當然是非禮的。莊公沒聽大臣的諫諍,他不顧「遺臭
萬年」的後果還是興沖沖地到齊國觀社去了,結果被秉筆直
書的史官載入史冊。(楊琳,1994:31~32)

但我們不能把它視為「常態」,而將那些「規矩」的表現一概推向邊
緣。也就是說,大多時候這種刻意合男女的行為還是有「禮」在節制
的;何況該野合本身還背負著解救蒼生疾苦的使命呢!因此,一種氣
化觀型文化特有的「陰陽調和」(太過就變成淫亂)的規律通達人神
兩界,而我們所契會感知到的就是那如氣流動的「雅致靈動之美」!

　　換個角度看，野合的祈雨欲求所體現的這種自比大氣流動而觸處諧樂的生活美學，一方面自有氣化觀念在背後強力促動著；另一方面則也因為當事人都知道「節制以對」而得著有形的昇華（否則天神也受到「過度」的刺激而忘形的聚氣致雨，大地豈不要「氾濫成災」呢）！於是相關的生活美學在人從現實中所體驗（後設省覺）到的那一快悅享受，也就真的帶有相當的自主性（不純是無意識導至的），致使現象面的野合行為可感可念而不可厭。如今雖然沒有了必須「如此祈雨」的情境，但該一儀式內蘊的特殊精神還是可以留予我們感觸仿效，從而再度自我省察生命中可能的「躁急」或「褻瀆」所造成的嚴重的陷落。

七、當今的性愛派對又如何呢

　　整體上來說，由野合的祈雨儀式所一併彰顯的中國傳統氣化觀型文化特有的強調陰陽交感／諧和自然的生活美學，並未全然退出歷史舞臺（我們在日常行事中還是會被整個情境「教導」要這麼的過活）；只是外來文化（特別是西方的創造觀型文化）太過強勢，逼迫著我們不斷得去戡天役物／挑戰自然而開始「惶惶不可終日」起來（周慶華，2005）。尤其在特定的行為如性愛派對上，也已經不知有什麼傳統可以承繼發揚而儘跟著人家後頭在瘋迷「換妻俱樂部」、「轟趴」和「雜交」等一類純為感官享受的娛樂。因此，現今重新回顧過往的歷史，除了緬懷自省，還可以藉為對諍這些幾乎沒有什麼可稱道的性遊戲！

　　試想一羣已婚男女聚在一室交換性伴侶（換妻俱樂部）或利用特定場所開狂歡羣交的派對（轟趴）或隨地隨興的集體交媾（雜交）（陳梅毛，2006：111～114），它能有什麼在感官享受以外的「其他

特性」可說？情況有點「前因後果」的也不過像徐四金（R. Süskind）
《香水》書中出現的那場「盛大」的雜交：

> 原本計劃要處決那一時代最窮凶極惡的殺手的行刑大典，結
> 果卻演變成自基督誕生前兩世紀以來，全世界規模最大的雜
> 交派對：端莊的淑女們開始袒露乳房，一邊發出歇斯底里的
> 叫喊，把裙子撩得高高的，躺倒在地上，又開雙腿。男人們
> 目光迷惘，跟跟蹌蹌地走過這一大片淫猥的肉林，以顫抖的
> 手指從褲子掏出他們那彷彿被無形的冰霜凍僵的生殖器，喘
> 息著，走到那兒撲到那兒，以最匪夷所思的姿勢和配對方式
> 交媾，老頭和少女，雇工和律師夫人，學徒和修女，耶穌會
> 修士和共濟會姊妹，亂成一團，一切全憑因緣際會。空氣中
> 充斥著縱情色欲之後濃重的甜腥汗味，以及一萬個獸人的
> 嘶吼、喘息和呻吟聲，簡直活像是人間地獄。（徐四金，
> 2006：260）

但這樣的雜交我們除了「嘆為觀止」，還能定位它什麼？野合的行為
在優雅中帶有崇高（為了祈雨）和悲壯（「犧牲色相」來感神）成分；
而上述這類雜交既不優雅（流於濫交），也不崇高（無所倫理欲求），
更別提悲壯（沒有「犧牲不犧牲色相」的問題）。兩相比較，中國上
古社會的野合習俗畢竟要「品高」一級，這豈不是可以給今人在嗜
好性遊戲時一個「三致其思」的機會？換句話說，類似中國上古社
會的野合習俗所附麗的「神聖性」，如何的乘機且有用的重為經歷，
實在是一件值得今人「慎思明辨」以見後效的要緊事！

第四章 「自」字與字「自」：

中國傳統的一種生活美學與文化意識形式

一、文字類化學

比起其他可以用來「表情達意」的媒介，語言這種媒介應該是最直接有效的；它的純媒介性或可跟情意相互作用或在某種程度上為情意的逕自外發形式〔卡西勒（E. Cassirer），1989；維登（C. Weedon），1994；中村元，1991；朱光潛，1981；黃宣範，1983；馮必揚等，1993；王夢鷗，1976a；姚一葦，1985a；錢谷融等，1990；竺家寧，1998；劉元亮等，1990；柴熙，1983；周慶華，1999c〕，都遠較姿態、表情、動作、妝扮等非語言性的媒介為精實可觀。而文字這一書面語言，又是當中能夠讓情意跨越時空的一大保障；而這種保障在相對上則是我們討論一切課題所以可能的基礎或前提預設。

從媒介的角度來看，語言／文字勢必要「擺脫」自身的物質性（如聲音、形象等）而跟主體對象的精神性（人的情意）有所聯結，才能確保它的存在價值；而這一聯結的緊密度足夠持續的「衍變發展」，就會有各種面向的學問被一一的貞定完成。在這種情況下，「言為心聲」或「文如其人」一類的哲學／美學建構也就不慮無緣發生了；而所體現的文化意識形式也因為可以經由集體認同來輾轉摶成而毋須多所懷疑。換句話說，一切精神性的東西，都會在語言／文

字的「聯結得宜」中凸顯耀眼起來;而我們所有的「文化生活」的
察覺也就從該一聯結的緊相牽繫的氛圍裏相繼的出現。

　　在這個淡於「躍進」而(不得不)濃於「循環」的過程中,儼
然已經有了一種「類化」觀念在醞釀成形。這種類化觀念,不論是
西式的「心理」的防衛機轉還是中式的「五行」的內布外煥(吳錫
德主編,2003:208～211),它都不離語言╱文字這一最足以彰顯「箇
中奧妙」的媒介。只是語言╱文字本身在不同系統裏有定位上的差
異,連帶的影響到該類化觀念的稱名及其後續的衍論發揮。也就是
說,在「音系文字」的系統裏,文字只是口說語言的紀錄;而在「形
系文字」的系統裏,文字則可以自行發展(甚至口說語言要反過來
以它為模本)(周慶華,2007c)。這是兩種迥異的語言╱文字形態,
無從「以此律彼」或「以彼律此」而強為「區分優劣」或妄加論斷
「進化與否」(唐蘭,1980;何九盈,2001;周有光,2001)。因此,
如果我們要順著形系文字這個系統的文字的「優著性」來說,那麼
上述的類化觀念就得歸給文字而不合歸給泛稱的語言來「承受」。

二、「自」字與字「自」的相互衍繹

　　文字類化學的成立,可以開啟一種新的看待漢字這種獨特的形
系文字特有的「精神」上的視野。這裏就以「自」字為例,試為展
開這一既是探祕也是建構的「文字加權承載情意」的旅程。

　　「自」,為「鼻」的本字。小篆作 (許慎,1978:138),外
像鼻體,上兩歧像額,中兩畫像頞理(丁福保編纂,1976:1473);
甲骨文、金文所見的同義字體,筆畫曲衍勾勒更像鼻形(丁福保編
纂,1976:1474;王初慶,2003:75)。雖然如此,「自」字在中國
傳統的經史子集等文獻上,已經不見鼻義,而是多有引伸、假借。

如引伸為「始」為「己」、假借為「從」為「由」為「用」等等，都已見著於《易》、《詩》、《書》、《禮記》、《公羊傳》、《老子》、《論語》、《孟子》等書（丁福保編纂，1976：1473；賴明德，2003：32）。

　　當中最特別的是引伸為「己」〔按：其他的引伸、假借，彼此之間多少都有些關聯。如古人認為人在胚胎時鼻先成形或出生時鼻先著地（丁福保編纂，1976：1473），所以「自」字就被引伸為「始」；而假借為「從」為「由」為「用」的，大抵也跟「始」義有或近或遠的關係（從這個角度看，也不妨認定它們是二度或三度的引伸而非假借）〕。這是因為中國傳統社會中的人「施身自謂」或「自我聲稱」時習慣指著自己的鼻子，原始的「鼻」義自然就被引伸為「己」義了。而由於「自」義已變，所以就又造了「鼻」字來還原它的本義。「鼻」字是取「自」「畀」構字，為一形聲字〔「自」形「畀」聲（這是「自」聲變後才取「畀」聲的）〕。如果根據論者「聲符多兼義」的說法（林尹，1980；龍宇純，1984；許錟輝，1999），那麼「自」「畀」（予）的構字也就跟「己」這一引伸義更為貼近了。這麼一來，「嵌在中間」的自指鼻這件事，它的被關注程度應該遠超過文字學的旨趣而深入到倫理風尚的層次在向我們強烈的「暗示」了。

　　正因為「自」字緣於中國傳統社會中的人習慣自指鼻而引伸為「己」，使得「文字加權承載情意」的理路在這個環節上將「自／己」和「倫理風尚」結合成一體，以至「自」字就具有了解釋的功能。這種功能，只有在形系文字才會看到；它一方面用來肖像指涉物質事實，另一方面又用來隱喻蘊涵精神質變，一起將文字作為表情達意媒介的「多重」媒介性充分體現出來了。因此，作為形系文字的一分子，「自」字它既自我解釋了一種物質形體，又自我解釋了衍變後的精神轉向過程。而就是這一精神轉向過程，留給了我們得「另眼看待」漢字這種非音系文字可比的「豐富性」上的啟示。

　　對於這一點，我們還可以這樣想（理解）：因為中國傳統社會中的人習慣自指鼻，所以「自」字就類化成具有倫理意涵的承載力；而它所以要有「自指鼻」這個動作，就跟當事人內裏有不得不藉此一動作來顯義的心理因素相關（詳後）。而更深一層看，也因為中國傳統社會中的人習慣自指鼻，所以在書寫上也就不禁要把引伸後的自字「經常著墨」或「多加利用」了。所謂「自求口實」（孔穎達等，1982a：69）、「夫子自道」（邢昺，1982：128）、「自反而縮」（孫奭，1982：54）等等，就是在顯示這種情況。因此，「自」字的創造衍變和字「自」的書寫運用在一個有哲學／美學需求的社會情境中就前後應機而生了。

　　縱是如此，所創造衍變的「自」字和所書寫運用的字「自」，也可能相互衍繹而未必只是「單線」發展。也就是說，從「自」字的出現到書寫主體而有字「自」的現象，它們可以互相激盪而延伸出各自所能拓廣的範域。好比書寫（字）「自」我多了，就會回過頭來更加鞏固「自」字所引伸完成的「己」義（而在無處不有自我書寫可見的情況下，就如同將「自」字所引伸的「己」義範域「推擴」開來了）；而「自」字所引伸的「己」義一旦成就了，也會更為激勵主體勤於書寫自我〔所謂「湛冱自若」（班固，1983：1074）、「道法自然」（王弼，1978：14）等等都已經從確切的「著實自我指稱」跨向泛泛的「代他自我指稱」和抽象的「擬人自我指稱」，形同在擴大「自／己」的範域〕，彼此在不理會或無所謂干擾源的前提下就「雙雙成長」了。這是文字類化學的典型性（甚至複雜性）表現；它在「暗中」自我搏就的學問，已經讓一種「新的觀點」可以相應的產生。

三、一種獨特的生活美學

　　所謂「新的觀點」，在踐履上是指可以用來透視上述這種文字類化學的「不能沒有因緣」；而「自」字和字「自」所以能夠相互衍繹，也正因為這背後還有那不能沒有的因緣在起「中介促動」的作用，彼此以「循環互發」的方式在展現它的解說實力。這在總說上是一種獨特的文化生活的習慣；而在分說上則可以再區別出現實面的生活美學和觀念面的文化意識形式。這裏就先自我演示有關現實面的生活美學的解說歷程。

　　美學原是「應」哲學分衍的要求而發展成的〔波謙斯基（J. M. Bochenski），1987；朱光潛，1991；劉昌元，1987；周慶華，2007b〕；它以「美感」的探討為核心而推及相關的原理及其可能的實踐方向，在學問的性格上是屬於「審美」塑造範疇的（有別於「知識」取向和「規範」取向等兩種類型範疇）。這原可以在「理念」層次上存在而不涉及實際的感應問題，但只要它有「落實」的可能或欲求，就會開啟一個關聯具體人生的實用美學局面。而這種局面，就姑且以「生活美學」來指稱它的實質內涵。

　　生活美學，曾被認為「最重要的涵意當然就是直接從日常生活中去體現美感的意思」；而該美感體現「就是指人生圓融境界的呈現」，也就是「生活在動盪中漸漸醞釀出一個齊全、具體、靈活而不破裂、不矛盾、不呆滯的情境來」（臺北市立美術館編，1993：10）。這作為一種生活美學觀自然沒有疑問（至少它沒有邏輯上的斷裂而可以自成一種美學的論述），只是它的解釋效力可能不那麼容易普遍化。畢竟有關美感特徵的界定早已經歷過前現代的模象美、現代的造象美和後現代的語言遊戲美等幾大階段，它們都可以有效的用來解釋人類所體現的審美情趣〔艾科夫（N. Etcoff），1999；門羅（T.

Munro），1987；福斯特（H. Foster）主編，1998；劉文潭，1987；
史文鴻，1992；潘知常，1997；張法，2004〕；而上述這一仍停留在
前現代模象美階段（近於優美風格）的美學觀顯然還不足以跨域突
躍而妄自稱勝。

　　倘若我們把美感特徵予以特別的標榜，那麼不論該美感特徵要
被單稱為「境界」或「意境」或「風格」還是要被統稱為「美的範
疇」（王國維，1981；王夢鷗，1976b；詹鍈，1984；徐復觀，1980；
姚一葦，1985b），它都有現代人所規模的（約略以西方美學為準則
的）「類型」可以指稱：

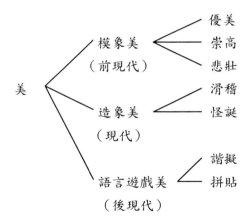

當中優美，指形式的結構和諧、圓滿，可以使人產生純淨的快感；
崇高，指形式結構龐大、變化劇烈，可以使人的情緒振奮高揚；悲
壯，指形式的結構包含有正面或英雄性格的人物遭到不應有卻又無
法擺脫的失敗、死亡或痛苦，可以激起人的憐憫和恐懼等情緒；滑
稽，指形式的結構含有違背常理或矛盾衝突的事物，可以引起人的
喜悅和發笑；怪誕，指形式的結構盡是異質性事物的併置，可以使

人產生荒誕不經、光怪陸離的感覺；諧擬，指形式的結構顯出諧趣模擬的特色，讓人感覺到顛倒錯亂；拼貼，指形式的結構在於表露高度拼湊異質材料的本事，讓人有如置身在「歧路花園」裏（周慶華，2004c：311～312）。這不論彼此之間是否有衝突（按：在模象美中偶爾也可以見到滑稽和怪誕，但總不及在造象美中所體驗到的那麼強烈和凸出；而在造象美中多少也可以發現諧擬和拼貼，但總不及在語言遊戲美中所感受到的那麼鮮明和深刻），都可以讓我們有一個架構來權衡去取自己所要論述的美學題材（周慶華，2004d：137～139）。也就是說，這裏所謂的生活美學是要經過界定才具有指稱功能的（否則它只能在上述的架構中「游移不定」）。

以「自」字的創造衍變來說，它所需要哲學來後設反省的，自然是那「自指鼻」的倫理需求；但有關這種倫理需求究竟有何情感在內蘊漫布卻又得從審美的角度去考索，才能得知它的「境遇」上的真實情況。而這一點，可以說該生活美學也是前現代模象美中的優美風格式的；但它卻不僅是「自我圓足」的（如前面所引論者的說法），它更重要的是跟他人一起圓足的。換句話說，「自」字的創造衍變背後所藉為支撐它成立的審美情趣是有「社會情境」制約的。這種制約所顯現的美感特徵，是要有一個非泛泛的主體當著他人的面「優雅」的自指鼻以為宣稱發話，其他人則只能默會領受或暗中抵拒，形成一個有效縮結人情的和諧局面（即使暗中有所抵拒的，也不致會不識趣的去破壞該「表面」融洽平和的秩序感）；否則大家有事沒事的胡亂自指鼻的「滑稽」現象，就難以想像它的可能性。這相對於自指胸而不自指鼻的西方人〔林西莉（C. Lindqvist），2006：31〕來說，它的如氣般的周洽人心的「參贊」化美學取向的獨特性，是可以重新跨越代際而被今人所「刮目相看」的（也就是當今不再流行這種倫理／審美風尚，「復古」一下反而可以產生新意）。

四、相關美感背後的文化意識形式

　　所以說「自」字的創造衍變所體現的生活美學帶有「參贊」性，主要是中國傳統社會中的人懂得把造化賦予氣性流衍的觀念轉為摶塑生命所需的資源，終而開展出風流蘊藉／諧和人際關係的生活美學境界（如同是參與贊助了造化的「創生或化育之功」）。而這背後更優位的支撐力量，就是「氣化觀」這種世界觀所完結的文化意識形式。

　　文化，大致上是從終極信仰開端而後結穴於世界觀再繁衍出哲學、科學、倫理、道德、宗教、文學、藝術以及政治／經濟／社會制度等（周慶華，1997a；2005；2006a）。因此，世界觀就具有了「承上啟下」的莫大的功用；而氣化觀就是當中的一脈（此外還有創造觀和緣起觀等）。這一脈，肯定（或假定）宇宙萬物為陰陽二氣所化生（自然氣化的過程及其理則，稱為道或理，也就是俗稱的造化）。所謂「道生一，一生二，二生三，三生萬物。萬物負陰而抱陽，沖氣以為和」（王弼，1978：26～27）、「夫混然未判，則天地一氣，萬物一形。分而為天地，散而為萬物。此蓋離合之殊異，形氣之虛實」（張湛，1978：9）、「無極而太極。太極動而生陽；動極而靜，靜而生陰。靜極復動。一動一靜，互為其根。分陰分陽，兩儀立焉。陽變陰合而生水火木金土，五氣順布，四時行焉，五行一陰陽也，陰陽一太極也，太極本無極也。五行之生也，各一其性。無極之真，二五之精，妙合而凝。乾道成男，坤道成女。二氣交感，化生萬物。萬物生生，而變化無窮盡焉」（周敦頤，1978：4～14）等等，就是或詳或略的在說明這個道理（上引各文中另有陰陽二氣所從來的推測）。中國傳統所見這種世界觀既然以宇宙萬物為陰陽二氣所化生，那麼宇宙萬物的起源演變就在「自然」中進行；這不無暗示了人也

者，品物之本也」（戴德，1988：508～509）。而這神靈交感（陽精和陰精偶然遇合），就是宇宙萬物的化生時：「二氣感應以相與……天地感而萬物化生」（孔穎達等，1982a：82）。至於人的肉體，自然也在這一化生的範疇裏：「凡人物者，陰陽之化也」（高誘，1978a：260）、「天地合氣，命之曰人」（白雲觀長春真人編纂，1995b：720），「氣凝為人」（王充，1978：202）。在人肉體內的陰陽精氣，又被稱為魂魄：「魂，人之陽精也。陽精為魂，陰精為魄」（高誘，1978b：70）。人死後，魂魄消散，又恢復為神靈。這些說法不論可以「印證」到什麼程度（或當中是否有什麼矛盾），都顯示該「氣」的質性是非普通的氣可比的。雖然如此，該精氣的純度不同，使得所化生的人也有所謂智能上的差異。當中自認為是「靈氣所鍾」的人，難免就會自視甚高而在氣勢上凌駕他人。平常所見的自指鼻現象，正是這種亟欲凌駕他人的類同性表現（相反的，一個「自知己短」或「謙沖自牧」的人，就不致會這般的「冀人臣服」或「倚老賣老」）。

　　由於精氣化生成人的過程充滿著不確定性，而氣聚本身所顯現的「團夥」性也應驗在人的「羣居」中，導至人得區分親疏遠近才能過有秩序的生活；而自己覺得可以看透這一生聚機制的人，自然就會從該不確定性中謀取「不確定」的權益（也就是當事人可以展現相關的企圖心，但得有人肯服氣才能遂行謀取權益的願望）。而這正好有一個相應於上述那一「親親系統」的泛政治的「尊尊系統」在跨家族的社會中成立運作（二者合而使得所謂的「秩序」化的生活有了基本的保障）；兩相應和的結果更增添該一自指鼻的倫理風尚的「普遍化」。因此，字「自」的書寫行為的強顯或高頻率化，就從「自」字內蘊的生活美學中直接躍昇到充分徵候氣化觀型文化這種文化意識形式的層次；它的直把「尊尊系統」一起帶動來支持對他人的「凸顯自我」或「訓斥有理」（不服的人，就會被指責為破壞該

尊尊系統而可能遭到被排擠或被驅逐的命運)，已經行使有幾千年的歷史，如今才在外來文化的介入衝擊下逐漸的沒落潰散。

五、重新建構中國美學的新的切入點

整體來看，由氣化觀式的文化意識形式在支撐自指鼻這種倫理風尚所以有「美感」可說，是因為那一尊尊系統穩定所顯現出來的漫化諧和人際關係的「可感可風」。可感，乃源自於該一融洽平和的秩序感中可以有道地的風流蘊藉的神態被感應(試想傳統的長袍穿著從抖袖伸出手指到輕抵正面最凸出的鼻頭的過程，讓一個「熟練」的老手來做，會多麼的優雅美妙呢)；而可風，則歸因於自指鼻「權」在高階(或自居高階)的人多少都會有足以訓斥他人兼炫耀自己的本事的「自知之明」(也就是有德能超強的本事作為中介，那一尊尊系統才能真正的建立起來；而一個敢自指鼻數落他人而不被譏笑的人，如果沒有「兩把刷子」，那麼他是不會見容於傳統社會的)。正是因為這感可風的條件齊備了，所以有如身在氣息流衍撫慰中的優美感才會產生。

相對於氣化觀型文化的這種重「氣」的表現，當今強力介入干預這一文化運作的西方創造觀型文化就全然不是這樣。它所肯定(或預設)的宇宙萬物受造於一個造物主(神／上帝)，勢必會發展出伸張「個人」權利(彼此「同等」受造於造物主的緣故)而淡薄於親親／尊尊觀念的制度(彼此只要遵守「互不侵犯」的原則，就可以過有秩序的生活)(周慶華，2005；2006a)。以至自指鼻來顯示自我比同儕高一等的作為，就委實不可想像！當然，創造觀型文化中的人也會有「自指」以為宣稱發話的時候，但他指的是胸(多半是左胸)而不是鼻。我們可以設想那一自指胸的情境，是在約定中的領

袖發出詢問時（約定中的領袖聲稱「我」時，他的稟自造物主的語言用度已足夠表達，就不必再有其他「附麗」式的動作來畫蛇添足）：

　　「有誰願意跟我去攻下那個山頭？」

當意願者在人羣中說出「我」時，他很可能就會順勢舉起右手指著自己的左胸以示慎重〔指著左胸，不是因為心臟在那裏（顯示他是「活著的」或「心意堅定」），而是可以輔助語音且能特別顯明自我位置（不易被旁人擋著）的緣故〕。這在氣化觀型文化中的人凡是屬於低階要有所「近似」的表示時，會以右手急拍右腹來傳達；但它已經不是單純的「允諾」而是兼行意圖升級的「自誇才幹」了。

　　雖然如此，創造觀型文化中的人在認定書寫主體時，卻因為有造物主的遙相「操控」而經常懷疑起自主意識（自由意志）的可能性。這從近代以來，更因為各學科的賡續發皇而轉向俗世性的後設「分裂」思維。如古典馬克思主義認為主體是「社會環境」建構的；精神分析學認為主體是「潛在性欲」結構的；新馬克思主義認為主體是「意識形態」形塑的；結構主義和解構主義等認為主體是「語言」塑造的（當中解構主義更進一步認為該語言是「延異」的）（譚國根，2000：1～9；周慶華，2003：178）等等就是。但這一後設「分裂」思維本身卻又成了一個新的權威主體，而跟另一支始終存在的「自我膨脹」為造物主第二的主體欲求〔尼布爾（R. Niebuhr），1992：58〕緊為呼應而成了超強凌越宰制他人的觀念本源。而相較於創造觀型文化中人這種認定書寫主體的「曲為演變」，氣化觀型文化中人自我誇一誇才幹而又不得不受集體社會「成規」多方的牽制（也就是得晉身到高階和有真本事服人以及要能行止可風等）所見的「謹守分寸」樣，顯然是「小巫見大巫」了。

　　這麼一來，兩種文化形態不可共量的「質距」就真的不宜視而不見或刻意要加以消弭。前者（指視而不見），只會讓正居強勢的創造觀型文化繼續主宰整個世界；而後者（指刻意要加以消弭），則會因為自己的內質難變和效外乏力而淪於「兩頭落空」的下場（周慶華，2007a：83～91）。就以整體的審美情趣為例，創造觀型文化中人為模仿造物主的風采而運用幾何原理發展出來的透視畫（這樣才能「還原」或「存真」造物主造物的實況），歷經幾個世紀的演變，「終於」也隨著殖民主義／帝國主義的威力遠播而橫掃他方世界的審美心靈〔宮布利希（E. H. Gombrich），2000；豪斯（A. Hauser），1997；貝爾（C. Bell），2002a；愛德華（B. Edwards），2004〕；但我們所看到的卻是非創造觀型文化中人苦苦在追趕一條從具象到抽象、從結構到解構、從寫實到超寫實（具象／寫實，屬於模象美範圍；抽象／結構／超寫實，屬於造象美範圍；解構，屬於語言遊戲美範圍）等等永遠由創造觀型文化中人「創新」領航的技藝路徑（陸蓉之，1990；劉其偉，2003；謝明錩，2004），而將自己的文化傳統所有的審美趣味棄如敝屣〔如氣化觀型文化傳統所崇尚的如「氣」流動般優雅瀟灑的寫意畫和緣起觀型文化傳統所崇尚的靜修「依止」描繪的瑜伽行者的寫實畫（馮作民，1998；李霖燦，2003；章利國，1999；高木森，2000），幾乎快要全數退場了〕。這種「損失」不只是既有「藝術財富」的棄守，更是連「超前無望」一起的「雙重失落」心理的無從調適。此外，非創造觀型文化中人大概無法想像創造觀型文化中人的音樂創作也跟他們的科學研究和學術構設一樣在終極上是為了榮耀造物主（如巴哈就曾經說過：「所有音樂的終極目標，就是榮耀上帝、修補靈魂。」）〔索羅斯比（D. Throsby），2003：138〕而為了容易成名致富創造觀型文化中人居然也會不擇手段的把文學產業化（如大仲馬「他身後有一批固定的捉刀人，隨時備好稿

子，只待大仲馬簽名發表。當時坊間就流傳這樣的笑話，大仲馬問同為小說家的兒子：『你看過我最近的大作嗎？』小仲馬回答：『沒有，爸爸你？』」)（同上，139）；像這種都可以跟造物主連上關係（文學產業化部分，既可以以所得財富傲人又可以藉為榮耀造物主，是「一箭雙鵰」的作法）的「正面」或「側面」審美觀，豈是非創造觀型文化中人所能夠有效的仿效深著的？但在帝國霸權所向披靡的「市場壟斷」的情況下，有那一個非創造觀型文化中人不憚於它的繁采華蔚而眩然失鑾？以至這條「尾隨」的不歸路，也形同是在宣告著一個「異質性」的美感情趣的凋零（周慶華，2005：253～254）。

顯然各文化傳統原都有自己所專擅或揚露的美感特徵，它們在彼此的交往過程中應該是一種「並峙分流」且「相互欣賞」的關係；但當有一方獨盛而其他的則萎縮退卻時，整個「完整」的形勢就會傾圮而造成審美感應的「單調」化。而這對雙方來說，都是一個難以諒解的嚴重的缺憾（周慶華，2005：255）。因此，不再如時流競相以創造觀型文化為「馬首是瞻」而倡導相關的風氣，也就有現實「脫困」而開啟新局的意義。而這要透過中國美學（氣化觀型文化中的美學）的重新建構來顯示「自重且可為」性典範的，那前面該一直就最關鍵獨特的文字媒介著眼的作法，不啻就是最好或最合適的借鏡點。而如果沒有更有效的說詞，那麼就可以判定仿「自」字和字「自」互衍的這類論述就是重新建構中國美學的新的切入點。

第五章　重新焦點化：

跨文化溝通中的哲學諍論

一、「哲學諍論」的緣起

　　如果沒有例外，那麼就可以說：因為是哲學，所以會有諍論；也因為有諍論，所以更需要哲學。在這一看似循環論證的說詞中，其實蘊涵了兩個「不得不爾」的階次性的推理：一個是哲學這種後設思維一旦確立了，它就無法避免不同系統相關的後設思維的「對諍」；一個是這種對諍的明朗化或公開化後所導至的「互不妥協」的持續，也勢必要有另一波的再後設思維來折衝，以至哲學之後還要有哲學的「層疊」性的循環現象就發生了。

　　這種層疊性的循環現象帶有辯證性，但又嫌不夠「辯證法」式的辯證性。辯證法式的辯證性，主要有唯心論的和唯物論的兩種形態：前者，指由一概念必然起反對的概念，合併二者成一新概念；反覆而行，稱為「三分法」。它的起點叫「正論」，它的反對的概念叫「反論」，最後反正的總合叫「合論」。換句話說，就是分析和綜合互相為用：由正生反，是正中含有反的要素；由正反而生合，是正反中已有更新的要素（停止二者的衝突產生新的狀態）（黃公偉，1987：49～50）。後者，指一種漸進的和上升的境界，使自然成為非靜止的上升著上升著。而所謂自然，是指一個全體的總括，它的各部分彼此相結合著、聯貫著；它的內在力量是演化，表現在上升和

不可回轉的步履中，在適當的時候發生一些跳級的動作（趙雅博，1990：378）。而上述所及的辯證性僅是一個不斷「求出路」的過程所顯現的一種論辯的特性罷了。也就是說，這當中的「正反合」規律和「漸進／上升」的演化等近於「線性」的觀念是弱化的；它只集中在強調「多元裂變」的可能狀況及其善後問題。因此，真的「如果沒有例外」，那麼有關哲學諍論的課題就有現實分歧的後設思維在「促使」它成形並寄予「得有進展」的厚望。

二、跨文化溝通的必要的哲學諍論

　　現實分歧的後設思維促使哲學諍論的成形（相對的也會連帶「想望」有別的策略可以出來緩衝或仲裁），這也造成當今流行的跨文化溝通要被迫轉向某種程度的「質變」或「自我改造」的行程。畢竟哲學的「後設」學問性格終究會在制高點上覷出該跨文化溝通的乏效而得「思以改進」！這一在本脈絡來說屬於接近「二度」的循環論證，它有相互包蘊的兩重意涵：一重是跨文化溝通得有哲學式的諍論才能確保它不會流於「無謂」或「偏離方向」；一重是哲學本身的諍論也已經內隱在跨文化溝通中而成了跨文化溝通的一個議題。由於這二重意涵的不得不在混似的層次上互相蘊涵，所以本論題「跨文化溝通中的哲學諍論」就會以隱式的「雙軌」並行以及試為「交叉」互動來論列。

　　這在題面的「概念順次」上說，從跨文化溝通到哲學諍論的序列是優先要處理的（反過來從哲學諍論到跨文化溝通的序列則得延後討論）。一般所說的跨文化溝通，不外以「對話」的方式來考慮彼此相互融通的可能性。這在現實的運作和理想的期待上都是一個不可或缺的途徑，但有關對話本身因為經常「成效不彰」卻又成了一

個新的問題。通常所謂的對話，多少都要追溯到古希臘時代的蘇格拉底（Socrates）和柏拉圖（Plato）。正是他們二人開啟了為某些真理或議題反覆論辯的「辯證式」對話傳統（柏拉圖，1989；1986），使得後世的種種對話設計都可以在這裏找到源頭活水。縱是如此，後人在重拾這個話題時，也不全然遵循著他們二人所創設的規範，而是有意無意的重新樹立了一個對話的小傳統。如巴赫汀（M. Bakhtin）的「眾聲喧嘩式」對話：

> 眾聲喧嘩存在於社會交流、價值交換和傳播的過程中，凝聚於個別言談的生動活潑、千姿百態的音調語氣之內。眾聲喧嘩是文化的基本形態……換句話說，眾聲喧嘩是各種社會利益、價值體系的話語所形成的離心力量，向語言單一的中心神話、中心意識形態的向心力量提出強而有力的挑戰。（劉康，1995：14～16）

這種多元並存或各說各話的對話格局，顯然不是早期那種預設一元真理的對話格局所能比擬。又如托多洛夫（T. Todorov）的「探索真理式」對話：

> 然而批評是對話，是關係平等的作家和批評家兩種聲音的相匯……不過，許多流派的批評家在拒絕承認對話批評上不謀而合。教條論批評家、「印象主義」評論家以及主觀主義的信徒們都只讓人聽到一種聲音（就是他們自己的聲音），而歷史批評家又只讓人聽到作家本人的聲音，根本看不到批評家自己的影子；「內在論」批評中的認同批評把跟作家融為一體直到以作家的名義講話奉為理想，而結構主義批評又以客觀描述作品為金科玉律。殊不知，這樣禁止跟作品對話、

> 拒絕評判作品所闡述的真理，無異於削弱了作品的主旨所
> 在：探索真理。（托多洛夫，1990：184～185）

這把它轉移到一般的對話上（也就是不限於文學批評），也可以看出
跟早期那種「辯論真理」的對話略有不同（托氏著重在「探索真理」；
它不只關心對方說了什麼，而且還關心對方說得對嗎）。又如曼紐什
（H. Mainusch）的「懷疑論式」對話：

> 在藝術中，跟「熱情」和「系統」相對抗的東西乃是「對話」。
> 系統所以稱為系統，意味著它是「正確的」，同時也是受限
> 制的。系統可以教，也可以學。它把種種確定性的東西傳導
> 給一個信奉它的接受者。但對話或對話式的結構就不同了。
> 它不是強迫人（讀者）去接受它，而是邀請人積極地參與它，
> 對它作出自己的貢獻。讀者總是被視為一個真正的夥伴，而
> 不是一個受惠者。在對話中，人可以隨心所欲，引導它走向
> 新的彼岸，或者使它的新的形式出現，卻不能無故中斷。（曼
> 紐什，1992：36）

同樣的這也把它轉移到一般的對話上（也就是不限於藝術作品的結
構方式），多少也顯示出跟早期那種隱然導向終極真理的對話稍微異
趣〔雖然曼氏在書中也提到「柏拉圖式的對話」或「蘇格拉底式的
對話」，但他所主張的對話是對現實的批判（對表面熟悉的事物的檢
討和質問，從而得到新的發現和新的選擇），卻跟前人的主張「貌合
神離」〕（周慶華，1999a：179～181）。然而以上這些主張，都以「對
話」為名，卻有不同的內涵。試問現在還要繼續思考對話，究竟該
怎麼辦？如果是像蘇格拉底和柏拉圖那種為導向終極真理的「辯證
式」對話，那麼就要問導向誰的終極真理？如果是像巴赫汀那種開

放的「眾聲喧嘩式」對話,那麼也要問如何持續下去且不會浪費力
氣或虛擲力氣?如果是像托多洛夫那種執著的「探索真理式」對話
或像曼紐什那種相互解構的「懷疑論式」對話,那麼更得問怎麼可
能或怎樣才不致引起後遺症?因此,從哲學的角度來進行「對諍議
論」(簡稱諍論),就可以指出所有的跨文化溝通的「虛蹈」性或「一
廂情願」性,終究難以將該跨文化溝通推進到「實質見效」的行列。

　　反過來(從哲學諍論到跨文化溝通的序列),哲學諍論的「能動
性」或「主動性」(而非「所動性」或「被動性」),更可以藉機開闢
論域而將上述的跨文化溝通的癥結引來「對諍議論」不強為從事跨
文化的溝通。因為這種溝通不論以什麼方式進行,它的「籲請」背
後都是強勢者要藉為謀取利益(弱勢者沒有機會呼籲溝通「成功」);
弱勢者稍有妥協附和,很快就會淪為被收編或被併吞的下場,從此
沒了可以一搏「尊嚴存活」的機會(周慶華,2006b:183~184)。
因此,這種溝通如果還想「持續」,那麼它就不是為「各自文化」的,
而是為「人類前途」的(也就是另以關係人類前途的問題為準則來
思考文化/哲學的發展方向,而不再執著於「你」的文化/哲學和
「我」的文化/哲學到底「孰優孰劣」或「誰好誰壞」一類還缺評
斷依據的議題)。而這也使得「跨文化溝通的必要的哲學諍論」這樣
一個命題要「即時」或「應機」的成立(否則跨文化溝通就無從想
像它的可不可能性)。

三、相關哲學諍論的幾個自擬的例示

　　跨文化溝通的必要的哲學諍論,在當前的情境則無妨以世界現
存的創造觀型文化、氣化觀型文化和緣起觀型文化等三大文化系統
作為「試煉」的對象;看看它除了「自顯」為一個跨文化溝通的議

題，還可以如何的衍發為「確保」跨文化溝通的不流於無謂或偏離方向。

　　我們知道，世界現存的三大文化系統各自的知識特色，約略是這樣的：創造觀型文化中的相關知識的建構，都根源於建構者相信宇宙萬物受造於某一主宰（神／上帝）；如一神教教義的構設和古希臘時代的形上學的推演以及近幾世紀西方擅長的科學研究等等，都是同一範疇。氣化觀型文化中的相關知識的建構，都根源於建構者相信宇宙萬物為自然氣化而成；如中國傳統儒道義理的構設和演化（儒家／儒教著重在集體秩序的經營；道家／道教著重在個體生命的安頓，彼此略有進路上的差別），正是如此。緣起觀型文化中的相關知識的建構，都根源於建構者相信宇宙萬物為因緣和合所致（而洞悉因緣和合的道理而不為所縛，就是佛）；如古印度佛教（甚至婆羅門教／印度教）教義的構設和增飾（如今已經傳布至世界五大洲），就是這樣（詳見第二章第五節）。

　　上述的區分，還得分辨的是：後來西方為什麼會發展出民主政治而科學技術也特別發達，相對的非西方社會就「遠瞠乎其後」。關於這一點，不妨這樣來思考：西方國家，長久以來就混合著古希臘哲學傳統和基督教信仰（源於古希伯來宗教，又分化出天主教、東正教和新教等），這二者都預設（相信）著宇宙萬物受造於一個至高無上的主宰，彼此激盪後難免會讓人（特指西方人）聯想到在塵世創造器物和發明學說以媲美造物主的風采，科學就這樣在該構想被「勉為實踐」的情況下誕生了（同為古希伯來宗教後裔的猶太教和伊斯蘭教，在它們所存在的地區，因為缺乏古希臘哲學傳統的「相輔相成」，就不及西方那樣成就耀眼）。至於民主政治方面，那又是根源於基督徒深信人類的始祖亞當和夏娃因為背叛上帝的旨意而被貶謫到塵世（形諸他們所信奉的舊約《聖經》），以至後世子孫代代

背負著罪惡而來（形諸他們所信奉的新約《聖經》）。而為了防止該罪惡的滋生蔓延，他們設計了一個「相互牽制」或「相互監視」的人為環境，也就是所謂的民主政治（一樣的，信奉猶太教和伊斯蘭教的國家並沒有強烈的「原罪」觀念或根本沒有「原罪」觀念，所以就不時興基督徒所崇尚的那種制度，而終於也沒有開展出民主政治來）。

　　反觀信守氣化觀或緣起觀的東方國家，它們內部層級人事的規劃安排或淡化欲求的脫苦作為，都不容易走上民主政治的道路。因為人既被認定是偶然氣化而成，自然就會有「資質」的差異，接著必須想到得規避「齊頭式平等」的策略以朝向「勞心」「勞力」或「賢能」「凡庸」分治或殊職的方向去策劃；而一旦正視起因緣對所有事物的決定性力量，就不致會耽戀塵世的福分和費心經營人間的網絡。同樣的，科學發明沒有可以榮耀（媲美）的對象，而「萬物一體」（都是氣化或緣起）或「生死與共」的信念既已深著人心，又如何會去「戡天役物」而窮為發展科學？由此也可見，各文化系統所以形態互異，全是源於彼此都隱含著「不可共量」的世界觀。但這到了近代，由於西方殖民主義和帝國主義興起，強勢凌駕非西方社會而迫使它們直接間接的轉向西方取經（按：長久以來，各文明系統嘗試向外傳播擴散以取得「支配優勢」的企圖似乎都沒有兩樣；但西方人以「上帝化身」去強臨主宰他人而導至不少殖民災難，可以「排序」在最前面）；結果是非西方社會並沒有能力學會西方人那一套知識和科技，始終處在邊緣地帶任人操控和剝削。以至在當今電腦普及化而網路空間不斷拓廣的情況下，非西方社會中的人還是無法像西方人那樣熱衷且無止盡的投擲心力在新科技的研發上。因為西方人所要追求的東西都可以連到他們的天國信仰：「早期基督徒設想的天國，是『靈魂』完全擺脫肉體弱點困擾的地方。現今的網

路族傲然聲稱，在這一『（數位）世界』裏，我們將豁免生理形體帶來的一切侷限和尷尬」〔魏特罕（M. Wertheim），2000：2〕。試問沒有天國觀念的非西方社會中的人，如何想像這種發展網路科技就是為了在塵世建立一個「理想國度」？這也合該非西方社會中的人難能跟西方人在科技的發明上並駕齊驅。然而，西方人的作為又保障了什麼？這只能說是一個更不確定的未來，非西方社會中的人應該要比西方人早一點覺醒（周慶華，2005：228～230）。

　　所謂「非西方社會中的人應該要比西方人早一點覺醒」，這不妨以限題的「哲學諍論」的方式來提點可能的方向。而這種方向在無法遍舉例證予以「縮合」成形的情況下，略加採樣「以見一斑」也就勢在必行了。它（經我個人的擬議）可以這麼說：如果把哲學比喻成實體建築，那麼「並非一個模樣」的哲學大廈，如今已經競相矗立且幾近連鎖化。如有人將哲學區分為形上學（可細分為存有學和宇宙論）、認識論、邏輯學、價值哲學（包括倫理學和美學）和宗教哲學等五大領域（陳俊輝，1991）；有人將哲學區分為形上學、物理學、認識論、邏輯學、心靈學、美學、宗教學和倫理學（包括社會哲學、政治哲學、經濟哲學、法律哲學、教育哲學和歷史哲學等）等八大領域（張振東，1993）；有人將哲學區分為形上學、認識論、倫理學、美學／藝術哲學、宗教哲學、科學哲學、社會哲學、政治哲學、經濟哲學、語言哲學……等多重可添型領域（沈清松主編，2002）。這看似建築體各有形製，互不相侔；其實則是分衍成體，彼此仿效一個規格化的樣式。

　　雖然如此，上述這一哲學大廈的規模，全是西方的哲學家遞相擘劃而成就的；它的不能不方塊化也跟西方的實體建築演化為現代的高樓大廈一樣，空間切割和向上堆疊變成是它最驚悚人的徵象。哲學在古希臘原為「愛智」（philosophia）的意思，而後續的相關框

架及其實質的建構並未涵蓋非西方世界的愛智成果；以至有人遍尋可以跟西方匹敵的古老中國的哲學後發現中國根本沒有宇宙論（對宇宙的本質、起源、意義和目的等究極問題的解說和評價）、形上學（探究超經驗的存有或實有，以形成可以作為一切實驗學問基礎的理論學問）、方法論（建構追求真知識和建立系統理論的形式條件和邏輯法則）、認識論（研究知識本身的性質、知識活動的範圍以及知識的構成，以便重估和補強形上學的地位和學科性格）、文化哲學（說明文化活動的意義、價值和方向，指引人類前進的道路）和邏輯解析（探討語言結構和意義傳達的規律，試圖為哲學重新定位）等西式的哲學類別，而唯一強甚的「心性論」（道德形上學）也跟西方的倫理學不類（勞思光，1977：44～75）。這種情況，當不只像某些人所說的緣於「語言」的差異所致（如漢語沒有主謂語的區分，沒有詞尾的變化，以及沒有詞綴，於是出現不了西方的形上學一類的哲學）（胡適等，1988：49～68），它更關鍵的是涉及終極信仰的不同。西方人普遍相信宇宙萬物為神所造，所以一切學問都在追究跟神的「聯繫」而有切割哲學面相和堆疊累進哲學成果的表現。相對的，非西方世界不時興（沒有）造物的觀念而始終崇尚自然氣化過程的「道」或逆反緣起解脫達致的「佛」，所以就繁衍出迥異於西方的思維（周慶華，1997a；2001a；2005）。

　　整體的哲學框架在異系統間的差異所「下貫」於各知識領域的，就是可以實際的對諍議論彼此同一範疇上的「不可共量」性。好比在規範性知識方面，創造觀型的文化傳統中的一神信仰已經給自己劃好了位階：人具有雙面性，是一種可上可下的「居間性」存有物。但所謂的「可上」，卻有它的限度，永遠無法神化；而所謂的「可下」，卻是無限的，而且是隨時可能的（張灝，1989：9～10）。有這種觀念，必然一面重視自由意志（緣人都帶有神的一點靈明而來），強調

「人生而平等」;一面重視法律制度（緣人都有墮落的潛能而來），以便防範犯罪和規範人的權利義務。這也就是創造觀型的文化傳統中人特別講究「互不侵犯」的道理所在（周慶華，2005：246）。因此，當我們在面對底下這些全出自創造觀型的文化傳統中人自己口中的話，也就不需要感到訝異了:「我們應該假定每個人都是會拆爛污的癟三，他的每一個行為，除了私利，別無目的」、「政府的存在不就是人性的最好說明嗎？如果每一個人都是天使，政府就沒有存在的必要了」、「大人物幾乎都是壞人（地位越高的人，罪惡性也越大）」、「權力容易使人腐化，絕對的權力絕對會使人腐化」（張灝，1989：14、18 引漢彌兒頓、麥迪遜、阿克頓語）。相對的，氣化觀型的文化傳統則以人為陰陽二氣中的精氣偶然聚合而成;因為是「偶然聚合」，不定變數，所以承認人有「智愚」、「賢不肖」、「貧富」、「貴賤」、「窮達」、「壽夭」和「勞心勞力」等等不平等現象（這也使得氣化觀型的文化傳統中人在某種程度上能「忍受」別人的壓抑、剝削等待遇;甚至在當今有意向創造觀型的文化傳統中人看齊，勤學他們的民主制度，卻因為「內質」難變而導至顛躓學步的窘境）。又因為是精氣所化，人神相通，所以人要關注橫向的人際關係，而有許多相應的道德規範產生;並且為不同身分地位的人「量身裁衣」，賦予必要的權威，以維繫社會生活的秩序化運作（周慶華，1997a：112～113；2005：247）。顯然這跟創造觀型的文化傳統中的道德觀是迥異的;但如今當中一方（指創造觀型的文化傳統中的道德觀）藉由各種有形無形的殖民手段強為普世化而著為法制（如民主制度、法律規範和社福擘劃等）後，原也有特殊色彩的另一方（指氣化觀型的文化傳統中的道德觀）就節節敗退到「潰不成軍」的地步（臺灣走西方資本主義路線而徹底被收編固然不必多說，中國大陸

先行西方文化的支裔共產主義後寬鬆改兼崇資本主義也無異是完全臣服在西方霸權之下）（周慶華，2005：247～248）。

　　又好比在審美性知識方面，西方人為模仿上帝的風采而運用幾何原理發展出來的透視畫（這樣才能「還原」或「存真」上帝造物的實況），歷經幾個世紀的演變，終於也隨著殖民主義／帝國主義的威力遠播而橫掃他方世界的審美心靈（宮布利希，2000；豪斯，1997；貝爾，2002；愛德華，2004）；但我們所看到的卻是非西方世界的人苦苦在追趕一條從具象到抽象、從結構到解構、從寫實到超寫實等等永遠由西方人「創新」領航的道路（陸蓉之，1990；劉其偉，2003；謝明錩，2004；郭書瑄，2005），而將自己的文化傳統所有的審美趣味棄如敝屣〔如氣化觀型的文化傳統所崇尚的如「氣」流動般優雅瀟灑的寫意畫和緣起觀型的文化傳統所崇尚的靜修「依止」描繪的瑜伽行者的寫實畫（馮作民，1998；李霖燦，2003；章利國，1999；高木森，2000），幾乎快要全數退場了〕，這種「損失」不只是既有藝術財富的棄守，更是連超前無望一起的「雙重失落」心理的無從調適（周慶華，2005：253～254）。又非西方世界的人大概無法想像西方人的音樂創作也跟他們的科學研究和學術構設一樣在終極上是為了榮耀上帝（如巴哈就曾經說過「所有音樂的終極目標，就是榮耀上帝、修補靈魂」）（索羅斯比，2003：138），而為了容易成名致富西方人居然也會不擇手段的把文學產業化（如大仲馬「他身後有一批固定的捉刀人，隨時準備好稿子，只待大仲馬簽名發表。當時坊間就流傳這樣的笑話，大仲馬問同為小說家的兒子：『你看過我最近的大作嗎？』小仲馬回答：『沒有，爸爸你？』」）（同上，139）；像這種都可以跟上帝連上關係（文學產業化既可以攢財又可以向上帝交代是「一箭雙鵰」的作法）的「正面」或「側面」審美觀，豈是非西方世界的人所能夠有效的仿效深著的？但在帝國霸權所向披

靡的「市場壟斷」的情況下，有那一個非西方世界的人不憚於它的繁采華蔚而眩然失轡？以至這條「尾隨」的不歸路，也無異是在宣告著一個「異質性」的美感情趣的凋零（詳見第四章第五節）。

　　上述這種對諍議論雖然難免會夾雜著少許的「價值判斷」（如不該棄守、市場壟斷、尾隨等一類價值語詞都出籠了），但它主要的用意在彰顯哲學諍論的可以「如期完成」卻也得著了相當程度的印證。換句話說，作為世間「最高深」或「最具深度」學問的哲學本身都可以諍論成這樣，更何況概括人類的創造力表現的整體文化？這當中的相關的「溝通如果還想『持續』，那麼它就不是為『各自文化』的，而是為『人類前途』的」（見前）思路，也就得再一次的扣緊著來好好的「發揮一番」！

四、回歸中國傳統哲學的可能性

　　既然哲學諍論最終是要為人類前途的，那麼這又要如何避免在「擇徑」時不去碰觸一些跨文化的批判課題？這還是得回到前面所提及的「另以關係人類前途的問題為準則來思考文化／哲學的發展方向，而不再執著於『你』的文化／哲學和『我』的文化／哲學到底『孰優孰劣』或『誰好誰壞』一類還缺評斷依據的議題」上來解答。也就是說，各文化／哲學的優劣或好壞姑且不論，但就目前人類所面臨的危機比較需要某一文化／哲學來化解時，相對的其他的文化／哲學就得被研判「收斂」或「更張」，以體現一種「就事論事」而非「人身攻擊」的合理的批判模式。

　　在這裏要以一個「不妨回歸中國傳統哲學（文化）」的論斷來總綰這一系列的思維，以便看出相關的哲學諍論的「後續效應」。而這得從最關鍵的「終極關懷」思索起：終極關懷指的是呈現在對信仰

對象及其啟示的關懷上的一種形態，由於它是終極性的（該信仰對象為終極實體的緣故），所以可以稱為終極關懷。這種終極關懷，可以構成一個立體的存在體系，也就是由終極關懷而引出構成這一終極關懷的「真實」和所要追求的「目標」以及為獲致「目標」而有的「承諾」（自我擔負）（傅偉勳，1990：189～208）。如果把終極關懷當作一個「對象性的存在」，那麼從終極真實到終極目標到終極承諾就是一個「實踐性的存在」。而這裏所以統以「終極關懷」一詞指稱該對象性和實踐性的存在，是為了終極關懷本身難可自存，而要有終極真實「保證」它的成立，有終極目標「指引」它的出路，以及有終極承諾「推動」它的進程，彼此構成一個關係緊密的存在體（周慶華，1999a：185）。它在各文化系統有不同的表現，相關的評論就可以接著依「嚴重程度」的順次來進行。

首先是創造觀型文化傳統在信仰上帝的基督徒身上所顯現的，他們所關懷的是人的「原罪」。這是承自古希伯來的宗教思想。根據古希伯來宗教的文獻（主要是舊約《聖經》）所述，上帝以祂的形象造人，於是人的天性中都有基本的一點神性；但這點神性卻因人對上帝的叛離而隱沒，從此黑暗勢力在人間伸展，造成人性和人世的墮落（這由亞當、夏娃偷食禁果首開其端）。從基督教所拈出的「原罪」觀念來看，人都有與生俱來的一種墮落趨勢和墮落潛能，構成它的終極真實；但人都是上帝所造，都有靈體，所以又都有它不可侵犯的尊嚴。憑著後面這一點，人經由懺悔、禱告，就可以獲得救贖，死後進入天堂，永隨上帝左右（人可以得救，但有限度，永遠不可能變得像上帝那樣完美無缺）。因此，進入天堂就是基督徒的終極目標，而懺悔、禱告尋求救贖就成了基督徒應有的終極承諾（周慶華，1997b：80～81）。雖然如此，這種終極關懷的方式卻因為內質含有「險巇」成分而問題重重。我們知道，根據基督教的說法，

人具有雙面性，是一種可上可下的「居間性」動物。但所謂的「可上」卻是有限的，永遠無法神化；而所謂的「可下」則是無限的，且是隨時可能的（見前）。由這一觀念，必然重視法律制度，一以防範犯罪；二以規範人的權利義務。西方的民主政治，就是從這裏展開（至於西方別有源自人性「可上」的一面的自由主義，那又另當別論）。至於西方的科學，也跟對上帝的信仰有關。西方人談真理，原有「本體真理」和「論理真理」的區分。前者指「實」和「名」相符（真理在事物本身）；後者指「名」和「實」相符（真理在觀念本身）（曾仰如，1987；朱建民，2003）。由於事物不會有謬誤，只有人的觀念會有謬誤，以至本體真理勢必「過渡」到論理真理而為西方所存的唯一（強勢）真理。西方人為了讓名和實相符以獲得真理，自然要極力去求得客觀的明顯性（直接的客觀明顯性或間接的客觀明顯性）；於是就會特別重視觀察（並發明工具儀器以為資助）和理論推演（跟觀察形成一辯證的關係）。而為了取得更客觀明顯性（最多是間接的客觀明顯性），多半要去追溯事物發生的原因；而事物發生的原因，最後又可以推到上帝的「目的因」（兼及「動力因」），而這才有事物的「質料因」和「形式因」的成立。這麼一來，就接上古希臘柏拉圖的「理型」（或亞里士多德的「概念」）哲學和中古多瑪斯的神學而為西方科學所從出；而西方人也以科學上的發現或科技上的發明為可榮耀上帝的體面事。然而，西方人所說的民主（等值的參與）卻很難實現（頂多做到局部的程序民主）、甚至弄巧成拙而出現「假民主」的現象（如當今的選舉制度所設重重關卡就是）。至於西方人極度發展科學的結果，造成核彈擴散、資源枯竭、空氣污染、水質污染、環境污染、臭氧層破壞、溫室效應和生態失衡等後遺症，早已預兆了人類將要萬劫不復，問題更為嚴重（周慶華，

2000b：224～225）。因此，普受影響的他方社會如果不再悉心了解
這種關懷方式的流弊而試為改向，那麼就得一起承擔苦果。

　　其次是緣起觀型文化傳統在信仰涅槃境界的佛教徒身上所顯現
的，他們所關懷的是人的「痛苦」。這是佛教開創者釋迦牟尼從人類
實存日日體驗到的無窮盡的身心逼惱（不快不悅的感受）而誓化眾
生讓他們永遠脫離生死苦海的悲願所帶出的。而它不論是小乘佛教
所偏重的「個人苦」還是大乘佛教所偏重的「社會苦」，都展現了一
致的關懷旨趣。還有佛教所說的「痛苦」，具有相當的「實在性」（跟
它相對的「快樂」就不具有「實在性」；因為快樂只是痛苦的暫時停
止或遺忘而已）（勞思光，1984：（二）181～182），且遍及人身心的
所有經驗（佛教對於苦的分類甚繁，最常見的有生老病死苦、愛別
離苦、怨憎會苦、求不得苦、五陰盛苦等）。而造成這一痛苦的終極
真實，主要是「二惑」（見惑和思惑，由無明業力引起）和「十二因
緣」（生死輪迴）。最後必定逆緣起以滅一切痛苦和出離輪迴生死海
而達到絕對寂靜境界為終極目標。而身為佛教徒所要有的終極承
諾，就是由八正道（正見、正思維、正語、正業、正命、正精進、
正念、正定）進入涅槃而得到解脫（周慶華，1997a：81）。縱是如
此，這種終極關懷的方式也因為「捨離無望」而減卻了它的苦心孤
詣。我們知道，佛教所著重人的自清自淨雖然沒有給人間投下什麼
災難變數，但也不免曲為指引到令人「望而怯步」或「礙難踐行」
的地步。原因就在拋開所有的執著並不是常人所能輕易做到；而繁
瑣的解脫法門也會讓人喪失耐性和信心（雖然有所謂「頓悟」得道
的，但一般人卻都會苦於無處可悟）。畢竟人間社會永遠是一個「可
欲」的場域，無法「阻絕」人心的蠢動。最後大家可能會發現它不
但提不住人心，還揭發更多可以供人思欲的情境。因此，人間社會

的擾攘和爭奪已經不是佛教單獨「出擊」所能平息的了（周慶華，2000b：225）。

　　再次是氣化觀型文化傳統在信仰自然氣化道理的儒道信徒身上所體現的，他們所關懷的有緣純任自然一路而來的個體的「困窘」（不自在）和緣重視人倫一路而來的倫常的「敗壞」（社會不安定）。前者是道家的先知老子、莊子等人透視人間世誘引個己的分別心和名利欲而遺留的夢魘後所考慮要除去的。這跟佛教徒的關懷對象類似，但著重點略有不同（詳後）。至於依附道家而又別為發展的道教，在既有關懷的基礎上又加了一項「命限」，也足以令人側目。當中道家所認定的「困窘」，基本上跟佛教所認定的「痛苦」無異（這也可以用來解釋佛教東傳中土所以「一拍即合」而廣泛引發迴響的原因），只是構成這一「困窘」的終極真實，多集中在較為明顯可見的「分別心」（別彼此、別是非、別生死）和「名利欲」上，彼此稍有差別。而道家信徒所要追求的終極目標，就是沒了分別心和名利欲的逍遙境界（純任自然）。而為了達到逍遙境界，道家信徒必須以「心齋」（虛而待物）、「坐忘」（離形去如）等涵養為他的終極承諾。這在道教，又加了「方術」（如服食、燒煉、導引、內丹、符籙、禁劾和祈禱等）以保全人的神氣而長生不老。這比道家的作法，似乎又更「進」了一層。後者是儒家的先知孔子、孟子等人考察人間世私心和私利橫行所造成而需要舒緩的惡跡。這跟道家的關懷對象可以構成一種對比，而跟基督教的關懷對象也可以互照出本質的差異（詳後）。原因是上述各教派（學派）所關懷的都在一己的罪愆、苦痛的救贖和解脫上，只有儒家獨在倫常方面著力。它以人倫的不和諧而導至社會的不安定為關懷對象，並且認定私心和私利是構成倫常敗壞的終極真實。如何扭轉，就在確立仁行仁政這一終極目標，而以推己及人（己欲立而立人，己欲達而達人）為終極承諾。這跟基督

教顯然有絕大的差別：一個重視自覺自反；一個重視他力救贖。不僅如此，前者最終是要求得人倫的和諧（社會的安定）；而後者最終卻是要求得人神的安寧（這也同樣可以用來解釋基督教傳入後「難以合轍」而始終無法在中國社會生根發展的緣故），而這也跟道家（甚至佛教）構成一事的兩極：前者排除私心私利是為了生出公心公利；後者排除分別心和名利欲是為了自我得以逍遙（即使是佛教去除所有執著而苦滅後不再有所作為，也難以跟儒家相比擬）。話雖然是這樣說，基督教、佛教和道家也不是不關心倫常的問題。它們以原罪意識來警告世人不可以叛離上帝的旨意、以苦業意識來消滅人心的惡魔孽障、以委心任運來帶領眾人齊往逍遙境界，也都是為了看到人間一片淨土、到處一片祥和；只是它們的考慮多了一個轉折，不像儒家那樣直就自己和他人的關係切入，一舉揪出倫常敗壞的原因及其對策（周慶華，1997a：81～83）。

　　整體來看，道家／道教信徒的終極關懷終究要跟佛教徒的終極關懷「匯」為一夥而無意於向外推拓建立法制以防止人的叛離，它的「曲為思考」（要藉個體的普遍自求逍遙來解決人間社會的擾攘紛爭）一樣難見成效；只剩下儒家信徒的終極關懷在現實中可以被多加「指望成真」。畢竟儒家提出仁行仁政來指引人向上一路，並不是要剝奪人的私心私利，而是要喚醒大家能推己及人，轉而出現公心公利。這樣要求人（即使好樂、好貨、好色，也無礙於仁行仁政的施行），總比佛道要求人去除欲望來得容易（要人不好樂、不好貨、不好色，簡直難如上青天）。再說儒家沒有講究民主，不及基督教吸引人，這也不構成儒家的弊病。因為儒家原有一套理想社會的設計：「大道之行也，天下為公。選賢與能，講信修睦。故人不獨親其親，不獨子其子。使老有所終，壯有所用，幼有所長，矜寡孤獨廢疾者皆有所養。男有分，女有歸。貨惡其棄於地也，不必藏於己；力惡

其不出於身也，不必為己。是故謀閉而不興，盜竊亂賊而不作，故外戶而不閉，是謂大同」（孔穎達等，1982c：413）。不論採用那一種制度，只要做到以上所說各項利己利人的措施，都是儒家所贊許的。只不過歷來還沒有一個時期實現過這個理想，以至讓某些不明究裏的人誤以為儒家已經過時了。其實，儒家正有待開展，它將會是人類免於沉淪的極佳保證。至於儒家沒有提倡科學，不像基督教有可以榮耀上帝的憑藉，但這也不是什麼值得遺憾的事；倒是不提倡科學（指西方式的科學），使人類得以長久的綿延下去（周慶華，2000b：226）。因此，重拾這種終極關懷就特別具有時代的意義，它還會是未來照見人類前途的「一盞明燈」。

依此類推，一樣有得後設思維的其他課題（包括觀念系統、規範系統、表現系統和行動系統等文化次系統），也可以比照著「迴向」而再啟哲學（文化）的新紀元。而這種哲學諍論所蘊涵的文化批判，在語意表達上似乎已經有優劣或好壞的判斷而跟前面希望能「併存」或「兼容」的原意相違背；其實不然！各文化系統中的終極實體的信仰都相對有效的「解決」了宇宙萬物的由來（也就是有的說是上帝創造的，有的說是精氣化生的，有的說是因緣和合成的；這些都無法證實，也無法否證，只得暫時肯定它們「都有道理」）；但要論及它們的「衍變」，就不能不檢視它們究竟有否留下後遺症，而這在各文化系統的情況就同樣「差別顯著」。因此，以關命妨生的後遺症的輕重作為標準，就可以斷定未來人類「比較需要優先發展什麼信仰」。這時回歸中國傳統的哲學的呼聲，也就「如此順當」的發出了。至於它的可能性，則可以由「永續經營」地球和「長治久安」人類社會的欲求來作為保證（倘若人類少了這種欲求而願意深陷已現徵兆的即將萬劫不復的境地，那麼這種可能性就「自動幻滅」）。

五、再闢哲學諍論空間的方向

從後設思辨的角度看，哲學諍論在基本上也都是為了「解決問題」的；而人類已經面臨生死存亡的抉擇關卡，哲學諍論當然得在這時候提出「因應」的良方才能顯出它的存在的意義和價值。

好比當今大家都知道整個世界千瘡百孔，卻苦無拯救的對策，以至有一些「天真」的想望難免就會乘機而出。所謂「在二十世紀末，還有一股力量掏空了『進步之塔』的基部，那就是全球環境的破壞。科學所催生的西方工業模式，仍在不斷耗竭、污染自然資源，而讓地球生命面臨可能倏然寂滅的威脅。儘管人類已經大幅修正運用自然的方式，讓地球得以免受萬劫不復的傷害；但西方工業模式的『優越之處』要全人類所信服，似乎已是不可能的事。即使是最了不得的科學成就，對環境似乎也同樣會產生不得了的破壞。比如糧食產量的大幅提升，摧毀了自然棲息地，讓大片土地不再肥沃；比如電力和高速移動工具，雖然讓生活大為便利，但因為會排放廢氣進入大氣層，最終卻造成全球暖化的駭人結果。弔詭的是，從反抗現行的全球經濟模式，並為它尋找替代之道的角度來看，環境既讓人絕望卻又伴隨著希望。因為資本主義體制的裂縫，就在自然環境這裏裂了最大洞。自由市場或許有能力做到許許多多事，但保護環境絕對不在當中。以企業間的競逐利潤為基礎建立的體制，必然無法保護地球的自然資源。如果環境要受到保護，不當利用資源的行為要予以遏止，並讓那些即使不是對未來最樂觀的人都認為：整個二十一世紀，人類社會可享有今日的經濟成長率，那就勢必得靠國家和超國家的機構來安排、規範」〔布雷瑟（C. Brazier），2002：212〕，類似這種期待國家或超國家機構來安排、規範世人的行為尺度，就不啻是癡人說夢！如果國家或超國家機構真有這個甘冒失去

競爭力的「危險」而來從事這種自我「削減」工作的膽識和能耐，那麼大家也不會至今還在滔天大浪中掙扎。可見這已經不是「約束」行為的問題，而是根本上「去執」以求延緩能趨疲到達臨界點的噩運的來臨問題（周慶華，2004a；2005；2006a；2007b）。因此，繼起的哲學諍論「聚焦在人類的絕滅問題」，也就成了在目前來說所不得不有的終極的使命。

　　對於這一點，重新「問津船渡」理當是再闢哲學諍論空間最好的辦法。它迫切要先深思的是「孰以致之」的問題。大體上，現今世界所以會演變到這種「沒有明天」的地步，創造觀型文化的強力「介入運作」有莫大的關係。而這得從基督教興起後所有的強烈傳播衝動談起：我們知道，基督教所以積極的向外傳揚福音並取得布教和協調的主導權，主要是根源於它對上帝的信仰。這個上帝是絕對的權威，也是唯一可以效仿的對象。因此，基督徒自然會不知不覺的代替上帝行使起祂的威權〔順服的有獎賞，不順服的有懲罰；情節嚴重的加以毀滅（香港聖經公會，1996）〕，也不由自主的要在自己可以媲美上帝的風采（如高度的科學成就）時興起別人「步他後塵」的奢求。所謂「罪就是對上帝的反叛，如果有限和自由相混，見處於理想的可能性之中而不能說它無罪的話，那麼它一定是有罪的，這是由於人總是自詡是自己有限中的絕對。他力圖將他有限的存在變為一種更為永久、更為絕對的存在形式。人們一廂情願的尋求將他們專斷的、偶然的存在置於絕對現實的王國之內。然而，他們實際上總是將有限和永恆混為一談，聲稱他們自己、他們的國家、他們的文明或是他們的階級是存在的中心。這就是人身上一切帝國主義性的根源，它也說明了為何動物界受限制的掠奪欲會變成人類生活中無窮的、巨大的野心。這樣一來，想在生活中建立秩序的道德欲望就跟想使自己成為該秩序中心的野心混雜在一起，而將一切

對超驗價值的奉獻敗壞於將自我的利益塞入該價值的企圖之中。生活和歷史有組織的中心必須超越生活和歷史自身，因為在時間上、歷史上出現的一切太片面、太大不完全，無以成為其中心。但由於人認識的侷限性，由於希望自己能克服自身的有限這兩點，使它們註定會為他局部有限的價值提出絕對的要求。簡單的說，他企圖使自己成為上帝」（尼布爾，1992：58），就是在說基督徒的情況。這在宗教改革後，新教徒極力於締造現世的成就以榮耀上帝（並期待優先獲得上帝的接納）開始，已經露出端倪了〔韋伯（M. Weber），1988〕；爾後為了擴大在現世成就的範圍，進一步「掠奪」他人的資源（藉以壯盛自己），而造成以「資本主義」（自由貿易）為名而行剝削、壓榨和宰制他人的「殖民主義」的事實。殊不知其他地區的人，並不崇尚上帝，也不時興「戡天役物」（來顯示特能領會上帝揀選自己來塵世的「用意」），為何要被「強迫」接受這種宗教信仰及其相應的觀念？而當其他地區的人不願接受時，就忿而以武力相向？所謂「西方資產階級把基督教世界以外的異教地區視為『化外之邦』，所以當他們獲得生產力的迅速發展所賦予的巨大力量，可以向海外擴張時，他們所使用的武器不僅僅是大砲，而且也有《聖經》；不僅有炮艦，而且也有傳教士」（呂大吉主編，1993：681），這豈有一點誇張？西方國家過去靠著強大的軍事力量征服別人，後來又藉著經濟、文化的優勢侵略別人，這前後「一以貫之」的表現，所帶給世界的衝突紛擾、殖民災難和生態破壞危機等，不啻要將人類逼向滅絕的境地（周慶華，2001a；60～61）。再換另一個角度看，全面性變革的現代化從被西方人帶動後，就一直循著工業革命開發科技的模式而以耗用地球資源的腳步在前進；但它卻不再有什麼前景可以期待。因為隨著科技的加速發展，整個工業社會日益向上升級，所有的工業產品、製造流程、食品生產、農業耕作、運輸系統、都

市結構、軍事裝備、育樂環境、醫療保健，甚至社會結構、政治系統及經濟模式等等，必然越來越趨向於精密和複雜；但在這種高度複雜化的工業社會裏，人類必須仰賴大量的物質和能源，生活才能維持下去。倘若物質和能源供應不濟時，就會有嚴重的危機出現〔雷夫金（J. Rifkin），1988：154～283〕；而當前人類正面臨（資源匱乏）這樣一個岌岌可危的局勢，誰有能耐來加以挽救？再說發展科技而由於人謀不臧所導至的環境惡化、生態危機以及核武恐怖等所謂「科技反撲」的事實，更有誰有辦法予以善後？

　　其實，西方世界也不是沒有人想到自己已經「鑄下了大錯」，而紛紛在尋求補救的措施。所謂「基督教的傳統教示，塵世的歷史是有它確切的起始和結束的，真正有價值的東西，僅存於上帝所在的天國。這種強調『他世』的說法，往往導至人們對今世物質世界的罔顧或甚至無度的榨取，而助長生態的破壞和物質的消耗。基督教學說的其他缺點，就是有關『支配萬物』的觀念；它一直被人們利用來作為殘酷地操縱及榨取自然的理據。然而，當今基督教學說的『再型構』已開始要成形了；基督教學者紛紛在重新界定『支配萬物』的意義，他們主張任何剝削或殘害上帝創物的舉動都是有罪的，而且也是叛逆上帝意旨的一種褻瀆行動；同樣的，任何破壞所賦予自然世界的固定意旨和秩序，也是一種罪行和叛逆。因此，許多新宗教學者指出，所謂『支配萬物』並不意味著人類有權剝削大自然，它的真意乃是指管理大自然。有人認為當這種新的管理教義及熱力學定律和更為正統的神學結合之後，它就能為一種新的、再型構的基督教義和誓約奠定了健全的基礎，使它配合於能趨疲世界觀的『生態急務』」（撮自雷夫金，1988：355～361），這裏提到的新神學家的「讜論」，就是普遍而顯著的例子。但這還不夠！最重要的是要解除對他人有形無形的宰制；它不能再像底下這種論調這樣自我陶醉：

「一個正視挑戰並接受對它和對我們時代整個文化的共同生活的審判的基督教，可以為人們應付更嚴重困境的方式作出深遠的貢獻。基督教的作用不在於它似乎可以成為政治、經濟、社會的替換物。基督教本身不是在技術世界中建立起的一種不同的工程，也不是另一種管理城市和處理國際事務的方式。但基督教可以為新的希望提供基礎。因為透過對基督的信仰，它賦予人們以『天國公民』的切身感，同時伴隨著塵世的責任感。在這裏，人們敢於承認自己真正的罪惡。同時基督教能夠對社會衝突提供富有成效的抨擊；因為透過對基督的信仰，它使人們意識到，即使歷史的分化不能消除，『我們都在基督裏合一』」〔塞爾（E. Cell），1995：120〕。所謂「塵世的責任感」，無異暴露了基督徒的普同幻想和支配欲望，難免要成為衝突或紛爭的根源（周慶華，1999a：216～219）。因此，只有化解宰制意識和行為後，再回過頭來面對能趨疲，才難看出成效（不然它會再度的榨取自然，以便有更多本錢來施加壓力在他人身上，以索得悔過的承諾）。換句話說，新基督教神學是要返回自身的「具足」，減去暴力愛（對他人的宰制），減去對地球有限資源的耗用，讓大家都樂見「還有明天」；否則這世界就只好繼續深化人為殖民的痛苦和大地反撲的劫難（周慶華，2001a：62～63；2005：233～238）。因此，繼起的哲學諍論要再闢空間所需的資源即使不仰賴氣化觀型文化（或緣起觀型文化）的供給，也得另行尋覓，才有希望摶塑出拯救危境的方案。

第六章　新體證模式：

佛教形上語言隱含的難題及其化解途徑

一、一個存有學式的論述模式

通觀佛教的學問，不出「對象佛學」和「後設佛學」等兩大範疇。前者是指佛教的內在義理和外顯事業的形式條理；後者是指佛教的內在義理和外顯事業的理論構設（周慶華，2004a：11）。雖然後設佛學部分還可以無限後設下去（也就是不斷針對前出的理論構設再構設），但它總是在一個「後設」的框架底下討活計，只要分辨得宜就不難掌握。比較有問題的是，從對象佛學到後設佛學的「進化」理路或「辯證」理路到底要如何伸展，才有助於佛教的學問的正當化？

一般所說的正當化，以能獲得普遍的認同為要求，儼然已經是任何支配形式的基礎或判準（韋伯，1991：21～27）；但在這裏還要別為推向理論本身的圓足上。因為前者的正當化很可能只是基於情感的認同而跟理智無涉，例子如一個猶太教士的故事所顯示的「赫緒曼在他另一本討論近代思想的經典名著《激情與利益》中，提到一個猶太的古老故事。波蘭古都克拉科的一個猶太教士，有一天在講道的時候忽然說，他的通天眼讓他看到兩百里外的華沙的一個著名教士，就在當時突然過世。這麼厲害的視野，讓他的信徒非常折服。不久以後，到華沙旅行的信徒發現，那位被看到已經過世的教

士其實活得好好的。信徒回來後開始質疑教士的通天眼能力，可是教士的徒弟卻這樣為教士辯護：『雖然和事實不符，可是那畢竟是一個了不起的視野！』每次我看到以理性選擇理論來解釋政治和社會行為的論文，特別是所發展出來的複雜模型，我都會想起這個故事：這畢竟是一個了不起的研究」〔赫緒曼（A. O. Hirschman），2000：吳乃德導讀　7〕；而後者的正當化則必須以邏輯為準繩，讓理智介入全程的運作而取得理論建樹的可信性。如果以後面這一點來看待佛教的學問，那麼我們恐怕都不能高估；畢竟它還有許多漏洞等待填補。

　　這主要是佛教所預設的宇宙萬物的實相以及洞見該實相以便解脫的智慧和解脫後的境界朗現等等，分別以空、般若和涅槃（佛）等形上語言著見，已經成為眾人傳習體證和詮釋著述不輟的對象；但有關該形上語言所指涉的實質究竟如何可能卻還有如煙花閃爍，解說者言詮多為籠統奢華而不實在。因此，從理性思辨的立場出發，重為檢視佛學內部理論的運作以為追求新正當化倡議，也就有另一番向佛的典範性可以形塑。而這種「直搗」理論門檻的作法，勢必得從關鍵的存有學角度切入「一體成形」，所以可以自我標榜這是「一個存有學式的論述模式」。

二、形上語言在佛教經義上體現的情況

　　存有學（也稱形上學），是研究存有的學問；而存有一向被賦予「任何事物賴以成為存有者或存有物的完滿（也就是能進行創造活動）」涵義〔布魯格（W. M. Burgger），1989：82〕。它內部所揭示的第一原理（包括矛盾律、同一律和排中律等）、因、果、質、量、真、偽、善、惡、美、醜、自立體、依附體、關係、物質、能量、潛能、

現實和變動等觀念問題〔亞里斯多德（Aristotle），1999；曾仰如，1987；沈清松，1987；劉仲容等，2003〕，大體上已經窮盡了人所能「抽選象徵」或「抽繹徵象」的能耐。因此，凡是再有所說而涉及上述這些課題的，就可以直接將相關的用語視為形上語言。

　　形上語言在佛教經義上體現的，自然不會少於一般存有學所框定的那些，但要論及「優先性」則又不免要舉空、般若和涅槃（佛）這幾個至要概念。空，在佛教經義裏是存有的總名，為宇宙萬物的實然狀態。它以反其他實有的存有觀念著稱，強調宇宙萬物為空無（無自性或沒有一定的性質）；所謂「我今當說第一最空法……彼云何為名第一最空之法？若眼起時則起，亦不見來處；滅時則滅，亦不見滅處。除假號法因緣」（瞿曇僧伽提婆譯，1974：713 下）、「從緣生者，則是無我，則是空也」（鳩摩羅什譯，1974a：929 下）、「夫有必空，猶若兩木，相鑽生火，火還燒木，火木俱盡，二事皆空」（康僧會譯，1974：16 上）等等，都是在表達這個意思。至於般若和涅槃（佛），則是指能透視宇宙萬物非實有的智慧和啟動該智慧而不為外物所縛後所達到的絕對寂靜的境界，彼此為一潛能一現實的關係；所謂「般若光照一切結使，悉同一色，為佛法色……佛法結使，以般若慧觀，等無差別……一切諸法，皆是佛法」（求那跋陀羅譯，1974：467 上）、「若如是觀如來，及一切法，無來無去無生無滅，必至阿耨多羅三藐三菩提；亦得了達般若波羅蜜多方便（鳩摩羅什譯，1974b：584 下）和「涅槃名為除滅諸相，遠離一切動念戲論」（鳩摩羅什譯，1974c：36 下）、「如昨夢故，當知生死及與涅槃，無起無滅，無來無去；其所證者，無得無失，無取無捨；其能證者，無往無止，無作無滅。於此證中，無能無所，畢竟無證，亦無證者。一切法性，平等不壞」（佛陀多羅譯，1974：842 上）等等，也都是分別在表達這些意思。

　　如果說存有就如所限定特指存有物的存在活動（創造性的活動），那麼上述的空、般若和涅槃（佛）等就是佛教所議設的向佛者所必須去體證的存在活動；它以「反向操作」的方法運用般若智去創造一個符合空義的涅槃境界。換句話說，空性存有物只能以反實有的作為來襯托；而反實有所需的智慧以及所趨入的絕對寂靜的境界，就是一種另類的創造活動（以不創造為創造）的顯現。佛教在這裏充分的展露了殊異存有學的性格，很可以作為世俗存有學擴大論域的一個刺激項。

三、佛教形上語言的詭論性及其緣由

　　雖然如此，佛教這種殊異存有學還是不免觸處罅漏而難以善後。我們知道，世俗存有學有假定存有的「源頭」為一抽象理念世界的（至於該抽象理念世界又緣何而來，那就可以「隨人論去」了）；正由於有該抽象理念世界的存在作為前提，所以使得每一次第的存有物的創造活動都可以獲致「內在理路」的保障。然而，所謂抽象理念世界這種不變的事物，其實只是一種戲設（假設）。因為所有可思及見及的事物都不斷在變動中，並且變動前不知為何（不知起源）而變動後也不知為何（不知終極），主體我的推知，僅僅是一種片面之詞。由於主體我先預設了目的（理念世界），所以會把相關性的事物選出、串聯，依循一些主觀的情見，作序次性的由此端推向彼端或由下層（直觀現象）推向上層（理念本體）的辯證活動。殊不知物物之間、人人之間、人物之間不僅互涉重重，而且當中並置未涉的同時仍然互為指證，這又不是序次性秩序所能表詮的（葉維廉，1988：118～123）。綜觀佛教所假定的實相世界（空），也是近似這

種情況；以至由它所衍生的般若智和涅槃境界等等，同樣都「出了問題」。

　　再換個角度看，佛教在累世傳習的過程中，又添加了許多枝節，而讓原本就不穩定的理論體系更為紛雜難理。好比緣空性觀而來的，就有小乘的「我空法有」和大乘中觀派的「諸法皆空」以及大乘瑜伽派的「萬法唯識」（故萬法空）等諸多派別的競相「治絲益棼」（周慶華，2004a：61～83）。又好比緣般若說而來的，也有大乘真常系以「真如心」在試為提住般若的「淨智」性；但它原跟「染識」相互依倚的又如何能夠撇得開來，該系也同樣無力圓說（同上），馴至所要臻至的涅槃境界更不好想像。此外，即使是涅槃這種解脫後的狀態，也被推上了「紛紜其說」卻又「不得要領」的行程；如「有此二法涅槃界，云何為二？有餘涅槃界，無餘涅槃界。彼云何名為有餘涅槃界？於是比丘，滅五下分結，即彼般涅槃，不還來此世，是謂名為有餘涅槃界。彼云何名為無餘涅槃界？於是比丘，盡有漏，成無漏，意解脫，智慧解脫；自身作證，而自遊戲。生死已盡，梵行已立，更不受有，有實知之，是謂名為無餘涅槃界。此二涅槃界，當求方便至無餘涅槃界」（瞿曇僧伽提婆譯，1974：579 上），像這種都還有待說清楚／講明白涅槃境界的實質是什麼而未能的「分疏強定」，就顯得頗為「無處掛搭」。

　　事實上，還不只這樣，佛教內部慣常以「不可說」或「不可思議」一類的話頭來阻絕別人的詢問或質疑該境界的存在，不啻又徒增自我的弔詭性。所謂「若有言語則有滯礙，若有滯礙則是魔界。若法不為一切言說所表者，乃無滯礙，何謂法不可言說？所謂第一義。其第一義中亦無文字及義。若菩薩能行第一義諦，於一切法盡無所行，是為菩薩能過魔界，無所過故」（曇無讖譯，1974：123 中）、「若如來於一切不可言說，無名無相，無色無聲，無行無作，無文

字……一切言語道斷寂靜照明；而以文字語言分別顯示，一切世間所不能解」（菩提流志譯，1974：493 上）、「如佛所說，四種境界不可思議：一者業境界不可思議；二者龍境界不可思議；三者禪境界不可思議；四者佛境界不可思議」（同上，493 下）等等，這不只會給旁人增添理解佛教上的困難（也就是果真如此，豈不是向人宣告佛教不可理解呢），還會為佛教自己帶來「窮於彌補」的窘境。正如《維摩經玄疏》中的一段言說所無意「反證」的：

> 此經淨名默然杜口，即是《大般涅槃經》明四不可說意也。四不可說者：一生生不可說；二生不生不可說；三不生生不可說；四不生不生不可說。此即是約心因緣生滅即空即假即中四句不可說也。而得有四說者，皆是悉檀因緣赴四機得有四說也。（智顗，1974：521 下）

這在解釋《大般涅槃經》「四不可說」和「得有四說」（慧嚴等加，1974：733 下～734 上）上，似乎有意要區別「內證面」和「教法面」的不同（黃懺華等，1990：83）；但從方法論的角度來看，這是無效的。因為內證面倘若不可說，教法又如何能夠保證可以引人趨入內證面？佛教中人凡是嘗試要彌縫這類問題的，都得面對相同的困窘。因此，像《大方廣佛華嚴經》中所載數百件情事或意境不可說之類（實叉難陀譯，1974：238 中～241 上），讓人除了嘆為觀止，大概都難以領會當中的奧妙（周慶華，1997b：110～111）。而這很可能全是「本事尚欠」轉生「戲設未密」的結果；佛教中人也毋須因補救不及而反過來刻意迴護，導至造成更大的疏漏（也就是只能以「不可說」或「不可思議」一類的話頭來塞責，會更加令人懷疑佛教內部「隱藏了什麼不可告人的秘密」）。

四、相關難題的化解途徑

　　依照上述，佛教的存有論說是還缺少「堅實理論」基礎的（至於有許多人緣於情感的認同而信守不渝的，那又另當別論）；它掩蓋在過渡修飾的言詞底下的一些問題，尚未被盡情的暴露出來。也就是說，倘若說宇宙萬物為非實有，那麼「所說的宇宙萬物為非實有本身也是非實有的」嗎？如果是的話，那麼它就無法肯定宇宙萬物確實為非實有（因為說宇宙萬物為非實有那句話已經不具效力）；如果不是的話，那麼至少有一樣東西是實有的（就是說宇宙萬物為非實有那句話），這就會造成自我的矛盾（而沒有說什麼）。後者不能因為它形同是「後設語言」（徐道鄰，1980：7～8；關紹箕，2003：17～18），就可以不受檢肅。換句話說，空性存有物在首關上就會被質問：「究竟有什麼東西是非空性的？」假使提不出有非空性的存有物，那麼我們也無從想像空性存有物的具體狀況。而順勢再看「不可說」或「不可思議」一類的話頭，它的詭論性很快就會連帶的被明眼人一舉窺破。

　　大抵上如果採取同情的解說，佛教有關的「不可說」或「不可思議」議題，它的前提基本上也是一個後設語言命題。在語言哲學裏，這類後設語言命題是以「O 相對於 L 為不可說（不可言傳）」的形式出現，意思是 O 無法藉 L 表達。換句話說，所有有關 O 的語句沒有表達什麼事實或經驗。在這裏 O 可以指現象、經驗或物體，如：

（一）二元論者也許會認為心靈的特性相對於生理學上的謂語來說是不可表達的。

（二）Predicate calculus 相對於命題邏輯來說為不可表達。

（三）$\sqrt{2}$ 相對於有理數來說為不可表達。

（四）$X^2 = -1$ 相對於只有實數的數論來說為不可言傳。

(五) 我們的確很容易想像地球上或其他星球上存有許多事物是
　　我們做夢也想不到的；這些事物可以說相對於我們的語言
　　來說是不可表達的。（黃宣範，1983：128～129）

佛教認為實相世界等「不可說」或「不可思議」，自然也可以作這樣
的理解。但如果採取不同情的解說，它可能就犯了跟同類型論述一
樣的弊病；也就是把「不可說」弄得太模糊不清、太具伸縮性，以
及似乎有把實相世界等不可說解為「套套絡基」（也沒有說什麼）的
嫌疑。因此，為了避免這些弊病，不妨作些修正而讓該命題顯得正
確些或更可以理解，如：

(一)佛教的實相世界等無法用非隱喻方法加以刻劃。
或(二)佛教的實相世界等無法像科學那樣作非常精確的描述。
或(三)佛教的實相世界等只能用很抽象的詞語加以描寫。

換句話說，佛教不宜簡單地說「某某不可說」；除非事先弄清楚什麼
才算是可以說的東西或現象，或者什麼樣的謂語、刻劃等是不可說
而論者可以容許或不可以容許的謂詞（黃宣範，1983：136～137；
周慶華，1997b：117～118）。

　　縱是如此，這裏不能僅止於這種語言層面的考辨（因為它不過
是在「釐清」或「補充」佛教的說法，看不出可以從中產生或形塑
一些建設性的意見作為「對諍」），還得進一步指出當中更關鍵性的
問題。這個問題，當不如有些論者所切結膚論的因為「該實相世界
等超越現象界，所以無法指實」或「該實相世界等既為第一義諦，
則必屬於絕對的形上體而不能指實」那樣可以試著予以包容（蔣維
喬，1993：40～41；勞思光，1980：299；巴壺夫，1988：136～137），
而是得認真看待的一個隱藏著有「瞞天過海」嫌疑的雙面性詭論。
也就是它一方面顯示實際已知該實相世界等是怎麼一回事而卻說該

實相世界等不可說或不可思議；另一方面又讓人感覺裏頭含有實際
不知該實相世界等是怎麼回事卻再三盛稱該實相世界等而最後又說
該實相世界等不可說或不可思議（盛稱該實相世界等時，儼然已知
該實相世界等是怎麼回事，卻又聲明該實相世界等不可說或不可思
議，顯然是個詭論）。這跟一般語意學者或語言哲學者所指陳的存有
詭論相較，無異是「隱式」的。

　　存有詭論是當人們嘗試將神秘的終極真實或全體真實等不可企
及的神秘領域加以理性化，並使用人類抽象的有限性的語言予以表
達，或者在提升到那玄之又玄的不可企及境界的過程時所形成的（楊
士毅，1994：133～134）；它是「顯式」的，不但容易察覺，也不無
可以化解的餘地〔如《六祖法寶壇經》所載神秀語「身是菩提樹，
心如明鏡臺。時時勤拂拭，勿使惹塵埃」和惠能語「菩提本無樹，
明鏡亦非臺。本來無一物，何處惹塵埃」（宗寶編，1974：348 中～
349 上）中的「菩提」，既是有又是無，就被認為是存有詭論。但這
種詭論可以用「當它是一種和諧對比的統一體」的方式將它消解，
而不致留有實質上的矛盾（楊士毅，1994：134～135）〕。反觀前者，
不僅難以被察覺，也無從自我化解（別人也不可能比照化解存有詭
論那樣而將它解消）。換句話說，歷來的佛教經論為實相世界等說了
老半天，等於沒有說什麼（自我矛盾的緣故），後人仍然要深費猜想
（周慶華，1997b：118～122；2004a：82～83）。

　　既然佛教形上語言有這樣的難題，那麼設法為它「別尋」化解
途徑以體現一種向佛的雅意，應該是可以稱道的一件非尋常事（但
不必自比是什麼功德之類）。由於這不能順著佛教經義的話尾空想而
得另闢蹊徑來「完成此舉」，所以整個作法就帶有某種程度的基進
性。這主要是先把空性存有物虛級或淡化掉（不再特別強調它）；而
後再將涅槃境界的非實在性重新定位（也就是無法再賦予涅槃境界

什麼實在性);最後則是讓般若智回歸已經足具判定逆緣起能耐的意識或意志。這樣任何一個人只要能「不隨境轉」或「轉念化境」或「變境境除」,他就算廁入了解脫的國度。這麼一來,人就可以靠著不斷在具體的情境中逆緣起以達解脫的目的;而不預設解脫的極境,也一併解決了涅槃無妨換裝新義的問題。

五、新體證模式可期的正當性

在所有的佛教形上語言中,可以冀求解脫依據的般若智(別稱佛性)是最受重視的;而它一向所不缺乏的「經驗」基礎,也讓人同感佛道的並非不可行走。因此,它的正當化,嚴格的說是要從這裏著眼的(至於空性存有物的前提以及解脫後所趨入的涅槃境界等都要環扣該般若智,才有展論的餘地)。倘若說前面所提及化解既有難題的途徑可行的話,那麼它的正當化也就不慮可成了。

首先,在不隨境轉方面,指的是境已生而無視於該境的存在,就可以不受該境的束縛。如「羌打王想考驗大園寺的長老是否真正得了阿羅漢果。有一天,全寺的比丘都出門去乞食了。羌打王就偷偷的走進長老的房內。原來這位長老眼力很不好,是個高度的近視眼,看不清面前的東西。羌打王偷偷的匍匐走近長老,突然用手指捏住長老的大姆腳趾,好像是一條毒蛇咬他的樣子。長老屹坐如山石,動也不動,厲聲的說道:『是那一個在這裏?』」(張澄基,1973:191~192 引),這就是一個典型的例子(雖然該長老最後還是「洩底」的喝斥了一聲;但整體上他仍然沒有被他人所施指捏的情境所左右)。

其次,在轉念化境方面,指的是境已生而轉移念頭致使該境自動化解,也是可以不受該境的束縛。如「一位僧人被老虎追逐著。

為了脫身，僧人爬到懸崖下攀著一條長藤，這時下面出現了另一隻老虎。正當他擺盪於兩個死亡可能性之間，距離他出手能及的範圍，又有老鼠嚙咬著樹藤。就在這時，僧人留意到懸崖邊長著野草莓，它摘了一顆放入口中。當樹藤斷裂把僧人丟向死亡時，他把百分之百的注意力放在口中草莓的滋味和質感。藉著專注於草莓，他免於讓注意力落在身體被撕扯的痛苦。他是死了；但他並沒有經歷痛苦」〔柏肯（T.Burkan），2002：25〕，這就是一個（超）典型的例子（雖然這有點「聳人聽聞」或不免「引人惻怛」；但它的轉念化境的功夫確是了得）。

　　再次，在變境境除方面，指的是境已生而衡情變化該境導至該境的消除，同樣不受該境的束縛。如「從前有一個倫敦的生意人，向人家借了好多錢，正在苦於無法償還這些債務。那個時代，如果欠債而不能償還的話，是會被送進監牢的。年老而醜陋的債主，留意到這個商人還有一個年輕貌美的女兒，就提議採用一項交易來解決這個問題：也就是假如商人把女兒送給他的話，那麼所欠的債務就可以一筆勾銷。在走投無路的商人和他女兒面前，債主就裝個聽天由命的模樣做了一個籤。他說在一個空袋子裏裝著兩粒黑白不同的小石子，任姑娘挑選其一。如果挑到黑石，那麼姑娘變成債主的妻子而欠款勾銷；如果抽到白石，那麼父女照樣平安生活，欠債也全部不必還。但如果姑娘拒絕抽籤的話，那麼父親勢必送進監牢裏，姑娘就立刻無依無靠了。商人無法，只好答應這項交易。這時債主就在講話的庭院裏撿了兩粒小石子放進袋裏；不過姑娘看得清楚，債主所選的兩顆小石子都是黑色的，她不禁緊張了一下。而債主也就不客氣地命令姑娘選擇一顆決定他們父女命運的石子。如果遇到這種情況，而你又是這位姑娘的話，你將怎麼辦……它所採取的方法，約有下列三種可能性：（一）姑娘拒絕抽選石頭；（二）打開袋

子，取出兩粒黑石子，揭穿債主的詐騙；（三）選取黑石子，犧牲自己，救助父親。可是這幾個方法，對姑娘來說都是不利的。因為拒絕抽籤，父親會被送進監牢；選了黑石子，自己非跟債主結婚不可⋯⋯（最後）這位姑娘（採取全然不同的路徑）伸手往袋裏取出一個小石子；但在還沒有判別這顆小石子是白的還是黑的之前，小石子從指間滑落了，剛好落在庭院的小石路上。『哎，糟糕！不過不要緊，只要看看袋裏這顆，就知道剛才掉下去的是什麼顏色的了。』姑娘機智地這麼說。當然，剩在袋裏那顆石子無疑是黑色的，那麼她可以說剛才選取的那顆就是白色的了。結果債主弄巧成拙，自食其果，不得不承認這項諾言⋯⋯父女兩人，不但可以平安過活，而且連債務都可以不必還了」〔黎波諾（E.de Bono），1989：11～13〕，這就是一個典型的例子（雖然這可能得冒著債主事後「狡辯耍賴」或「尋隙報復」的危險；但它毫無疑問的能夠善於變境而使境除）。

　　此外，相關的解脫形式雖然必要關連道德，但它也只能預懸為「終極目標」，在進程上則無妨先開放再慎比效應；否則我們就得排除底下這類也帶有解脫實質的案例：「（禪僧法演所說）有一個小偷連續作案了好幾年都沒有出差錯。有一次，他的兒子問他是怎麼賺錢回家的。這個小偷就帶著他的孩子走到一個有錢人的家裏，打破牆，弄開一個衣櫃，叫他的孩子進去。接著他就把衣櫃鎖起來，大聲喊叫，就跑回家了。宅子裏面的人跑出來找小偷；但後來認為小偷已經從牆上的破洞跑了。那孩子在衣櫃裏又惱又氣。突然他靈機一動，就學著老鼠的叫聲；宅子裏的人聽到了，就吩咐僕人打起燈火打開衣櫃檢查。衣櫃一打開，那孩子一下子跳出來把燈火吹熄，敏捷的跑到外面去了。他丟了一個石頭到井裏，使追他的人誤以為老鼠已經跳進井裏。回家之後，他的小偷老子正在等他。他向他父親抗議，而他老子說：『孩子，從現在開始你不怕沒有飯吃了。』」

（陳榮捷，1987：92～93）、「半世紀以前，某州立監獄中的一名囚犯成功地越獄了，但在幾星期之後他又被逮捕回來。監獄的守衛對他進行好幾天的疲勞審問：『你是從那裏取得鋸子來切斷鐵窗的？』他們不斷地盤問著。不久後，這名囚犯崩潰了，招供了他是怎麼設法切割鐵窗。他說他是利用在機器房工作的機會蒐集小股的麻線，然後把它們浸入膠液中，收工後偷偷的帶回他的牢房。每天深夜他都起床去『鋸』有一吋厚的鋼製鐵窗，三個月後他就潛逃出去了。守衛們接受他的解釋，將他再度監禁起來。這一次不再讓他有接近機器房的機會。然而，這並不是故事的終結。大約三年半後的一個月黑風高的夜晚，這名囚犯又再度越獄成功了。守衛們發現鐵窗又以完全相同的手法被切斷了。雖然這名囚犯再也沒有被逮捕回來，但他逃獄的方法在囚犯間被四處傳誦著。原來他在兩次越獄中都沒有用到機器房中的任何東西。他有更好的應變手段；他是使用得自他襪子的羊毛線，以唾沫濡濕後，再在水泥地上揉成有切割功能的條形物」〔芮基洛（V.R.Ruggiero），1988：134～135〕。但在當事人的處境還沒有明朗前（如文中的小偷／兒子、囚犯等究竟是基於什麼原因要走上不光榮的道路），就輕率的否定他們的存在價值（並且否定他們尋求解脫的用心），很可能會自我蒙蔽在一個深蘊著不義不公的社會網絡裏。因此，我們可以不鼓勵這類可能是「變種」的解脫；但在解脫「不分對象」的前提下，仍然要一併加以容受（周慶華，2004a：116～121）。

以上這些，都是在只預設「境」除「縛」消而不預設什麼解脫極境的情況下權為收攝的；除非我們不承認案例中的當事人「無與解脫」，不然都得肯定它們的正當性。而這種在「境上解脫」的要求的合理化，自然可以衍展為新體證模式；從個人言行的自我調適／節制到整體社會環境的力求諧和／安定，都離不開要佛道來「參與

運作」（周慶華，1997b；1999a；2001a；2002a；2004a；2005；2006a）。所謂「我們堅信佛教必定會持續有力的號召建設一個較為溫和的世界」〔赫基斯（B. K. Hawkins），1999：117〕、「佛陀的教法已經傳布到世界各大洲，今天各地都有人修學佛法」〔賈許（G. Gach），2006：41〕等等，就多少都有在「同一立場」發言的意思；甚至有人所預測的未來企業將會特別尋求靜坐和瑜伽等精神層面上的慰藉〔奧伯汀（P. Aburdene），2005：338～345〕，也一樣「可以引為同道」。但這一切如果不是小我／大我的不斷折衝演進，解脫路也未必能夠走得長遠。因此，所謂的「新體證模式可期的正當性」，也就在那逆緣起的意識或意志的無盡的精粹／昇華中成就了（也就是只要秉持不停地精粹／昇華那能逆緣起的意識或意志的信念，新體證模式的正當性就可以深為期待）。屆時解脫所要達到的，就只是一個「個人適得其所」而「社會環境足夠祥和」的境地而已。此外，我們還能更為奢望什麼？這大概就是今後從對象佛學到後設佛學的一條進化或辯證發展的「通路」了。

第七章 「古文／今譯」一個不可能的媒合：

以陳鼓應的《莊子今註今譯》為例

一、從「／」談起

在所有的人造符號裡，「／」這個符號有著甚多的用途。如用來分辨註記日期中的月日和區隔百分比裏的分子分母而寫成百分率的形式以及表示一物斜切成兩半和批語強指錯誤（跟打叉同一作用）等等，這些都讓斜槓發揮到判分「／」兩邊的事物或斬絕指涉的符號功能；它的符號性為一，而符號的使用意義卻隨脈絡在易動。這種情況如果再擴及論述，那麼它所徵候的意義就更豐富了。

且看「舉例來說，陌生人／國王的神話，對玻里尼西亞和印歐文化而言是普遍的」（陳恆等主編，2007：65）、「醫療人類學兼具了學術／應用以及理論／實踐的層面」〔科塔克（C.P.Kottak），2007：39〕、「世上有種種不同規範行為和態度的常模或價值，這些常模／價值又是在不同的歷史、社會和文化背景下衍生的」〔魏明德（B.Vermander），2006：126〕、「空間方位如『上下』、『前後』、『開關』、『中心／邊緣』和『遠近』等，為理解以方位表述的概念提供了特別豐富的基礎」〔雷可夫（G.Lakoff）等，2006：47〕、「慶幸的是，迷／學者相互邊緣化的敘事，並未耗盡所有可用以建立二者關係的研究取徑」〔席爾斯（M.Hills），2005：3〕等，像這些斜槓用法有的在區別兩類原不相涉的人（陌生人／國王）；有的在顯示事

物的一體兩面性（學術／應用、理論／實踐）；有的在表徵相等概念或同義詞（常模／價值）；有的在標明主從概念或對立詞（中心／邊緣）；有的在暗喻事物或概念的辯證關係（迷／學者），幾乎已經到了「相關」的就無所不用斜槓的地步。

　　一個單純的「／」符號所以會變化這麼多的用法，想必不是符號本身有什麼「親和力」或「特殊魅力」，而是大家「望符號主義」或「權力意志介入行使」的結果（否則可以採夾槓或其他符號來代替）。這麼一來，該斜槓就成了一種可以「任人操縱」的新的類語用規範；它所要規範的是類語用「連繫」的向度（也就是上述那些併列、一體兩面、同義、對立和辯證等等），而我們只要有需要還可以別作衍變驅遣。後面這一點，把它引進本脈絡，我個人發現斜槓的妙用另有賦予「斷裂」義一個向度。也就是說，凡是兩端的事物或概念有斷裂的現象，就可以用斜槓來區隔，以便相關的論述能夠明顯的給予指稱。

二、古文今譯在「／」的區隔裏存活

　　今人所指稱的「古文今譯」，基本上就是這樣的一種斷裂情況；它不合再那麼順當的「連續」前後概念，而得重新標明「古文／今譯」以表示古文和今譯是不可能媒合的。換句話說，古文是古文，今譯是今譯，它們的語篇（文本）不同；而彼此的互動（互通）也沒有什麼保障可以在實質上予以促成，最後只能「各行其是」或僅供幻想「意義的原鄉」作結。

　　我們知道，當今凡是標榜「古文今譯」的說詞，都有底下這類「冠冕堂皇」的理由：「近數十年來，我國在政治、經濟、科技各方面雖均有長足的進步，但仍存在著一個隱憂，那就是：我們已逐漸

失去中國人的氣質和自信；中國文化氣息一代比一代淡弱。其中原因固然很多，而不能讀懂中國典籍，應該是最主要的因素。由於語言文字、生活環境、教育方式等種種的演變，古人容易了解的書籍，我們現在讀來，往往覺得艱深難解。而身為中國人，不去接觸或讀不懂中國典籍，自然無從認識自己的民族和文化，甚至會產生誤解，這就無異於切斷個人通往民族大生命的血脈，而導至個人的生命不能跟民族的大動脈同其跳動。因此，在二十多年前，本局即聘請學有專長的教授，著手古籍註釋的工作……」（謝冰瑩等，1987：劉振強〈刊印古籍今註新譯叢書緣起〉1～2）、「古籍蘊藏著古代中國人智慧菁華，顯示中華文化根基深厚，也給予今日中國人以榮譽和自信。然而由於語言文字之演變，今日閱讀古籍者，每苦其晦澀難解，今註今譯唯一解決可行之途徑。今註，譯其文，可明個別詞句；今譯，解其義，可通達大體。二者相互為用，可使古籍易讀易懂，有助於國人對固有文化正確了解，增加其對固有文化之信心，進而注入新的精神，使中華文化成為世界上最受人仰慕之文化。此一創造性工作……分別約請專家執筆，由雲老親任主編……」（毛子水，1986：臺灣商務印書館編審委員會〈重印古籍今註今譯序〉1～2）。但能不能因此而認識自己的文化以及自己的文化能不能在世界上綻放光芒是一回事，而有否能耐做到「古文今譯」又是另一回事，二者不必然可以這樣在「情感認同」上加以係聯。

　　從這類新譯書的體例來看，它所包含的語體或半語體的「今註」部分，跟古來所見的「傳」、「說」、「故」、「訓」、「記」、「註」、「解」、「箋」、「微」、「章句」、「集解」、「義疏」、「正義」、「疏」等統稱為「註疏」（胡樸安，1982；胡楚生，1980；張君炎，1986；楊端志，1997）的行文方式相當，原則上也只是「以今語註古物」或「以淺語釋奧義」而聊供讀者參照罷了（不定要讀者完全認同）；但有關它

新加且用力特勤的「今譯」（新譯）部分，就「別出新裁」而用意大不相同了。向來這種「句句對譯」的情況，只存在於語際翻譯中（如早期佛經的翻譯和近代以來洋書的翻譯等就是），幾乎不見有白話翻譯文言的前例。因此，今人的這方面的勞務是否就真的是「多此一舉」，也就得好好的予以省視一番。

　　如果說為了擔心今人讀不懂文言文而有古文今譯的構想和舉動，那麼這裏也要說文言和白話只是「語用」的不同（也就是白話和文言並沒有語音、語構和語意等語言本質上的不同，有的只是語言使用者對語音、語構、語意的認定和認同等語用層次的差別而已）（張漢良，1986：122）而無關兩個語言系統，它的「多此一舉」作為顯然自我意識不到裏面蘊涵有多少的問題。換句話說，用白話翻譯文言，在難懂的部分已經有註釋「代勞」了（姑且不論它和原語的對等性），何必再「同語」重覆一遍（「同語」包括不須註釋的部分）？況且註釋不盡註釋（註釋在語言替代的過程中的「選擇」性早已自我宣告了不在渴望「等值」而在提供「延異」的想像），接續的「定格」式的語譯豈不是自行窄化或事屬盲闇？此外，語譯所保證的只是自我語言的完成而無法連帶保證所譯語的所有可能意義的「過渡」（詳後），它的執著作為豈不是「吃力不討好」？以至從這一勞而無功的角度看去，所有的古文今譯能不陷入「多此一舉」窠臼的恐怕也難以找出一家了。

　　其實，上述這種「多此一舉」的作為還不是最重要的，古文今譯後所形成的兩個不同語用的語篇在「各層面」上無從密合才是關鍵。也就是說，原以為經由註釋選義後再通篇語譯的已經有某種程度的對等，實際上卻是從此各轡異驅，二者的密合度甚至還要深費想像了（詳後）。這也使得古文今譯要在「／」的間隔裏存活；它的

前後概念的斷裂以及古文今譯實質性的不能媒合等，都可以成為新的認知對象。

三、相關方法論的反省

　　以語際的翻譯來說，牽涉的問題頗多，通常「翻譯不只是語言的問題，在實際翻譯的過程中，更牽涉到文化差別、文體種類、溝通功能、人的心理等因素；就好像語言教學不只要語言本身好，還要顧及教學環境、功能及對象等因素，而有時候環境的因素甚至決定教學所使用的語言」（胡功澤，1994：3～4）；並且該翻譯也不是一般的語言運用，它「是語際以意義轉換為軸心的語言運用：在任何情況下都涉及兩種或兩種以上的語言，就是以原語為一方，以譯語或目的語為另一方，當中的核心問題是意義，並廣泛涉及形式、功能和文化各方面的問題，在每一個方面都永遠存在一個有沒有『信息轉換通道』的問題」（劉宓慶，1995：31）。而古文今譯外表看來也是一種「強要」完成的語言的轉換，它的重點固然也在意義及旁涉形式、功能等問題，但它是在同一文化背景中進行的，大致上不會發生像翻譯那樣可能存在著異文化「不可共量」（而使翻譯不可能）的問題。還有翻譯在進行語言的轉換時，語際間的形式結構（語法）、音韻格調（語音）和內外的語境（語用）等等的差距往往過大；相對的，這在古文今譯方面就比較容易「仿效」或取得「幾近」的效果（周慶華，2000a：144～145）。雖然如此，只要是關係語言的轉換的，它的「究竟是如何可能的」一個根本性的問題就會浮現出來而成了困擾人的一大來源。

　　所謂「究竟是如何可能的」問題，在屬性上為哲學裏的方法論所統轄。它在語際翻譯方面，基本任務是在「探求雙語轉換的各種

手段；闡明各種手段的基本作用機制理據，闡明方法論研究的理論
原則和基本指導思想」（劉宓慶，1993：191）。而所謂的各種手段，
約略有常規手段和變通手段。前者，是指「雙語在轉換時信息通道
的暢通或基本暢通，它的條件是語意結構的同構（或基本同構）、表
達形式（語言表層結構的同構或基本同構）和語言情景的相同（或
基本相同）……符合以上條件的常規手段是對應……對應在語序和
句序上的延伸，就是所謂『同步』」（同上，195～196）；後者，是對
「語際轉換非常規條件的某種經過權衡的解決辦法或對策。因此，
變通手段的可行性標準就是對策性。所謂『非常規條件』，指雙語在
轉換時信息通道不暢通，原因是語法及語意系統的異構、表達形式
以及語言情景的差異」，而它可包含「分切、轉換、轉移、還原、闡
釋、融合、引伸、反轉、替代、拆離、增補、省略及重複、重組和
移植」等等（同上，196、204）。但這些都會因為一個「譯語和原語
之間的對應或同步關係並沒有先驗的或絕對客觀的標準可以據為判
斷」（周慶華，2000a：155）的深層問題存在而無法終極的檢證。類
似的，古文今譯想在語言轉換中取得形式和意義雙雙過渡的通行
證，也一樣難如上青天！

　　一般會從譯語和原語的「生產」角度來反省古文今譯的難以如
願（事涉複雜的語際翻譯更是）。如在原語方面，有所謂「言不盡意」
說和「意在言外」說：「作者和作品語言之間的距離，一方面表現為
作品語言不能完全表達作者的原意；另一方面則表現為作品語言的
意義範圍溢出作者的原意，出現了作者不曾預料到的字義之外的意
義，也就是言外之意」（董洪利，1995：65），這就是典型的說法。
而它也早有「明訓」：「書不盡言，言不盡意」（孔穎達等，1982：157）、
「恆患意不稱物，文不逮意」（李善等，1979：307）、「方其搦翰，
氣倍辭前；既乎篇成，半折心始」（劉勰，1988：3116）、「隱也者，

文外之重旨者也」（同上，3130）、「文已盡而意有餘，興也」（鍾嶸，1988：3147）、「言有盡而意無窮」（嚴羽，1983：443）。前三則的「言不盡意」說和後三則的「意在言外」說，都是前人的經驗法則；而它同樣也得影響到我們對古文今譯中原語的認知，不能信誓旦旦的宣稱該原語的生產都可以被我們所掌握。

　　又如在語譯方面，除了「言不盡意」和「意在言外」等問題仍然存在而不免會「自我困擾」，就是「先備知識」和「先備經驗」等前結構以及「權力意志」這一終極的驅動力和裁決者在從中管控一切（而沒有所謂的客觀性或絕對性可以自我標誌）〔海德格（M.Heidegger），1993；伽達瑪，1999；尼采（F.W.Nietzsche），2000a；傅柯，1993；殷鼎，1990；董洪利，1995；周慶華，2003〕。這一部分，從事古文今譯的人，約略都以「可供檢證」來有意無意的自我掩飾內在的困窘。而它的「可供檢證」觀，主要還是以語際翻譯的檢證情況為參照系。後者有所謂以「對應」作為檢證標準說：「從實際上說，翻譯的全過程可以分為理解和表達兩個大的階段。將原語的一個句子翻譯成目的語的典型過程可以分為以下六步：（一）理解階段：緊縮主幹、辨析詞義、分析句型、捋清脈絡；（二）表達階段：調整搭配、潤飾詞語。此外，程序論還包括『終端檢驗』工作」（劉宓慶，1993：166）。所謂的「終端檢驗」，指的是「對照原語將譯文逐字逐句地加以審校，以核實原意在目的語中的對應落實」（同上，188）。但以「對應」作為檢證標準卻有困難（大家都會受到前結構和權力意志等變數的制約而無從有效或真切的加以判定），並且在原語的內涵意義不確定的情況下，連「對應」本身也無法檢證。最後只得以期待譯語能具有相互主觀性，（可以獲得有相似經驗或相同背景的人的認可），來取代對客觀的檢證標準的追求。換句話說，翻譯是不可能有客觀的檢證標準的，但它可以在相互主觀的前提

下，由譯者來認定譯語對原語是否忠實或由讀者來裁定譯語和原語
是否等值。古文今譯的檢證標準，也當這樣看待（周慶華，2000a：
162）。因此，譯語的生產就又比原語的生產多了一個無能「對應原
語」的難題和困境！

　　以上這一方法論的反省，已經相當的「切中肯綮」，很可以懸為
典範，卻很少有從事古文今譯的人知道「引」為自我惕勵。就以「自
認為用力特勤」的陳鼓應《莊子今註今譯》為例，作者在書的〈前
言〉中提到「本書的『今譯』依據『註釋』，並參考目前已譯成的中
英文譯本，為使譯本暢曉和切近原意，別人譯得好的語句我儘量採
用。有許多地方和別人的譯法不同，乃是出於我個人對《莊》文的
解釋觀點所致」（陳鼓應，2002：〈前言〉1）；他所念茲在茲的終究
還是為了「切近原意」（雖然他在本新版中已經做了譯文的修改），
這就很難禁得起上述方法論的衡量或準繩。

　　倘若再把焦點擺在譯語和原語的對列上，那麼「後續」的方法
論的反省還可以更細緻化。也就是說，假使把內涵意義、形式結構、
音韻格調和內外語境等等是為大家相對上能共同認可的原語所含有
的信息，而在解碼時只要將內涵意義這一項先掌握住再設法兼及其
他，起碼也就保證了重新編碼為譯語時所獲得的基本信息來自原
語。然而，所謂內涵意義、形式結構、音韻格調和內外語境等等雖
然是語言組構時所內蘊或外顯「必有」的信息，但對於個別項信息
到底是怎麼一回事卻有不同的說法，導至我們必須重新看待或評估
它的合法基礎所在。如內涵意義部分，就有從簡單的區分為系統義
和指稱義或指稱義和意念義及用法義等幾類到複雜的區分為十餘類
或數十類（周慶華，2000a：147），這顯示是人在賦予意義類型，而
不是該意義類型具有先驗性或客觀性。又如內外語境部分，也有從
上下文的搭配關係「推廣」到組構語言者的意圖、情感、世界觀、

存在處境、所不自覺的個人欲望和信念及夾帶的社會價值觀和社會關係等等（同上，148），同樣的這也沒有什麼理則可說，全賴論者的需要而設定。又如形式結構和音韻格調部分，語言學家或修辭學家不斷地在指出韻律、意象、隱喻和象徵等等概念；符號學家努力的在揭發文本的表義過程及其所依賴的原理原則等結構；美學家積極的在條陳形式特徵方面的許多美感經驗，紛紛紜紜（同上），可見它們也是在人的設定中成為可被言說的對象。正因為這樣，原語所含有的信息就充滿著不確定性和可變異性（原語生產者不一定意識得到他要傳達那些特定的信息；更別說還有前面所提到的「言不盡意」和「意在言外」等問題摻雜在當中了），最後可能要由譯語生產者基於權力意志而權為擇定。換句話說，權力意志終極的保證了一切言說成為可能（周慶華，2004d；2006b；2007b；2007a），古文今譯這件事也不例外。至於重新編碼時所獲得的信息是否來自原語，也無從求證（讀者如有認同的，也只顯示讀者和譯語生產者的背景相近，可以「溝通」，並不代表信息本身具有絕對性或客觀性），它由譯語生產者的前結構和權力意志（企圖影響別人、支配別人）合而決定了它的存在（周慶華，2000a：148～149）。

　　根據這一點來看陳鼓應《莊子今註今譯》所做的語譯部分，就會發現它形同是「譯猶未譯」或「只是圖便」，根本達不到作者所要發掘「莊子思想的原創性和內涵的豐富性」（陳鼓應，2002：〈修訂版序〉2）的目的。姑且以作者所語譯的《莊子·逍遙遊》首段為例：譯語是「北海有一條魚，它的名字叫做鯤。鯤的巨大，不知道有幾千里。化成為鳥，它的名字叫做鵬。鵬的背，不知道有幾千里；奮起而飛，它的翅膀就像天邊的雲。這隻鳥，海動風起時就遷往南海。那南海，就是天然大池」（同上，5），這相對於原語「北冥有魚，其名為鯤。鯤之大，不知其幾千里也。化而為鳥，其名為鵬。鵬之背，

不知其幾千里也；怒而飛，其翼若垂天之雲。是鳥也，海運則將徙
於南冥。南冥者，天池也」（同上，3～4）來說，除了形式結構略顯
鬆弛嗶緩以及音韻格調缺少原有的鏗鏘氣勢，在內涵意義上還語譯
不出鯤轉為鵬及其所以南徙的因緣，而在內外語境方面更無法觸及
原語生產時可能的「真切」的心理和社會背景（書內那些「輔助性」
的題解和註釋，也同樣無緣碰觸到）。試問這樣的古文今譯的方式，
到底有什麼重要性或特殊性可以用來標榜？恐怕很難喲！

四、「古文／今譯」不可能媒合後

　　嚴格的說，上述的方法論的反省還不能算是「克盡其意」，因為
有關「言不盡意」的問題另有異議存在，還得再作點回應才能「穩
固」上述那一套說詞。它是前人在討論「言不盡意」課題時就相對
的帶出來的「言盡意」的意見。如《易繫辭傳》說：「子曰：『書不
盡言，言不盡意。然則聖人之意，其不可見乎？』子曰：『聖人立象
以盡意，設卦以盡情偽，繫辭焉以盡其言。』」（孔穎達等，1982a：
157）當中「書不盡言，言不盡意」，約略是就難以羅致的言意而說
的；而「聖人立象以盡意，設卦以盡情偽，繫辭焉以盡其言」，則約
略是就可以羅致的言意而說的。這在《三國志‧魏志‧荀彧傳》註
引何劭《荀粲傳》裏有一段相關的疏解：

> 　　粲字奉倩。粲諸兄並以儒術論議，而粲獨好言道，常以為子
> 貢稱夫子之言性與天道，不可得聞；然則六籍雖存，固聖人
> 之糠秕。粲兄俁難曰：「《易》亦云『聖人立象以盡意，繫辭
> 焉以盡言』，則微言胡為不可得而聞見哉？」粲答曰：「蓋理
> 之微者，非物象之所舉也。今稱『立象以盡意』，此非通於

意外者也；」『繫辭焉以盡言』，此非言乎繫表者也。斯則象外之意，繫表之言，固蘊而不出矣。」及當時能言者不能屈也。（陳壽，1983：319〜320）

荀粲以為聖人所能企及的止於「象內之意」、「繫裏之言」；至於「象外之意」、「繫表之言」，則聖人也難以追摹。這或許可以當作一種「指標性」的見解（但接不接受由人）。由於理的隱微部分難以言詮，所以有視六經為聖人的糟粕的，而「言不盡意」說就成為牢不可破的觀念。但如果就人所言詮的為「已定之意」一端來說，那麼「言盡意」說也可以成立；而《易繫辭傳》的「立象以盡意」、「繫辭以盡言」，就不是空話。《藝文類聚》卷 19 引歐陽建〈言盡意論〉說：

有雷同君子問於違眾先生約：「世之論者，以為言不盡意，由來尚矣。至乎通才達識，咸以為然，若夫蔣公（濟）之論眸子，鍾（會）、傅（嘏）之言才性，莫不引此為談證，而先生以為不然，何哉？」先生曰：「夫天不言而四時行焉，聖人不言而鑒識形焉。形不待名，而方圓已著；色不俟稱，而黑白已彰。然則名之於物，無施者也；言之於理，無為者也。而古今務於正名，聖賢不能去言，其故何也？誠以理得於心，非言不暢；物定於彼，非名不辨。言不暢志，則無以相接；名不辨物，則鑒識不顯。鑒識顯而名品殊，言稱接而情志暢。原其所以，本其所由，非物有自然之名，理有必定之稱也。欲辨其實，則殊其名；欲宣其志，則立其稱。名逐物而遷，言因理而變。此猶聲發響應，形存影附，不得相與為二。苟其不二，則無不盡。吾故以為盡矣。」（歐陽詢，1973：540〜541）

歐陽建的「言盡意」說，就是從「名逐物而遷，言因理而變」這一強言詮為「已定之意」的角度而立論的。縱是如此，言盡不盡意的問題不會僅止於上面這一「對象」的限定而已，它還有語言的成規、人的才情和各學科理論的框限等變數在左右著（周慶華，2000b：372～380），不是三言兩語「違眾」一下就可以「說了定案」的了。

　　由此可見，原語從它的生產開始就處在一種「高度的不確定」狀態中，而所有「完篇」或「成意」的宣稱都會有我們可以「多方致疑」的空間。這樣凡是後出的譯語不論再如何的自詡忠實於原語，也就都成了一種「戲擬」，終究不可能實現「兩相密合」的夢想。且看陳鼓應《莊子今註今譯》中的另一段譯語：

> 從前莊周夢見自己變成蝴蝶，翩翩飛舞的一隻蝴蝶：遨遊各處悠遊自在，根本不知道自己原來是莊周。忽然醒過來，自己分明是莊周。不知道是莊周做夢化為蝴蝶？還是蝴蝶做夢化為莊周？莊周和蝴蝶必定是有所分別的。這種轉變就叫做「物化」。（陳鼓應，2002：100）

這相對於「昔者莊周夢為胡蝶，栩栩然胡蝶也，自喻適志與，不知周也。俄然覺，則蘧蘧然周也。不知周之夢為胡蝶與？胡蝶之夢為周與？周與胡蝶，則必有分矣。此之謂物化」（陳鼓應，2002：99）這一段原語，我們大致可以察覺它的從「有所分別」到「物化」和原語的從「有分」到「物化」不大可能是同層級的。

　　這一點，不妨從郭象的註和王先謙的集解說起。郭象在「此之謂物化」句下註：「夫時不暫停，而今不遂存；故昨日之夢，於今化矣。死生之變，豈異於此而勞心於期間哉？方為此，則不知彼，夢為胡蝶是也。取之於人，則一生之中，今不知後，麗姬是也。而愚者竊竊然自以為知生之可樂，死之可苦，未聞物化之謂也。」（郭慶

藩，1978：54）而王先謙在「不知周之夢為胡蝶與」以下一小段集
解：「周蝶必有分，而其入夢方覺。不知周蝶之分也，謂周為蝶可，
謂蝶為周亦可，此則一而化矣。現身說法，五證齊物極境。」（王先
謙，1978a：18）他們一個在說物化說隱喻著「死生一如」的觀念；
一個在說物化說是為同證「齊物極境」。這是否都說中了莊子的意
思，不得而知；但他們顯然是全扣緊〈齊物論〉篇的題旨而發言的。
如果我們暫時將原語定位在是為呼應「齊物」主題的（當然也可以
不這樣定位而別作看待，但那已經得另起論域而不關這裏所要處理
的課題），那麼接著就會發現「不知周之夢為胡蝶與」句是前有所承
的，而「胡蝶之夢為周與」句則無處掛搭（前文並未「預示」有這
一轉折），難道這就是莊子也受困於「言不盡意」情境的結果麼！還
有就語言常規來說，「物化」一詞倘若是在講物類相泯的道理，那麼
原語「周與胡蝶，則必有分矣」到「此之謂物化」之間，就不夠順
當而有「邏輯的斷裂」的嫌疑。此外，莊子的才情以「夢蝶」一事
來喻示「齊物」的必要性是否恰當，也還可以再行斟酌（畢竟夢境
是虛的，而齊物得從實作中見分曉，二者很難類比）；而此則寓言故
事的構設，就因為它不盡理從義順和比配無方而有失寓意的正當
性。而由這點來看，譯語的「篤定」對應於原語觀，就恐怕要「差
以毫釐」而「失之千里」了（也就是原語有太多「隱情」並未在表
面上顯現，而譯者卻逕以為譯語就是原語本來的意思，二者很不
搭軋）。

　　所謂言不盡意、語言的常規、人的才情和各學科理論的框限等
深深影響著原語的構設，就像上述這種情況（而還未被大家所共同
認真對待）。而這些都會跟前面所提過的內涵意義、形式結構、音韻
格調和內外語境等「攪和」在一起而迫使譯語走上「實不能對應」
的道路。在這個前提下，譯語和原語就是異代各為存活，而不再是

大家所想像的「相依附」或「相謀合」的關係。也因為這樣，所以當我們知道「古文／今譯」不可能媒合後，接下來就得正視譯語和原語的「各為語篇（文本）」，彼此可以「各展精采」而毋須再奢望什麼「視域的融合」或其他「語意的對應」！換句話說，求譯語和原語的媒合既無從如願也沒有多大意義，不如「放開來」嘗試走基進創新的道路。

五、基進創新取向的遠景

事實上，在語際翻譯界已經有人意識到「對應」的困難而倡導「再創造」的觀念。也就是說，從事譯語生產的人會被要求具有情（美感）、知（識見）、才（功力）和志（毅力）等條件來使重新編碼本身成為一個創造性活動（尤其在才方面，從事譯語生產的人可以透過他的語言分析能力、藝術鑑賞能力和語文表達及修辭能力等等，將原語加以再創造）（黃宣範，1985；217～242；劉宓慶，1995：251～276），而由此彰顯從事譯語生產的人的主體性。這雖然一樣受制於「前結構」和「權力意志」等心理變數而無從絕對有效的檢證再創造和原創造之間的階次關係（周慶華，2000a：146～147），但至少有了一個相對上的「新」的蘄向可以讓譯語的生產去發揮伸展。

這一部分，大略有所謂基進求變的思路能夠相應來「制動啟新」。在一般學科上，基進（radical）的作為是為了突破已經模塑完成的規制或範式。它本身是一種空間和時間中的特殊的相對關係；也就是它在被運用時有衝破一切藩籬的效力和不拘格套的自主性。如呈現在空間關係上，它就反對一切傳統霸權式的空間佔領策略（由侷限在山頭的堡壘逐漸蠶食鯨吞到控制廣幅空間流動的一方霸主）；而呈現在時間關係上，它也反對一切傳統霸權式的時間佔領策

略（一方面它透過歷史的造廟運動不斷地「塑造」悠久連續的歷史傳統；一方面它以「負責的」社會工程師自居不斷地預言未來秩序，建構未來的新社會）（傅大為，1991：〈代序〉4）。這固然也得受「權力意志」終極的統轄（而沒有什麼「絕對性」可以自我標誌），但它的「破舊出新」的動力還會是文化向前推展的一大保障，而可以成為我們思考古文今譯再翻新的一個難以取代的向度（這時就不只是為了「傳承或發揚固有文化」，它還為了尋隙「再創新文化」）。至於這種基進創新如何可能，姑且就以《莊子·養生主》首段文字為例來說明：

> 吾生也有涯，而知也無涯，以有涯隨無涯，殆已；已而為知者，殆而已矣。為善無近名，為惡無近刑。緣督以為經，可以保身，可以全身，可以養親，可以盡年。（陳鼓應，2002：102）

這段文字以文脈來推測，無非是在強調「遵循走中道的法則」（緣督以為經）以便養生的道理；但「為善無近名，為惡無近刑」可以算數而「以有涯隨無涯，殆已」就不知「所秉何故」了！底下「已而為知者，殆而已矣」句，從郭象註以下都「承上」解，當它是上句的「換句話說」或「替詞強調」；而今人的語譯也沒有逾越分寸〔陳鼓應的語譯也不例外：「我們的生命是有限度的，而智識是沒有限度的。以有限的生命去追求沒有限度的智識，就會弄得很疲困；既然這樣還要去汲汲追求智識，就會弄得更加疲困不堪了！」（陳鼓應，2002：104）〕。如果是這樣，那麼原語是不是暗示著不以「有涯隨無涯」就是走中道了？顯然這是說不通的（不以「有涯隨無涯」是傾向另一個極端，那裏是走中道呢）！因此，重新揣摩「已而為知者，殆而已矣」句，而解為「但如果就這樣以為知道『以有涯隨無涯，殆已』是有智識的了，那麼另一種因無知而處處受挫的真疲困

就會隨著發生」,意思是不以「有涯隨無涯」也不以「因無涯而不以有涯隨之」。這才有走中道的意味,也才可以呼應後文所舉庖丁解牛例裏「雖然,每至於族,吾見其難為,怵然為戒,視為止,行為遲。動刀甚微,謋然已解」(同上,105)的小心翼翼因應而「唯恐有失」的教諭。這麼一來,不論莊子是否也有「這個意思」,我們只從上下文來看而作這樣的理解,就可以跟舊有的註解或語譯相比而自成一種特能「製造差異」的基進創新(讓原語又有了新生命)。其餘的,可以依此類推。

所謂基進求變就是循著上述這種模式而試為開展,以期能夠讓古文今譯從不可能媒合中再「敗部復活」而顯示它在相對上足以「新生古籍」的重要性或特殊性。至於它的遠景,則可以由它同樣也有無窮的創發潛能來作保證。我們知道,「言不盡意」固然也是始終連高才也不免的一大遺憾〔正如《莊子‧天道》所載輪扁語斤的故事所喻示的:「桓公讀書於堂上,輪扁斲輪於堂下,釋椎鑿而上,問桓公曰:『敢問公之所讀者何言邪?』公曰:『聖人之言也。』曰:『聖人在乎?』公曰:『已死矣。』曰:『然則君之所讀者,古人之糟魄已夫!』桓公曰:『寡人讀書,輪人安得議乎!有說則可,無說則死。』輪扁曰:『臣也以臣之事觀之。斲輪,徐則甘而不固,疾則苦而不入,不徐不疾,得之於手而應於心,口不能言,有數存焉於其間。臣不能以喻臣之子,臣之子亦不能受之於臣。是以行年七十而老斲輪。古之人與其不可傳也死矣,然則君之所讀者,古人之糟魄已夫!』」(陳鼓應,2002:374~375)〕,但人的創造力畢竟是「沒得限制」的;他可以運用意象的「巧譬善喻」來掩飾這種困窘:

> 宗教人採用意象,因為無法「直接」說出他想要說的,而意象容許他逃避「既成的」實在界。但他討厭把某種明確的實

在界劃歸意象本身。事實上，宗教心靈創造了意象，同時又
對這些意象保持一種「打破偶像」的態度。它今日斥為偶像
者，正是它昨日奉為聖像者。黑格爾雖然把一切宗教符號貶
抑到表象的層次，但卻清楚覺察當中有一種否定的驅力，使
宗教反對它自己的意象。〔杜普瑞（L.Duprée），1996：160〕

宗教的意象性語言弔詭的自我「宣示」所謂實在界或終極真理的不
在場；相同的，其他如哲學、文學等等的意象性語言也等於不敢保
證相關旨意的表達可以成功。因此，「自我逃避」也就成了一種戲玩
意象的修飾詞，它終究要跟生命解脫或美感昇華的課題聯結在一起
（周慶華，2007c：125）。而從另一個角度看，這終於也成就了一個
個可以讓他人興感玩味而再創新的語篇（文本）。好比《莊子》書裏
那些繁複動人且設譬無端的寓言故事，不知道它們隱藏了原語生產
者多少「言不盡意」的困擾，最後都可以一「轉」成為譯語生產者
尋徑「別為歷險」的參照對象，彼此一起致力於文化創發再創發的
「神聖志業」！雖然後者（指譯語生產者）所從事的工作難免有佛
經翻譯行家鳩摩羅什所暗詆的「嚼飯與人」（慧皎，1974：332 中）
的難堪情境要面對，但只要「嚼飯」嚼得有新意，「與人」還是可以
促進對方智識上的成長，仍然不失為「美事一椿」。

第八章　開啟轉傳統為現代的
語用符號學道路：
以龔鵬程先生《文化符號學》為開展核心

一、所謂的語用符號學

　　從現有的經驗來看，所有的言說和書寫幾乎都是為了跟人交流溝通而形成一個「語用」的態勢。這個語用的態勢，再藉由相關的語言符號的選擇、組構和修飾等手段，就又進入了符號生產管控機制的範疇；以至在現象詮釋的層面上所有的言說和書寫就不能不是語用學兼符號學式的。反過來，也正因為有言說和書寫的存在，所以才導至語用學和符號學在類型發生學上的相繼成形。這一循環辯證的理則，所要保障的是可能的「語用符號學」新學科內涵的先驗擬想和後驗促進等雙重知識性。

　　所謂先驗擬想，是指語用學和符號學的規律設定，自有非經驗的成分（不論是概念的創設還是命題的建立或是命題的演繹，都不免是「先驗而存在」）；而所謂後驗促進，則是指語用學和符號學的規律富含化，勢必得由實際的言說和書寫經驗的抽繹劃歸，從而體現出該學科的「不徒尚空談」。於理上這樣的分辨應該沒有什麼不妥，只是一旦要有所釐清抉擇的時候，卻有著難以決斷「究竟是先有語用學和符號學的規律設定而後才有相關的言說和書寫，還是先

有相關的言說和書寫而後才有語用學和符號學的規律設定」的疑惑感覺。

　　這種兩難困境，如果再訴諸上述的「循環辯證的理則」等於沒有說什麼（而得不到化解），只好以「存而不論」的方式將它取巧式的懸置，而改從新構的角度來為它籌謀「出路」。換句話說，語用學和符號學不論如何的被框限規模，在本脈絡中它都得予以重新範圍，才有足夠稱說的理論基礎。而這種作法，就是一般學科的創立所准用的〔張瓊等，1994；劉魁，1998；周慶華，2003；貝克（C. Barker），2004；李威斯（J. Lewis），2005〕；現在以它來構設語用學兼符號學的「語用符號學」，就可以說是「恰如其分」或「正當其時」。

　　那麼本脈絡的語用符號學又要怎麼定位？這首先要把被輾轉或紛紜指稱的語用學的「實用」性（謝國平，1986；葛本儀，2002；鄧元忠，2004）帶出來，並且將該實用性由「言說」擴及「書寫」（周慶華，1997a；2004a）；其次要把同樣被輾轉或紛紜指稱的符號學的「律則」性〔巴特，1988；佛思（S. K. Foss）等，1996；古添洪，1984；李幼蒸，1993；林信華，1999〕貼上去，讓它跟語用學在表意和操作上連成一氣。再次還要從已經連成一氣的語用表意和符號操作的環扣中加以「淬煉成就」。後面這一點，是說符號操作的手段和語用表意的訴求等終究要有一個精鎖式的會穴為論述實踐的焦點；而這個精鎖式的會穴就在符號學所分化或衍生的文化符號學的「交集」上（周慶華，2006b：5～6）。

二、建構語用符號學的意義與價值

　　文化符號學在發生順序上是最後出的，它所極力探討的文化現象背後的結構性、因果性、意指性和社會支配性的關聯方式（也就

是意識形態），則可以提供我們了解文化創造或文化傳播的根本原因所在（李幼蒸，1993：570～577；周慶華，2000a：82～83）。這原是收攝語言符號學和一般符號學中相關的語言符號和一般符號為「掘深」框定的結果，並沒有在這一理則外還有所謂的「文化符號」存在。因此，它所供給本論述所需的資源僅是那（終極性的）意識形態及其被權力意志恆常藉使所摶成的驅動機制。也就是說，權力意志是一切符號生產管控的最終決定者（周慶華，2005），而意識形態則永遠要受到它驅遣而成為一種文化力介入運作的典律表現。

如果說語用的表意訴求是在喚起接受者的行動、踐履的動機和立場〔法爾布（P. Farb），1985；徐道鄰，1980；譚學純，2000；于根元主編，2000〕，那麼它背後的權力意志和意識形態「合謀」現象就更進一階或更優位的從中起著實質制約的作用。而這種「整體」性的考慮，自然就逸離了一般所限定的「語言行為」意義下的語用學範圍而轉跟符號學（文化符號學）有所結合為用。這一科際整合，把傳統研究語音的「語音學」和研究語法的「語法學」以及研究語義的「語義學」等語言學的核心學科都納入為語用學所隨機支用；同時又把符號學的操作律則牽來補上而極大化理論的規模，所成就的「語用符號學」不啻就成了開展學問的新的指標。

這個新的指標，在論說分疏上畢竟還是以「引」來接合的符號學為重心。而符號學原先也是派別林立（或著重在「符號的物質性及被使用情況的探討」，或著重在「符號的表義過程及資訊交流等層面的探討」，或著重在「符號生產的社會文化背景的探討」，彼此多不相伴）（周慶華，2004d：61～65），但最後總以「特能見深」的發掘符號生產的社會文化背景為較讓人警省。它的致力於掀揭「社會文化中的隱蔽的支配性因素」以及有效分析「所涉及的各種隱蔽的偏見因素」等（李幼蒸，1993：575）固然不必多說，在進層上試圖

藉為「改造世界」〔賽爾維爾（J. Servier），1989；麥克里蘭（D. McLellan），1991；威肯特（A. Vincent），1999〕的用心則又是它的特具價值所在。換句話說，符號學的出現及其後續的發展，一方面表徵了世間最能彰顯全面性特徵的學問；一方面又為世界的推移變遷提供了最佳的指南。這也是本脈絡要把它帶進來結撰一種可以有的「另類思維」的主要原因。

　　以目前「兩頭都不願棄守」〔也就是語用學和符號學的理論都還在「各自宣示」著（而其實符號學的發展已經可以兼攝語用學的內涵）〕的情況來研判，重新結合這兩門學科而使它們「更好為用」，也就變成最合適的選擇。而這一定也是一個新紀元的開始，因為它的方向還在擬議階段而有待建構者的主見來促成它的實現。這在學科的自我保證上可以視為是一種「理論的防衛機制」，仍然脫離不了建構者自身的權力意志和所薰習意識形態的牢籠。雖然如此，它的理論綿密性倘若能夠成就，那麼它就有被藉來發出「接受」籲請而終於改造了世界的機會。這再回到最先有關語用符號學的倡議（就是基於理論指引和實際踐行那些攸關新學出路的說詞），很明顯中間的「轉折」已經幽然浮現了。而在這個關卡宣稱它的特大功用性，則無異要肯定建構語用符號學這門學問的「不凡」的意義和「高度」可信賴的價值；理當沒有人可以在漠視它後而還能找到更好的替代方案（周慶華，2006b：6〜8）。

三、從中國傳統汲取資源的嘗試

　　語用符號學不論是表現在言說還是表現在書寫，它都得比照其他新興的學科來「新構成形」。這種新構性，本來有著告別舊學（純語用學或純符號學）和開啟新學等「一體兩面」特徵，但這裏會更

看重它的「轉」舊學為新學的衍變歷程。也就是說，語用符號學不是（也無從）完全創新，它所需要的「構成元素」或「相關配備」，還是得從舊學裏頭去蒐尋題材並予以轉化；這樣的語用符號學建構就不可能以「全新面貌」示人。

　　一般所說的創新，大多帶有「獨一無二」性；但有關它的標準卻很難找著或根本不存在，而不免使該說法含有「想當然耳」或「一廂情願」期待的成分。因為所謂的獨一無二性並不像大家所設想的那樣容易判定。如自然學科中所有「新事實」或「新理論」的出現，即使排除作偽的部分〔布羅德（W. Broad）等，1990；拉德納（D. Radner）等，1991〕，也難以指出它完全前無所承（國立編譯館主編，1989；郁慕鏞 1994；張巨青等，1994）；又如人文學科或社會學科中所有「新作品」或「新文本」的裁定，也會因為隱藏的罅隙難彌（也就是各作品或各文本都處在相互轉化或相互指涉的情境中而沒有所謂的獨立性）而不得不發生動搖，也同樣暗示著憑空創造或獨立構設的困難（周慶華，1999c；2004d；2004e）。因此，倘若依舊要給創新保留一個殊異別類的空間，那麼它就只是能夠顯現「局部差異」（而不是「全部差異」）；這樣依舊無妨它是可以或必要追求的目標，也就是相關努力的「進境」所在。

　　再換個角度看，創新的性質約略是「個體或羣體生生不息的轉變過程以及知情意三者前所未有的表現；而它表現的結果使自己、團體或該創新的領域進入另一更高層的轉變時代」（郭有遹，1985：7）；但它卻只能著重在「擬似」而非「全然」的朗現。因為創新這種憑空創造或獨立構設的命題原為有神論所使用，指上帝由空無中造成事物；後來轉用為一般使某些事物中產生一種原來沒有的新的東西的行動（布魯格，1989：135～136）。只是這種轉用仍然要「差一間」，而無從肯定是「無中生有」（上述的「前所未有」說，也應

當這樣定位）；否則它就會被誇張的等同於「獨創」:「一部藝術作品是結構整一的，它是具有美的物質的格式塔結構。這種藝術作品無論在主觀意義還是客觀意義上都有創造力的。這種結構是獨特的，不能完全派生或還原。這種作品的力量在於刺激人們對獨特的綜合結構的整體獲得直接的領悟；它的價值在於增強人們立刻知悟的能力。這個立刻知悟的能力優於所有那些東拉西扯的推理；這就是這類作品的價值。我們可以看到這種價值是緊密關係於作品的價值的」（丹青藝叢編委會編，1987：260）。但正如前面所提到的，這在理論上說說容易，真要實際上去找這種獨創性作品可會折煞人！因此，本脈絡所謂的創新，就只是能顯現局部差異的創新，它仍然要自我面對一個「前後」轉化或衍變的問題。

　　既然這種必要的轉化或衍變舊學需求「已成定局」，那麼它還有什麼可以考慮的？這就得從兩方面來說：第一，這裏所謂的舊學不能盡是本學科（也就是語用學或語義學）所被模塑的那些可能會「嫌單薄」的東西，它還得擴及整個傳統所有可以汲取的資源；第二，現有的語用學或符號學都是西方人所開發出來的，繼起的論說如果還是要以西方文化為模本，那麼它的創新勢必會「欲新無由」，以至得改從別的文化傳統去「善加利用」而「別出新意」。而比較現有的可以跟西方創造觀型文化併比的中國傳統的氣化觀型文化和印度佛教所開啟的緣起觀型文化（周慶華，2001a），中國傳統的氣化觀型文化特別有一種「蘊藉深長」的色彩而可以優先加以採擷融鑄。

　　我們知道，傳統一方面指一個社會在特定時刻所繼承的建築、紀念碑、景觀、雕塑、繪畫、音樂、書籍、工具以及保存在人們記憶和語言中的所有象徵建構等；一方面指圍繞一個或幾個被接受和延續的主題（如宗教信仰、哲學思想、藝術風格和社會制度等）而形成的一系列變體〔希爾斯（E. Shils），1992；沈清松編，1995〕。

這在各文化傳統都可以條理出各自的「語用」象徵和「符號」的變體鏈（而難可進一步的論斷彼此的是非），但當有的文化傳統被自我傳統中的人棄置以及被其他傳統中的人壓抑的時候，就會造成一種文化傾圮且可能集體覆亡的危機。前者（指文化傾圮），是指原有的「文化平衡」感不再了；後者（指可能集體覆亡），是指壓抑者的變本加厲「荼毒」以及終究會遭遇反彈的「廝殺」難保不一起走上相互毀滅的道路。因此，重新召喚一個被「淡忘」的文化傳統來緩和傾圮的潮流和可能集體覆亡的命運，也就是為確保人類前途的一件「勢必所趨」的重要事；更何況中國傳統的氣化觀型文化內蘊的如氣流動般的「韌性」和「柔美」還未被世人所好好的體認和欣賞呢！

四、轉「言」為「文」的語用符號學構想

將語用表意的訴求和符號操作的手段等予以綰合後，要再從中國傳統的氣化觀型文化去汲取資源，這一番轉折的「決勝」關鍵，大體上就在由「言」向「文」的回歸。「言」是言說，「文」是書寫；後者在中國傳統上有自別於言說的文字體系（迥異於西方音系文字的純為紀錄言說），卻因為近代以來國人憚於西方文化的強勢凌駕而自我退卻到要迫使它「淪喪殆盡」的地步。這雙重失落（失去了顏面，也失去了文化）的結果，就是如今所見的幾乎一面倒的在隨洋人起舞而無所愧悔！以至從根本性的這類言文錯置來檢視相關轉向的得失而為必要的回歸預為鋪路，也就成了重立文化尊嚴的不二法門。

本來在學術界有這種文化潰亡疑慮的人並不少見，但要論及能深體一個獨特文字傳統光華不再卻必須復振的人，大概只有龔鵬程先生一人。龔先生殫精竭智所撰述的《文化符號學》一書，就是極

力在彰顯中國傳統的氣化觀型文化最不同俗流的「文字性」。這種文
字性「體大思包」，既不像還可以考得的諸如古埃及的象形文、美索
不達米亞的楔形文、克里特的銘文等分布世界各地的古文字遺迹那
樣的純為「象形／指事」而已（何況那些古文字還被西方人視為是
語言發展過程中屬於較原始且粗糙的階段）〔居恩（G. Jean），1994；
哈爾門（H. Haarmann），2005〕，也有別於當今所見的所有音系文字
自我稱勝的「言文合一」（可以充分或完整表意）罷了，而是在源頭
上就是語言所從出以及廣為徵候著宗教信仰、哲學思想、藝術風格
和社會制度等一切結構文化的成分：

> 文字的主要功能是紀錄。紀錄思想、感情及經驗，像日記或
> 契約，目的均不在交流，而在「為異日之券」。因此，文字
> 跟口語的不同，在於口語與口語情境關係密切，往往具有指
> 稱環境的作用；文字則陳述經驗內容以供記憶，所以它的內
> 指性較強，「意蘊」遠較口語深刻、豐富。而且索緒爾說過：
> 在漢字這種表意的文字體系中，書寫的詞有強烈替代口說的
> 詞的傾向；有「文字的威望」；文字凌駕於口語形式之上，
> 也遠較表音的文字體系為甚。他說得不錯，但還不夠。在這
> 個體系中，口語只是文字交流的代用品，文字才是經驗再現
> 的工具和資訊交流的工具，口語的結構反過來模仿著文字。
> （龔鵬程，2001：414）

文可以指辭采文章，也可以指整個文化的體現。《文心雕龍‧
原道篇》說：「文之為德也大矣，與天地並生。人為天地之
心，心生而言立，言立而文明」，文就是存有的歷程與意義，
是道，「道沿聖以垂文，聖因文而明道」。既為展現道的媒材、
為道的示現、又是彰顯道的力量。於是乃有宗經、徵聖、原

道、明道、達道、貫道、載道之說，寖假而形成一文字的崇拜。(同上，417)

這種文字崇拜是把「道生一」解釋成氣化自然生出文字，而此文字又為宇宙一切天地人的根本：是創生的根本、也是原理的根本。能掌握這個根本，就掌握了創生萬物的奧秘，可以上下與天地同流、與道同其終始。不能掌握這個根本，則與宇宙便喪失了秩序、顫動不安，從此失去生機；人若離開了創生的原理，人也要銷毀死亡。(同上，172)

龔先生的析辨甚細，上述這些觀念通貫於全書，已經自成一個揭發中西兩大「文」「言」傳統的態勢，任誰也難以駁辯。尤其是他從道教經典所發現的「氣化而成文」的文字神聖性（不同於西方一神教徒所推崇的語言為上帝所賜的那種神聖性），更讓人知所進退：「《上方大洞真元妙經圖》說得好：『太虛無中體自然，道生一氣介十焉。罔極大化乾坤域，龍馬龜書正理傳。』道法自然，氣化流行，即自然地無中生有。道經是物，一切物亦皆如此由虛無中生出。如河出圖、如洛出書，皆不知其然而然，自然便有此物。元始或諸神靈，其實亦如河洛龍馬龜，道經圖符由茲而傳，由彼而出。但真正的創作者卻是自然，是氣化」(同上，167)。換句話說，中土的文字來歷是在「氣化」的過程中為諸神靈（精氣的別名）所蘊蓄煥發，導至所有的「進一步」的化成物都有著文敷字的可能性（因為那些化成物都是「二度」的精氣所聚，神靈已經內在其中）；而就在「仰體」自然神力和「踐行」自我神力的雙重經驗中，一悟而頓生「虔敬之心」和「收斂之情」（前者保留有比自我神力更強的自然神力的存在而不敢妄自尊大；後者則為可能的受自然神力感通或啟導功效而稍去自詡心理）。相傳黃帝史官倉頡造字時「天雨粟，鬼夜哭」，後人

據為註解說：「倉頡始視鳥迹之文，造書契，則詐偽萌生。詐偽萌生，則去本趨末，棄耕作之業，而務錐刀之利，天知其將餓，故為雨粟。鬼恐為書文所劾，故夜哭也」（高誘，1978a，116～117）。這僅以天神（自然神力特強者）會「憐憫」和鬼魂（神靈經人體後出去者）會「駭怕」來看待倉頡造字一事恐怕還不夠或太過消極。「天雨粟」，也可以理解為天神對倉頡能造字的「獎賞」；而「鬼夜哭」，也可以理解為鬼魂對「原」同類卻比自己強甚的倉頡能造字的「感動」（周慶華，2006a：79）。這是文字的神聖性得著適時的「累創」或「再製」的表現，神／人／鬼都可以同感歡忭！反觀音系文字的純紀錄語音（而語音的自創率不高或不易被察覺），就不可能有這種輾轉崇拜的情事。而由著這一文字崇拜的效應不輟，中國傳統社會特別設立「敬字亭」（或敬字堂或聖蹟亭或敬聖樓）來倡導敬惜字紙的風氣（莊伯和，1982；沈清松主編，2004），後人也就不難得著充分的理解（雖然相關的研究者都還「契入不深」）。可見龔先生有關文字「領航」的一系列卓見，的確照徹了中國傳統的氣化觀型文化的「精髓」部分，可以引人悟及處在當今西方文化橫掃強加且高度不確定未來的環境中如何的勉為「重啟生機」。

　　很明顯的，這條再造未來的生路就在轉「言」為「文」的回返代進的作為中。西方人的「言文合一」觀打從被國人普遍認同以來，大家所崇尚的集中體現在言說的繁瑣性和即時性（為在具體情境立刻且全面達意的緣故）的「標準」要求，已經強使古來講究「蘊藉深長」的書寫傳統（見前）遠離文化場域而無形中成了人家可以「收編」的對象。原有的書寫傳統所顯現在語用（而非語音或語法或語義）的甚大差異處，是它的可以「極盡修飾」性；這種極盡修飾性造成了中國特有的美文品類（如詩詞曲賦駢文等等）。但當該「文飾」的書寫習慣被迫退位而逐向「質樸」的言說形式靠攏後，這一切的

「優為表現」也就急速地煙消雲散或頹勢難挽了。因此，重新向書寫傳統回歸以確保自我文化的特色及其尊嚴，正是今後我們要另啟一種「語用符號學」新學特見優著的途徑。而這一點，龔先生已經有所發微而可以作為這類新學開展的核心：

> 既然有大美而不言的天地有文，所有人文藝術活動也有文，文即成為一切美的原理、甚或一切存在的原理。所謂「文之為德也大矣，與天地並生」、「道沿聖以垂文」，這是對文最高的禮讚與說明。而且又因為劉勰在說這個「文」時，主要是扣住文章寫作而說，所以整個「文化」又落到文字書寫上，成為文章文學的文化。孔子所謂「文勝質則史」，就含有這個意義。由文化的內容來說，所謂文化，基本上是道沿聖以垂文的文學性文化，我們整個社會「自成童就傅以及考終命，解巾筮仕，以及鈞衡師保，造次必於文，視聽必於文」，文學不只是文人的專利包辦，而是瀰漫貫串於一切社會之中的存在與活動。文化，其實就是文學，就是文。中國人的生活方式、人生態度，也都體現為一文學藝術的性質。唯其如此，整個文化展布的歷史才能說是文；而因歷史的內容是文，歷史的寫作遂不能不是文……要綜合這幾方面，我們才能曉得為什麼曹丕說「文章者，經國之大業，不朽之盛事」，要說得如此鄭重、且又能說得如此莊嚴。（龔鵬程，2001：71～72）

這如果沒有例外，那麼我們就可以把它視為是此後建構語用符號學的一個準的。換句話說，「文」從純「文字」書寫的認知到極盡修飾性的「文學」美感的提升，就是中國傳統的氣化觀型文化所自創專擅；而今後相關學問的建構沒有理由不從這裏去「三致其思」（而還

能夠展現新貌）！這是一個以「文」為模本的語用符號學的塑造，它的「違俗」構想永遠可以禁得起有意更新文化者的考驗。

五、一個可以期許的志業

　　在現實的經驗中，言說的逕直表意性總不及書寫能留住人的注意力而提供多方玩味的空間。而這種情況的「再較短長」，中國傳統的「文字／文飾」的書寫習慣所顯現的雍容自若和華蔚俊秀的風采又特能別具一格。這是西方人所難以想像的，也是國人在自我棄守後所無緣深察的。現在要把它召喚回來「以代創思」，所得保證的除了該文字／文飾的書寫傳統的「不二選擇」性（如上所述），還有「實際踐履」的可能性也要有所強調確立。

　　倘若說重返文字／文飾的書寫傳統是建構語用符號學新學的最佳選擇，那麼上述的「以代創思」所添入的新成分就是「融鑄傳統而出新意」或「再造新潮以顯創意」這一法則下勉力結撰的東西；它的在同一傳統中的「製造差異」要求以及跨越不同傳統的「凸顯異質」標誌等都要事先排上議程，以確保一門新學的新穎性。至於它的「實際踐履」的可能性，則是由進一步的具體規劃來促成。這在此地並沒有特定的作法可供觀摩，但不妨藉《紅樓夢》的幾段文字來設想可能的細節：

　　　　大家想著，寶玉卻等不得了，也不等賈政的命，便說道：「舊詩有云：『紅杏梢頭掛酒旗』。如今莫若『杏帘在望』四字。」眾人都道：「好個『在望』！又暗合『杏花村』意。」寶玉冷笑道：「村名若用『杏花』二字，則俗陋不堪了。又有古

人詩云：『柴門臨水稻花香』，何不就用『稻香村』的妙？」眾人聽了，亦發哄聲拍手道：「妙！」（馮其庸等，2000：259）

寶玉見說的這般好，便湊近來央告：「好姐姐，念與我聽聽。」寶釵便念道：「溫揉英雄淚，相離處士家。謝慈悲剃度在蓮臺下，沒緣法轉眼分離乍。赤條條來去無牽掛，那裏討烟簑雨笠捲單行？一任俺芒鞋破鉢隨緣化！」寶玉聽了，喜的拍膝畫圈，稱賞不已，又讚寶釵無書不知。（同上，341～342）

鴛鴦道：「如今我說骨牌副兒，從老太太起，順領說下去，至劉姥姥止。比如我說一副兒，將這三張牌拆開，先說頭一張，次說第二張，再說第三張，說完了，合成這一副兒的名字。無論詩詞歌賦，成語俗話，比上一句，都要叶韻，錯了的罰一杯。」眾人笑道：「這個令好，就說出來。」鴛鴦道：「有了一副了，左邊是張『天』。」賈母道：「頭上有青天。」眾人道：「好。」鴛鴦道：「當中是個『五與六』。」賈母道：「六橋梅花香徹骨。」鴛鴦道：「剩得一張『六與么』。」賈母道：「一輪紅日出雲霄。」鴛鴦道：「湊成便是個『蓬頭鬼』。」賈母道：「這鬼抱住鍾馗腿。」說完，大家笑說：「極妙。」賈母飲了一杯。（同上，623）

時值暮春之際，史湘雲無聊，因見柳花飄舞，便偶成一小令，調寄〈如夢令〉，其詞曰：「豈是繡絨殘吐，捲起半簾香霧，纖手自拈來，空使鵑啼燕妒。且住，且住！莫使春光別去。」自己作了，心中得意，便用一條紙兒寫好，與寶釵看了，又找來黛玉。黛玉看畢，笑道：「好，也新鮮有趣，我卻不能。」湘雲笑道：「咱們這幾社總沒有填詞，你明日何不起社填詞，

改個樣兒，豈不新鮮些。」黛玉聽了，偶然興動，便說：「這
話說的極是，我如今便請他們去。」（同上，1095）

（寶玉）先行禮畢，將那誄文即掛於芙蓉枝之上，乃泣涕念
曰：「維太平不易之元，蓉桂競芳之月，無可奈何之日，怡
紅院濁玉，謹以羣花之蕊、冰鮫之縠、沁芳之泉、楓露之茗，
四者雖微，聊以達誠申信，乃致祭於白帝宮中撫司秋豔芙蓉
女兒之前曰……乃歌而招之曰：天何如是之蒼蒼兮，乘玉虬
以遊乎穹窿耶？地何如是之茫茫兮，駕瑤象以降乎泉壤
耶……讀畢，遂焚帛奠茗，猶依依不捨」。（同上，1244～1247）

在這裏我們看到了再現言說的情節和所嵌入的詩詞曲賦等書寫傳統
所見的文體在一個小說文本內交會。這種交會，一方面顯示著（在
古代來說）一種新體式的形成；一方面則又預告著「再造新潮以顯
創意」的語用符號學道路。試想如果《紅樓夢》沒有嵌入那麼多的
詩詞曲賦（共二、三百處）以及刻意營造對那一書寫傳統的「涵泳
興懷」氣氛，那麼它所剩下的不過是一堆斷爛朝報的諧趣版。現在
《紅樓夢》把言說的直接表意和書寫（特指中國傳統的書寫）的宛
轉寄寓揉融成一體所給我們「新生說部」的啟示，豈不形同得著了
一把開啟「趨入新學」門徑的鑰匙。換句話說，回返書寫傳統未必
是純舊體的「復甦」，它一樣可以本著同一個傳統精神卻致力於別出
新裁。所謂「凡詩賦書記，名理相因，此有常之體也；文詞氣力，
通變則久，此無方之數也。名理有常，體必資於故實；通變無方，
數必酌於新聲。故能騁無窮之路，飲不竭之源」（范文瀾，1971：519）、
「作者須知復變之道：反古曰復，不滯曰變。若惟復不變，則陷於
相似之格；其壯如駑驥同廄，非造父不能變，能知復變之手，亦詩
人造父也」（郭紹虞，1982：211引）、「蓋文體通行既久，染指遂多，

自成習套。豪傑之士亦難於其中自出新意，故遁而作他體以自解脫。一切文體，所以始盛終衰者，皆由於此」（王國維，1981：25）等等，就是針對這種情況而說的。而這在《紅樓夢》作者更懂得以「雜會眾體」來顯露創意；以至兩百多年來心儀歆羨者億萬有譜。這無異給了我們一顆「沒有不可能再啟生機」的定心丸；而所謂語用符號學新學的踐行指數，也就在《紅樓夢》那一形式典範的類比蘄向中（周慶華，2007c：12～20）。

　　此外，中國傳統的氣化觀型文化所內蘊的「諧和自然，綰結人情」觀念（意識形態），相較於西方的創造觀型文化所積極於展現「挑戰自然，媲美上帝」思維（意識形態）也大不相同。後者實踐後所導至的如今世界資源短缺、環境惡化、生態失衡以及核武恐怖和殖民鬥爭不斷等衝突毀滅危機，很可以由前者介入來挽救或緩和（周慶華，2001a；2005）。雖然我們無從再行追溯最早這兩種文化形態所見的終極的「自然氣化宇宙觀萬物觀」和「上帝創造宇宙萬物觀」各自究竟是「緣何而起」而不妨容許它也有當代一些科普書所說的經由「思想大爆炸」或「創造力大爆炸」〔伯金斯（D. Perkins），2001；泰特薩（I. Tattersall），1999〕後隨機形成的可能性，但對於這兩種文化形態發展至今可以在解決世界的危機上「一見優劣」卻不好輕易略過。因此，在語用符號學這一框架不變的情況下，所要深究體悟加入的異質素（以體現一種能顯局部差異的新學問），就是中國的書寫傳統所普現的「諧和自然，綰結人情」這種精神意涵。它是文字／文化（以對比於西方的語言／文化）觀的一個特深層次的實踐指標。語用符號學新學的建構也必須「不可或忘」的將它攬入而從此以「一個可以期許的志業」認真對待，才能了卻一段有關「改造世界」的急迫性關懷。而上述這些論述看似「不過初為發凡」，其實

第九章　你我非你也非我：

《公孫龍子》中的後設認知抉微

一、從辯者到名家

　　言說和書寫，基本上都會經歷一個「辯」的過程才能到達終點。這個「辯」的過程，既有對象性的指稱，又有後設性的認知，彼此不斷地交替融攝成形。前者（指對象性的指稱）是為了要去分辨可對應的事物；後者（指後設性的認知）則是為了可以有效的指稱完成，彼此前後或辯證的摶塑了言說或書寫的模式。而對於這個模式的「搶眼」表現，就到了自我推銷或冀人信服的「好辯」的層次。這也就是歷史上「辯者」興起的一個近於「不得不爾」的本體論的因緣。

　　辯者，嚴格的說是「好辯之士」或「狡辯之士」的簡稱。它理應是無時不有；但在中國歷史上似乎只有先秦時代特別「盛行」。這個時期的辯者原都是像《莊子》書所說的「桓團、公孫龍，辯者之徒，飾人之心，易人之意；能勝人之口，不能服人之心，辯者之囿也」（郭慶藩，1978：480）或《荀子》書所說的「不法先王，不是禮義，而好治怪說，玩琦辭，甚察而不惠，辯而無用，多事而寡功，不可以為治綱紀；然而其持之有故，其言之成理，足以欺惑愚眾，是惠施、鄧析也」（王先謙，1978b：59）這樣被標誌著；但當那些

事跡輾轉傳到漢代時，卻因大一統後為「政治籠絡」或「建構學術」的關係而重新給予定位，稱起家數來了。

這首先是司馬談的〈論六家要旨〉區分陰陽、儒、墨、名、法、道德等六家（司馬遷，1979：3288～3292），而先秦那些辯者就隸屬於名家；嗣後劉向的《別錄》和班固的《漢書》都承續〈論六家要旨〉的說法（雖然它們又擴增家數而有儒、道、陰陽、法、名、墨、縱橫、雜、農、小說等十家之多）。在《漢書・藝文志》裏列有名家七人（包括鄧析、尹文、公孫龍、成公生、惠施、黃公、毛公等），他們都有著作傳世（班固，1979：1736）；只不過這些著作現在多已亡佚，只存《鄧析子》一卷（二篇）、《尹文子》二卷（上下篇）和《公孫龍子》三卷（六篇）。而所存的這些，或有錯雜，或有偽托，或有附益（蕭登福，1984；李賢中，1992；馮耀明，2000），恐怕也離「原貌」有一大段距離。

雖然如此，辯者一旦也入了家數，他們的「學術成就」或「政治價值」自然也跟其他家數的人一樣要受到一種體制性的管控。這種管控，除了分派給他們「名家」的家數地位，還強要他們「擔負」起社會隆替的責任：

> 太史公學天官於唐都，受《易》於楊何，習道論於黃子。太史公仕於建元元封之間，愍學者之不達其意而師悖，乃論六家之要旨曰：「《易大傳》：『天下一致而百慮，同歸而殊途。』夫陰陽、儒、墨、名、法、道德，此務為治者也，直所從言之異路，有省不省耳……」（司馬遷，1979：3288～3289）

> 昔仲尼歿而微言絕，七十子喪而大義乖。故《春秋》分為五，《詩》分為四，《易》有數家之傳；戰國縱衡，真偽分爭，諸子之言紛然殽亂。至秦患之，乃燔滅文章，以愚黔首。漢

興，改秦之敗，大收篇籍，廣開獻書之路。迄孝武世，書缺
簡脫，禮壞樂崩，聖上喟然而稱曰：「朕甚憫焉！」於是建
藏書之策，置寫書之官；下及諸子傳說，皆充秘府……」（班
固，1979：1701）

所謂「務為治者也」、「（防止）禮壞樂崩」等等，都是一種集體意識
形成後有意無意的迫使可成為家數的人得在道德上接受「召喚」和
「束縛」（那些人雖然早就亡故了，但他們還是會有紹繼者，以至這
一召喚和束縛說依然「有效」）。因此，從辯者到名家的轉變，不啻
就是社會階層的流動在政治控管成功上的一個翻版罷了；它既是榮
耀的加被，也是主體的褫奪，從此都要「進入」特定的脈絡被操弄
和被議論著。

二、名家興起的背景及其流衍

既然名家已經是一種政治控管下的產物，那麼它就不會有「自
然」興起的問題；但這裏所以還要談它的興起背景，則是因為它可
還原為辯者的存在階段，試為了解它的「來龍去脈」總有方便後續
談論的作用。而由於名家的頭銜已經前人底定了，所以這裏也就順
勢的說那是關係名家的（而不再回到辯者的身分）。至於原辯者本就
有不同的偏好而必須「築渠分流」來對待，也就是「名家的流衍」，
那就「比照辦理」而毋庸再予以贅述了。

大體上，一種學說觀念或一種特定作為的出現，不會無緣無故
的。也就是說，它都是有目的的。這種目的在當事人如果不自我道
明，那麼只好任由旁人「揣測紛紛」了。結果有像前節所引《莊子》、
《荀子》那樣的推定名家（辯者）都是為了「違常」而競相啟辯；

也有像前節所引《史記》、《漢書》那樣的判決名家都是為了「教化」
而窮於辯術，意見紛紜且南轅北轍。而看來比較屬於「切題」式或
「內相應」式的評斷，也夾雜著出籠了：「辯者，別殊類使不相害，
序異端使不相亂，杼意通指，明其所謂，使人與知焉，不務相迷也」
（瀧川龜太郎，1983：957）、「公孫龍，六國時辯士也，疾名實之散
亂，因資材之所長，為守白之論；假物取譬，以守白辯；謂白馬為
非馬也……欲推是辯，以正名實，而化天下焉」（謝希聲，1978：1）。
這又是另一種「迴護性」的說詞，把名家的「好辯」或「狡辯」推
到是為「綜覈名實，而總歸於治道」的緣故（周慶華，2000b：268
～269）。這麼一來，我們這些後出的人又要怎麼看待「那一段故事」？

　　說實在的，我們仍然可以像上述任何一家一樣再炒作類似的說
詞，但這樣一定顯不出我們所以「還要說」的特殊性；以至另起話
題也就勢在必行了。而這得從行為心理學一個相當具有普遍性的命
題「如果做某件事得到鼓勵，那麼做件事的次數就會增加」〔杜加斯
（K.Deaux）等，1990〕說起。如果把前面所提到的名家的好辯或狡
辯一事帶進來，那麼它就可以形成這樣一個演繹論證：

> 一種鼓勵對個人的價值愈高，那麼他採取行動取得這一鼓勵
> 的可能愈大。在某一假設情況下，名家認為好辯或狡辯有很
> 大的價值。所以名家會不顧一切的好辯或狡辯。

所謂「在某一假設情況下」，則可以將現實中的反饋向度可能涵蓋的
「謀取利益」、「樹立權威」和「行使教化」等三大範疇（周慶華，
2004d；2005；2006b；2007b）填入而看出名家的好辯或狡辯的多重
變數。換句話說，名家興起的背景最終都得歸結到相關的心理易動
（外在的社會環境只是「刺激源」而無法保證該好辯或狡辯行為的
必然成形）。因此，整個「完整性」的論證形式就會是這樣的：

> 一種鼓勵對個人的價值愈高，那麼他採取行動取得這一鼓勵
> 的可能愈大。在可以藉為謀取利益或樹立權威或行使教化的
> 情況下，名家認為好辯或狡辯有很大的價值。所以名家會不
> 顧一切的好辯或狡辯。

這比起前面所徵引前人的「為了『違常』而競相啟辯」、「為了『教
化』而窮於辯術」和「為『綜覈名實，而總歸於治道』的緣故」等
說法（不論它們彼此是否有不盡相容的地方），顯然多顧及「謀取利
益」和「樹立權威」等層面而可以成為一種「解釋的典範」（上述的
「為了『違常』而競相啟辯」、「為了『教化』而窮於辯術」和「為
『綜覈名實，而總歸於治道』的緣故」等，照理只是行使教化一項
的「自我必須認定」和「他人肯認定或不肯認定」的差異而已，大
抵上都還未明為聯結好辯或狡辯行為跟謀取利益或樹立權威的因果
關係）。也正因為名家興起的背景終究是在為謀取利益、樹立權威和
行使教化等心理易動上，所以連帶的它的流派分衍也可以順著這個
脈絡而來理解它的可能性。

　　倘若從一些跡象來比對，那麼約略可以看出名家有以惠施為首
長於綜合而主張合同異和以公孫龍為首長於分析而主張離堅白以及
墨家後學亟欲綜合前二家而提出別同異、盈堅白的主張等三大派別
（馮友蘭，1992：204；馮耀明，2000：30；周慶華，2000b：270）；
他們的論說分別可見於《莊子‧天下》所載「歷物十事」／「辯者
二十一事」和《公孫龍子》以及《墨子‧經》／《墨子‧經說》等。
這除了說他們的思想立場有異以外，很難不想及他們所以要這樣「互
別苗頭」也是跟上述的謀取利益／樹立權威／行使教化等密切相
關。也就是說，如果沒有謀取利益／樹立權威／行使教化這些誘因，
那麼名家也不太可能會勇闖辯域而跟他人「捉對廝殺」或「各樹旗

幟」。而檢視謀取利益／樹立權威／行使教化的「涉外關他」取向，又都可以被權力意志所統攝而成為名家「一心三用」的實質展現。

我們知道，權力這一影響力或支配力形式所體現的不論是韋伯所認定的「一種所有物」還是巴恩斯（B.Barnes）所認定的「人們互動模式的結果」或是傅柯所認定的「一種被統治者和統治者間的網絡」〔喬登（T.Jordon），2001：13～23〕，都已經是人深著為欲望而成了一切行為的終極的促動力（周慶華，2005；2006b；2006a；2007b；2007a；2007c）。因此，可以說權力深著為欲望（權力意志）後，謀取利益／樹立權威／行使教化等就成了它在伸展上的三種形態。當中謀取利益涉及利益的多沾或多得（相對的別人就少沾或少得），可以說是權力意志的變相發用；樹立權威則無異是該權力意志的遂行；而行使教化更是該權力意志的恆久性效應。

如果不把名家的興起及其流派分衍歸諸權力意志這一終極的驅力，就不知道還有什麼更好的聯繫方式。雖然該權力意志可能會有集權性的標誌（由學派中人「共同」把持言說的生產、傳播和接受的機制），但在集體性的權力意志中還可見想要支配該集體的欲望的必然存在時，個別的權力意志就得讓它永遠具有優先地位而可以用來解釋包括名家的興起及其流派分衍在內的所有行為。這樣相關「後續」的體制性的管控（見前）以及我個人的「歧出」式的後設論述，也都不出這一「權力氛圍」的籠罩；它的貌似客觀性或絕對性的「偽裝伎倆」終究會被戳破而得自我回返來審慎因應「繼起」的支配的合理性問題（詳後）。

三、公孫龍不諱言自居一家

現在把範圍縮小到「個案」的探討上，公孫龍這一家不啻是特別顯眼而值得為他的近代「盛名不衰」（譚戒甫，1975；徐復觀，1982；周昌忠，1991；馮耀明，2000；劉福增，2002）作一些回顧和檢討。這總說是為論說旨趣的（藉為一窺中國傳統上曇花一現的名家思想不能持續的另一個「文化的因緣」），分說則得將前節的權力意志說一起納進來以見論述的「隱式取向」（而無所謂典要不典要的問題）。

從現有的文獻來看，公孫龍的學說不論是祖述誰家（如儒道墨），或淵源於什麼傳統（如正名實的傳統），他都對自己的思想主張有相當的信心而儼然是在「自居一家」。所謂「公孫龍問於魏牟曰：『龍少學先王之道，長而明仁義之行；合（別）同異，離堅白；然不然，可不可；困百家之知，窮眾口之辯，吾自以為至達已……』」（郭慶藩，1978：263～264）、「龍與孔穿會趙平原君家。穿曰：『素聞先生高誼，願為弟子久，但不取先生以白馬為非馬耳；請去此術，則穿請為弟子。』龍曰：『先生之言，悖！龍之所以為名者，乃以白馬之論爾，今使龍去之，則無以教焉。且欲師之者，以智與學不如也，今使龍去之，此先教而後師之也；先教而後師之者，悖！』」（謝希聲，1978：1）等等，就都提到公孫龍的自負匪淺（第一則在《莊子》書裏雖然還有下文提及公孫龍自嘆不如莊子的話，但這仍無損於公孫龍先前的自我高華）。

這一自負匪淺所透顯的是整個「百家爭鳴」的時代風氣裏公孫龍本人也無法免除權力衝動這一人性中最根本也最終極的心理欲求。這種欲求固然以影響／支配企圖為它的主要形式（見前），但有關它的一些「附帶效益」的考量卻也不可小看。換句話說，人對權力的著迷，在相當程度上還是因為權力可以產生許多連帶的好處：

比如導至物質需求和精神需求的滿足（前者如獲得財富、地位等；後者如獲得尊嚴、名譽等）以及可以帶給某些性格特殊的人一種心理上的補償（如有自卑感的人，擁有權力會使他產生優越感；又如缺乏安全感的人，擁有權力等於獲得一副安慰劑）等等（詳見第二章第四節）。而公孫龍本人是否也有類似的安全／自卑情結和精神／物質匱乏等，我們縱是無從探得，但對於權力衝動為人在社會中求生存普遍必具的條件（同上），確實也不好替公孫龍脫卸說他比別人高尚而「不犯此事」！而對於這一點，我們還可以從「家」的形成來強化相關的認知。

　　家，從構字來看，原指人的居屋（兼養豬一類的牲畜），它是專屬於中國的氣化觀型文化傳統所重視的社會結構的基本單位（精氣化生成人，大家糾結在一起，必須分親疏遠近才能過有秩序的生活；而親疏遠近的區分自然以血緣為最好或最合理的依據）（周慶華，2005；2007b）。而這得由婚媾作為「中介」性的前提來保障家的成立。所謂「有夫有婦然後為家」（賈公彥等，1982：169）、「未有家室」（孔穎達，1982d：545）、「在家則記中霤」（孔穎達，1982b：923）等等，就是「依序」在說明或記敘家的存有概況。爾後封建政治的體制日漸完密化，家一轉變成公卿大夫所食采地（賈公彥等，1982：285）。所謂「開國承家」（孔穎達等，1982a：36）、「聞有國有家者」（邢昺，1982：146）等等，當中所提及的家都是指涉同一種現象。這麼一來，家就由婚媾構成的「家族」性衍化為由一姓一氏所沾益佔有的「政治版圖」而使得它的自稱／他稱的別外性（家家有別）終於得到了「一以貫之」的確立。我們看公孫龍自居一家以及別人也稱他的學說在名家行列，豈不是都應了上述深具社會／政治意義的家的概念？

　　這相對西方的創造觀型文化傳統以「人」為社會結構的基本單位來說（西方人的受造意識一旦成立，內裏的「物物有別」的觀念勢必影響到他們的「個體」化的自我定位以及才能創發的自主性），顯然有「不可共量」的意識形態在背後隱隱的促動著（周慶華，2005；2007b）。以至我們所習慣稱什麼家、什麼家的（如哲學家、作家、心理學家、社會學家、各行各業專家等），西方人就只以「人」為單位而稱什麼者、什麼者（如學者、作者、記者、編者、文化工作者等），彼此實在有著「借家壯膽」和「自我擔負」的意味上的差別。因此，公孫龍的可能的權力衝動就只侷限在企圖影響／支配他人或別家，而不像西方社會中的人還可以「逆推」到回過頭去影響／支配造物主；二者的強弱分際，仍有差等異趨。而這種耙梳雖然無益於更動或增減公孫龍既有的稱家的格局，但它卻有助於大家理解名家學說所以會後繼乏人的「真正」原因。也就是說，當一種學說不足以恆久的影響／支配「人」心，就會有「轉向」另謀出路或由他人「代勞」以新的學說遞補空缺。相對的，西方人只要認定一種學說可以「遙想」造物主的接受影響／支配（要造物主肯定它、讚賞它、甚至據以為允諾救贖的憑證），就會不斷地「再接再勵」的去推廣新衍而沒有什麼「因人廢言」的現象發生（詳後）。

四、所著《公孫龍子》中的後設認知

　　自居一家的公孫龍，以好辯聞名（見前），今天所傳有《公孫龍子》一書。雖然當中看來有後人增益（如〈跡府〉篇）和不確定是否為原貌的篇章（如其他各篇），但整體上它的剖析博辯的功夫跟先秦出現的諸如《莊子》、《荀子》、《韓非子》、《呂氏春秋》等書所描繪的（徐復觀，1982：58～59）是相應的。因此，從《公孫龍子》

這本書所陳述的辯論來一探這類名家的學問以及研判該學問從興起到沒落的前因後果，也就不會有什麼「理路」上的斷裂的疑慮。

　　不論研究者怎樣的演繹引伸《公孫龍子》裏的論說（中村元，1991；楊儒賓等編，1996；葉錦明編，1997），都難以否認或忽視《公孫龍子》所見的〈白馬論〉、〈指物論〉、〈通變論〉、〈堅白論〉和〈名實論〉這主架構的「後設論述」性。也就是說，〈白馬論〉論「白馬非馬」，〈指物論〉論「物莫非指，而指非指」，〈通變論〉論「二無一」、「二無右」、「二無左」，〈堅白論〉論「堅白石不為三而為二」，〈名實論〉論「審名實，慎所謂」等等，都不是「對象論述」可以比擬；它的「第二層次語言」性質大家應該無法致疑（不然就不必有學科或理論的劃分）。而相關的「新」的檢視，也就可以從這裏切入進行。

　　通常在語用的認知上，有對象語言和後設語言的區別（何秀煌，1988：13）。前者稱為「第一層次語言」；後者稱為「第二層次語言」。如「一篇研究是由某一語言寫成的時候，我們稱這一語言為該研究的對象語言；而所以能作這種研究，乃依賴另一種語言，就是後設語言」（關紹箕，2003：9 引卡納普說）。雖然如此，後設語言一旦成形了，它的趨向卻可能紛出奇招（也就是各有各的著重點）：

> 在語言學裏，語言學家賈克慎所指認的「後設語言」乃是有關符碼的陳述，這時我們試圖釐清一個詞語的意義或定義（例如「『詞彙』是什麼意思？」）。更一般的情形裏，後設語言是有關另一個論述的批評或分析性論述。因此，語言學是有關語言本身的後設語言。結構主義的敘事理論家，熱奈特在下述評論裏引用巴特和法國詩人凡樂希，指出由於文學批評「和它的對象說相同的語言」（跟藝術或音樂評論不同），

它是種「後設語言，是『有關論述的論述』。因此，它可以
是一種後設文學。也就是說，『以文學本身作為對象的文
學』」。在這種認識下，文化理論不僅是有關文化形式和過程
的經驗或文本分析，也是以它為對象的後設語言。任何理論
也可以透過自我批評或評論自身，而生產出一種後設語言。
〔布魯克（P.Brooker），2003：245〕

從這一點著眼而稍作考察，正有這類各有所後設論說的情況。如「後
設倫理學」所關心的比較偏重在「應該、好、對等字究竟有什麼涵
義」等一類有關倫理用語或道德概念的辨析（黃慧英，1988）；而「後
設小說」就會超越個別用語或特殊概念的涵義的層次而進到「反思
現實是否可能」的寫作理念問題：「現今對於『後』層次上的話語和
經驗所加深了的認識，部分來自於一種增強了的社會和文人自我意
識。不僅如此，這也反映出對於當代語言功能文化的更廣泛的理解，
懂得語言功能在構成和保持我們的日常『現實』感方面的作用。關
於語言只是被動地反映一個清晰的、有意義的『客觀』世界的簡單
觀點，再也站不住腳了，語言是一個獨立的、自我包容的系統。這
個系統產生出自身的『意義』。語言和現象世界關係極為複雜、充滿
疑問，但又是約定俗成的。『後』這樣的術語，就被用於探索這具有
隨意性的語言系統和跟它明顯相關的現實世界的關係。在小說中，
則用於探索屬於虛構的世界和虛構『之外』的世界的關係」〔渥厄
（P.Waugh），1995：3～4〕。依此類推，其他的後設理論也很可能都
像這樣「同質不同量」。在這種情況下，所有的後設語言在學科的實
踐中就得留意它們的「局部差異」了。此外，有關後設語言是否應
該或是否能夠保持中立也有爭論：

> 後期結構主義思想會支持這種一連串論述探討論述的觀
> 念，但質疑在任何絕對性的意義上，去界定和固定其他論述
> 的條件的後設語言假設。例如李歐塔的歧異觀念的意涵，就
> 是不存在能夠仲裁其他語言的「客觀」後設語言。（布魯克，
> 2003：245～246）

> 或有人說，後設理論如後設倫理學，也常構成一種特定的哲
> 學理論，難以採取思想上的中立。譬如英國後設倫理學家赫
> 爾就以自己的一套後設倫理學看法轉化成為一種偽似性的
> 獨家規範倫理學說；外表上似乎保持「後設」性質的價值中
> 立，實質上仍是一種規範性質的倫理思想。我雖然了解後設
> 理論墮為規範理論的情形存在，但就後設理論家的價值中立
> 要求這一點說，後設理論家基本上仍應看成一般的哲學方法
> 論。（傅偉勳，1990：6～7）

然而，這些爭論中贊成的一方都是源於後設語言有它的客觀認知基
礎而論定的，而實際上卻不如所見。理由是後設語言也跟對象語言
一樣，全為人所權宜限定的，它的規範性（包括在後設過程中的議
題選擇和論列方式等二度的規範在內）已經表明了它不可能中立或
中性化。因此，這個問題只要保留它的後設性，其餘的不需再增加
一些無謂的條件限制（周慶華，2007b：230～232）。

　　根據上述這些「後設認知」，我們來看《公孫龍子》裏的那些剖
析博辯，理當也沒有作者所自詡的「至達」性（見前）；它依然是權
力／知識框架下的一種後設語用規範。這種後設語用規範，原自有
它的「獨特性」，如「白馬非馬，可乎？曰：可。曰：何哉？曰：馬
者，所以命形也；白者，所以命色也。命色者，非命形也，故曰白
馬非馬」（謝希聲，1978：4）、「物莫非指，而指非指。天下無指，

物無可以謂物。非指者，天下無物，可謂指乎？指也者，天下之所無也。物也者，天下之所有了。以天下之所有，為天下之所無，未可。天下無指，而物不可謂指也。不可以謂指者，非指也。非指者，物莫非指也。天下無指，而物不可為指者，非有非指也。非有非指者，物莫非指也。物莫非指者，而指非指也」（同上，7）、「曰：二有一乎？曰：二無一。二有右乎？曰：二無右。曰：二有左乎？曰：二無左。曰：右可謂二乎？曰：不可。曰：左可二謂乎？曰：不可。曰：左與右，可謂二乎？曰：可。曰：變非不變，可乎？曰：可。曰：右有與，可謂變乎？曰：可。曰：變隻。曰：右。曰：右苟變，安可謂右；苟不變，安可謂左。曰：二苟無左，又無右，二者左與右，奈何」（同上，8～9）、「堅白石，三，可乎？曰：不可。曰：二，可乎？曰：可。曰：何哉？曰：無堅得白，其舉也二；無白得堅，其舉也二。曰：得其所白，不可謂無白；得其所堅，不可謂無堅；而之石也之於然也，非三也」（同上，12）、「天地與其所產者，物也。物以物其所物，而不過焉，實也。實以實其所實，不曠焉，位也。出其所位，非位；位其所位焉，正也。以其所正，正其所不正；疑其所正。其正者，正其所實也；正其所實者，正其名也」（同上，15）等等，都在反省命名或指稱的「實在性」或「切合性」；這相對於一般人的含混帶過或不能窮於析辯來說，豈不是「見識超常」？只不過它的問題也正在這種「只知其一而不知其二」的侷限上。也就是說，別人要含混對待或不加以析辯那些命名或指稱本身也是一種後設語用規範，公孫龍憑什麼訾議人家的不是？所有是／非或對／錯的爭辯，都得回到權力／知識這一新認識論的前提下去試為化解衝突。

五、後設認知遇挫的歷史意義與現代意義

公孫龍的著作也被視為「子書」，在流行以「子」稱爵稱師的先秦時代（程發軔，1978：171～173），顯然是一種莫大的榮耀；而他的逞能好辯也確實引來了許多人的側目。只是他的後設認知僅在一時轟動，沒有什麼傳人；而歷來的評價也多以「功過相抵」看待，並未認為他的學說有再作發揚的價值。所謂「名家苛察 繞，使人不得反其意，專決於名而失人情。故曰：使人儉而善失真。若夫控名責實，參伍不失，此不可不察也」（司馬遷，1979：3291）、「名家者流，蓋出於禮官。古者名位不同，禮亦異數。孔子曰：『必也正名乎？名不正則言不順，言不順則事不成。』此其所長也。及譬者為之，則苟鉤鎝析亂而已」（班固，1979：1737）、「辯者，別殊類使不相害，序異端使不相亂，杼意通指，明其所謂，使人與知焉，不務相迷也。故勝者不失其所守，不勝者得其所求，若是故辯可為也。及至煩文以相假，飾辭以相逞，巧譬以相移，引人聲使不得及其意，如此害大道」（謝希聲，1978：序 1）、「特品目稱謂之間，紛然不可數計，龍必欲一一核其真，而理究不足以相勝；故言欲辨而名實欲不可正。然其書出自先秦，義雖恢誕，而文頗博辨」（永瑢等，1985：2456～2457）等等，這所「兼括」或「直指」的說詞都可以為證。這種情況到了近代，雖然有了些許改變而獲得學者們的「頗為關愛」，但這種關愛卻是為因應西方傳來的邏輯思辨的刺激（而試圖挽回一點民族顏面），根本無助於那些以西方繁複的邏輯學相衡而顯得過於素樸的正名思想的「起死回生」或「轉為世用」。這毋乃是雙重的受挫，《公孫龍子》裏的後設認知還是得重新予以評估。

我們看公孫龍自己最得意的「白馬非馬」論（見前）。這把專稱（白馬）和泛稱（馬）分開，跟一般人所持的泛稱包含專稱（白馬

也是馬），很明顯是「立足點」不同所導至的差異，彼此無從對話；而公孫龍也沒有理由說一般人都闇味無知（從他不屑時流的「不予析辯」話語，可以推知他會這樣評斷）。再說依「白馬非馬」這一理路繼續推衍，會出現「綠樹非樹」、「藍海非海」、「黃種人非人」、「你我非你也非我」這些折煞人或傷人感情的言說（如果把「非」解作「不是」的話）。這樣我們可以反問：以「你我非你也非我」來說，那「你我」又是什麼？相同的，原論點「白馬非馬」如果成立，那麼「白馬」又是什麼？公孫龍或當今學界的碩彥要如何回答？難怪歷來許多有知見的人都不隨著公孫龍起舞；而如今也沒有因為學者的詮解推崇而引發時人廣為去再製更生！畢竟該一論點本身已經給自己埋下了「難以圓說」的弊病，大家終究會「興趣缺缺」！

　　縱是如此，公孫龍所代表名家學說的受挫（惠施和墨家後學所代表另二系也是），應該還可以從別的角度來看它的歷史意義和現代意義。換句話說，歷來國人所以不喜歡這種「詭辯」，理當還有更深層的原因在；而將這一更深層的原因予以「掀揭」開來，也才知道「大家究竟要的是什麼」！這所涉及的已經不純是知識的旨趣，它還關聯我們今後是否要「棄己從人」的情感依歸問題。

　　以「邏輯思辨」一事來說，這是創造觀型文化中的人仰體造物主的所造物「各自有別」的精神而發展成的；相對的，氣化觀型文化中的人所稟氣化的「周流不定」意識，根本不可能無緣無故的改向去窮為辨物析理（終而也發展出有如西方人那般的綿密慮度）（周慶華，2007b）。以至凡事「隨便」、「差不多」就可以了、「馬馬虎虎」啦等近似混沌接物的心態，也就充斥在我們的周遭。這本是中國古來的習尚，大家也都安於這種不知也不必「精於計較」的生活形態。但無奈從近代以來，西方人以他們的政經優勢和武力威嚇，迫使國

人接受改造而變成他們的影子（周慶華，2005），導至近百年來都還處在「莫名前景」的困折中！

　　這時歷史上那丁點有如靈光一現的名辯，它的「突如其來」性也就毋須再強援引來「充場面」（說我們原來也有邏輯思辨呀）。現今我們所需要的可能是返回如常居主流卻未被真切重視的儒家那種亟欲正名實以體現氣化觀下縮合倫常的情境（強調「君君，臣臣，父父，子子」名分上的實在性）（周慶華，2000b：271～272），而不是再趁勢抬出名家這種近於「耍嘴皮」的詭辯以為滿足隨波逐流撿拾西方人的唾餘度日的「接軌」妄想。因此，《公孫龍子》中的後設認知在當今無法跟西方的邏輯學匹敵（另一種形式的受挫）而還有那麼一點意義的，就是它可以促使我們思考重新召喚自我傳統原有的一些獨特的東西而不是再行「盲目」的追隨他者文化。換句話說，《公孫龍子》中的後設認知的歷史功過已了，而它的現代假借啟迪才要開始，我們無妨以行動見證可能的效益。

第十章 言文的辯證回歸：

漢語聲調的社會功能與文化功能

一、自從有了聲調以後

聲調，在語音學或聲韻學上指的是說話聲音振動頻率的高度（羅常培，1982；董同龢，1987；葛本儀，2002；陳新雄，2005）；它跟一般所見的肯定句或疑問句或祈使句或驚嘆句上顯現的「語調」大不相同。雖然如此，一樣帶有聲調的語言（如藏語、泰語、緬甸語、許多非洲土語和許多美洲印地安語等），都不及漢語特別。漢語的聲調在整體上有「抑揚頓挫」的旋律感；相對的其他帶有聲調的語言就沒有這種現象，而沒有聲調的語言（如絕大多數的印歐語系的語言）則更缺少這一可以「撼動人心」或「情意深長」的韻味。

漢語的聲調自古就有了（只是究竟有幾種，後人在推測時各有不同見解而已）（董同龢，1981；林尹，1982；王力，1987），但一直到佛教傳入後才因為轉讀佛經的關係而被「真切」的發現當中有四聲的變化：

> 所以適定為四聲，而不為其他數之聲者，以除去本易分別自為一類之入聲，復分別其餘之聲為平、上、去三聲，綜合通計之，適為四聲也。但其所以分別其餘之聲為三者，實依據及模擬中國當日轉讀佛經之三聲。而中國當日轉讀佛經之三聲又出於印度古時〈聲明論〉之三聲也。據天竺圍陀之〈聲

明論〉，其所謂聲（svara）者，適與中國四聲之所謂聲者相類似。即指聲之高低言，英語所謂 pitch accent 者是也。圍陀〈聲明論〉依其聲之高低，分別為三：一曰 udâtta；二曰svarita；三曰 anudâtta。佛教輸入中國，其教徒轉讀經典時，此三聲之分別當亦隨之輸入。至當日佛教徒轉讀其經典所分別之三聲，是否即與中國之平、上、去三聲切合，今日固難詳知，然二者俱依聲之高下分為三階，則相同無疑也。中國語之入聲皆附有 k、p、t 等輔音之綴尾，可視為一特殊種類，而最易與其他之聲分別。平、上、去則其聲響高低距離之間雖有分別，但應分別之為若干數之聲殊不易定。故中國文士依據及模擬當日轉讀佛經之聲，分別定為平、上、去之三聲。合入聲共計之，適成四聲。於是創為四聲之說，並撰作聲譜，借轉讀佛經之聲調應用於中國之美化文。此四聲之說所由成立，及其所以適為四聲而不為其他數之故也。（張世祿，1978：147～148 引陳寅恪說）

這一由於轉讀佛經而發現的四聲變化，很快的在中土就發生了一些效應：首先是興起以聲調為綱領的韻書的編撰，如魏時李登的《聲類》、呂靜的《韻集》和齊梁時沈約的《四聲譜》、周顒的《四聲切韻》、劉善經的《四聲指歸》、夏侯詠的《四聲韻略》、王斌的《四聲論》等都是；其次是引發文人開始注重文章的聲情美，所謂「（齊永明）時，盛為文章。吳興沈約、陳郡謝朓、琅邪王融，以氣類相推轂。汝南周顒，善識聲韻。約等文皆用宮商，將平上去入四聲以此制韻，有平頭、上尾、蜂腰、鶴膝。五字之中，音韻悉異；兩句之內，角徵不同，不可增減。世呼為永明體」（李延壽，1983：1195）、「魏建安後，迄江左，詩律屢變；至沈約、庾信以音韻相婉附，屬

對精密；及宋之問、沈佺期又加靡麗，回忌聲病，約句準篇，如錦繡成文，學者宗之，號曰沈宋體」（歐陽修等，1983：5751）等就是在說這種情況；再次是大家逐漸知道說話可以轉趨優雅，如「又顯傳言：『太學諸生，慕顯之風，爭事華辯。』其所謂『辯』者，當即顯『音辭辯麗，出言不窮。宮商朱紫，發口成句』及其子捨『善誦詩書，音韻清辯』之『辯』，皆四聲轉讀之問題也」（張世祿，1978：154 引陳寅恪說）所提到的南朝人「爭事華辯」、「音辭辯麗」、「音韻清辯」等等，顯然他們已經懂得刻意「雅化」的說話方式。

如果說還沒有發現四聲以前中國人都「習焉而不察」聲調的存在而形同說話／書寫都未受到聲調的影響，那麼自從發現四聲以後中國人就立即「窺得秘辛」而有如開啟了新視野；以至本脈絡小標題「自從有了聲調以後」就順勢以「明朗化」的姿態來定例設說，它所要區隔的是不知道（或未必需要）編撰韻書和不知道注重文章的聲情美以及不知道優雅說話方式的時代。換句話說，自從有了聲調的察覺以後，中國傳統的言／文系統就開始轉向找到一個「相互美化」或「雙雙雅化」的途徑（前者指言／文彼此可以相互「監督」變化四聲以為自我美化；後者指言／文在「各行其是」時也因為有四聲變化的觀念在指引而彼此都知道要雅化以為自顯高明），彼此改變了中國人說話／書寫的形態。

二、聲調在交際中的社會功能

四聲的發現，在漢語系統裏普遍有著「總收」音聲的認知作用；而它的後出「完備」構聲成分，也因為韻書的纂集而音理「粲然大備」於世。所謂「昔開皇初，有儀同劉臻等八人，同詣法言門宿。夜永酒闌，論及音韻。以今聲調，既自有別。諸家取捨，亦復不同。

吳楚則時傷輕淺，燕趙則多傷重濁。秦隴則去聲為入，梁益則平生似去。又支脂魚虞，共為一韻；先仙尤候，俱論是切。欲廣文路，自可清濁皆通；若賞知音，即須輕重有異」（陳彭年等，1974：13引陸法言語），這所強調的為見賞於知音而必須斟酌變化聲調（就是文中所說的「即須輕重有異」）的高格化，就是這一趨勢的代表性的觀念演出。至於實際成就的韻書，則可以廣為說話／書寫所檢索參鏡而別為展現一種「折衝調節」式的影響力（而不像說話／書寫那樣廣遭「形態」上的改變），那就不言可喻了。

這種「應機而變」的局勢，很明顯是由書寫部分的凸出表現所定調的。所謂「五言至沈宋，始可稱律。律為音律法律，天下無嚴於是者。知虛實平仄不得任情，則法度明矣。二君正是敵手」（王世貞，1983：1166）、「五言律體兆自梁陳，唐初四子靡縟相矜，時或拗澀，未堪正始。神龍以還，卓然成調。沈宋蘇李合軌於前，王孟高岑並馳於後。新製迭出，古體攸分。實詞章改革之大機，氣運推遷之一會也」（胡應麟，1973：187～188）等，這都有陳跡可案；而後人也不疑有它的以它們來表徵聲調受重視後的「範式」成果。當中所促使書寫轉向講究「另類節奏」的聲情美，也已經在相關的實踐中留下了可供美談的案例：

> 講究詩句中四聲的參互配置，前人還有二種考究的地方：一種是指每句中儘量求四聲具備；一種是指律詩出句的末一字必須上去入輪用。前者如杜審言的〈和晉陵陸丞早春遊望詩〉，當中「獨有宦遊人」句，「獨有宦」是「入上去」遞用的；「雲霞出海曙」句，「出海曙」是「入上去」遞用的；「淑氣催黃鳥」句，「淑氣鳥」是「入上去」遞用的；「忽聞歌古調」句，「忽古調」是「入上去」遞用的，沒有聯用二個上

聲或去聲，所以聲調很美。後者如杜甫〈詠懷古跡〉五首之
二，「搖落深知宋玉悲」、「悵望千秋一灑淚」、「江山故宅空
文藻」、「最是楚宮俱泯滅」，末字「悲、淚、藻、滅」正是
輪用了平上去入四聲，這種有意的安排，當然是在求音調的
抑揚動聽。（黃永武，1987：184～185）

今讀宋詞辨上去之句，如〈夜遊宮〉曰：「橋上酸風私眸子」、
「不戀寒食再三起」；〈秋蕊香〉曰：「午妝粉指印窗眼」、「寶
釵落枕夢遠」；〈滿庭芳〉曰：「人靜烏鳶自樂」、「憔悴江南
倦客」，凡此四聲異處，雖不知當時合樂音調如何，今但施
之脣吻，亦自別有聲情。（張夢機，1997：44引夏承燾說）

其實不只古典詩詞，別的韻文、甚至駢文也多有類似的情況（陳鐘
凡，1984；孟瑤，1979，劉麟生，1980）。從此聲調就把語言的交際
性從泛泛的「表情達意」層次向特殊的「藝術審美」層次昇華了。
這雖然也曾遭遇某些人士的抵拒〔如「（沈）約撰《四聲譜》，以為
在昔詞人累千載而不悟，而獨得胸衿，窮其妙旨，自謂入神之作，
高祖雅不好焉。嘗問周捨曰：『何謂四聲？』捨曰：『天子聖哲是也』
然帝竟不遵用（姚察等，1983：243）、「余謂文製本須諷讀，不可蹇
礙，但令清濁通流，口吻調利，斯為足矣。至平上去入，則余病未
能；蜂腰鶴膝，閭里已具」（鍾嶸，1988：3154）等，就是著名的例
子〕，但它的累代迭出「精采」卻是勢不可檔的大事一樁。

從另一個角度看，聲調的發皇可以到這種足夠「超」交際用的
地步，那它「原來」的存在豈能沒有一點廣泛或普遍的社會功能？
換句話說，交際可以是預期式的交際（如一篇文章所預設的接受
者），也可以是實然式的交際（具體發生於現實生活中的互動行為）；
而聲調在原有的漢語系的自然語言中存在時應該早就在發揮它的

「有聲調」的語言實然式交際的社會功能了，我們怎能略過這一根本性的課題而還能「夸夸其談」聲調的美化文章的因緣？依照聲調的「帶動」語言的實際狀況（該聲調不論是中古所被普遍議論的平、上、去、入四聲，還是近古到現代所廣泛存在的陰平、陽平、上、去四聲，或是其他支裔語言所見的更多調類），它的必然性的「向著社會」的功用，一定有我們予以「掀揭探祕」的空間。

　　我們知道，聲調在相關的音高變化裏還帶有升降、屈折、緩急、輕重等特徵（王力，1987；羅常培，1982；濮之珍，1994；葛本儀主編，2002）；而這些特徵，看來除了最基本的「辨義作用」〔如媽（ma˥）是高平調，麻（ma˧˥）是高升調、馬（ma˨˩˦）是降升調、罵（ma˥˩）是全降調（董同龢，1981：19；陳新雄等編，1989：241～242），它們各有各的指意，彼此不能混淆〕，理當還有更實質或更切要的高檔的「挈情作用」。也就是說，聲調的設計或踐履成形，不可能只是單純的為表義方便而已（如果是那樣，那麼也就不一定要有不同聲調「搭配」來使用，只要逕直的「依義取聲」就行了），它一定還有「攝眾聽取」的考量；而這種挈情性，就是漢語聲調所以「獨樹一幟」的根本原因。

　　許多談論過漢語聲調的學者，都可以有效的道出漢語聲調的調類、調值和頻譜形態等「物質性」的特徵（何大安，1993；唐作藩，1994；鄭錦全，1994；國立臺灣師範大學國音教材編輯委員會編，2003），但對於上述那一「精神性」的挈情作用卻都還無暇顧及；以至有關久享盛名的漢語聲調迄今仍然要教人「莫名其妙」！倘若以現代漢語四聲的調值來說，那麼它們的差異性大抵是這樣的（趙元任，1987：60）：

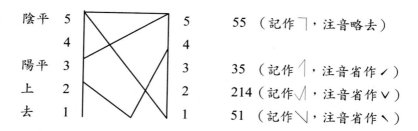

但關於這一高低／升降／屈折（及實際發音時的緩急／輕重）現象究竟是如何可能的，卻無法僅從「表列」中窺知。因此，把它們放回具體的使用情境來看而印證上述所不可避免要有的挈情功能，也就有新穎論述而刺激大家勉為變更思維模式的價值可引以為自我定位。

　　試想「你給我過來」、「你好乖哦」、「給你一個紅包」這些語句會發生的場合：第一句語氣盛怒，發音時前四字急促重（第一、二字變調成前半上、後半上）、後一字尾音稍長而可以「延聲易聽」，很明顯是用在高階對直屬低階的吆喝且希冀旁人都聽見他（指高階者）在訓斥低階（如調皮的兒女或犯錯的部屬）以為自我藉機伸張權威或回應旁人期待他「教導有方」的壓力；第二句語氣溫婉，發音時前三字二連緩（第一字變調成後半上）而末字尾音略長、後一字輕短（為現代漢語附帶的輕聲，記作·），很明顯是用在高階對非直屬低階的讚美且渴望旁人都知道他（指高階者）很會「做人情」；第三句語氣喜孜，發音時前四字略為抑揚（第一、二字變調成前半上、後半上；第三字變調成陽平）、後二字二連長，很明顯是用在高階對直屬低階或非直屬低階的憐恤且奢求旁人都來感激表揚他（指高階者）的「慷慨」。可見多變化的漢語聲調原就是為了挈情的（不論是為了「諧和人際關係」，還是為了「破壞人際關係」，或是為了「政治造勢」）；它透過個別調值的屈折（特指上聲）以及相互搭配

時的抑揚頓挫來達成使命，並且為自己界予了超常的重擔（也就是聲調在漢語裏具有「領音」的作用）（周慶華，2007a：75～80）。

三、相關社會功能背後的文化因緣

　　所謂漢語聲調「原就是為了挈情的」，好像是說漢語聲調是「後起的」（後於「挈情」的欲求）。其實不是！它應當是在挈情中自然形成的（也就是挈情和說話的聲調是一體成形的）；於是「為了」的用詞在變換語脈後就形同「緣於」，意思為併起或互根。而漢語聲調所以緣於挈情而發生，乃因為漢人說話沒有私密性的關係。也就是說，漢人說話所在的情境大多還有第三者，導至說話者必須比較「聲大話重」的發音（尤其是上聲和去聲的發音），以便讓大家「同沾語益」；這樣日子久了就形成古來所見的聲調變化的範式。

　　這麼一來，我們就得再追問是什麼樣的文化傳統造成這般的「團夥為生」的社會結構而讓漢語聲調有併存固盤的機會。這一點，得從中國傳統的世界觀談起。中國傳統的世界觀是以「陰陽精氣化生宇宙萬物」為核心（簡稱氣化觀）（周慶華，1997a；1999a；2000a；2001a；2002a；2005；2006a），而有所謂「道生一、一生二、二生三、三生萬物。萬物負陰而抱陽，沖氣以為和」（王弼，1978：26～27）、「夫混然未判，則天地一氣、萬物一形。分而為天地，散而為萬物。此蓋離合之殊異，形氣之虛實」（張湛，1978：9）、「無極而太極。太極動而生陽；動極而靜，靜而生陰。靜極復動。一動一靜，互為其根。分陰分陽，兩儀立焉，陽變陰合而生水火木金土，五氣順布，四時行焉。五行一陰陽也，陰陽一太極也，太極本無極也。五行之生也，各一其性。無極之真，二五之精，妙合而凝。乾道成男，坤道成女。二氣交感，化生萬物。萬物生生，而變化無窮

焉」（周敦頤，1978：4～14）等有關宇宙萬物生成變化的或詳或略的說法。

由於氣化的隨機集聚和不定性以及容易量產等緣故，使得同時或繼起的相應的觀念也就以分「親疏遠近」來保障秩序化的生活；而要分親疏遠近，當然會以因男女媾精而來具有血緣關係的為準據，這樣就摶成了一個以「家族」為基本單位的社會結構形態（詳見第九章第三節）。而在這一社會結構形態中，個別人的自主性及其活動範圍就受到了很大的限制。而語言這種兼有本體和方法雙重性的東西（前者指語言是人的一種生活方式；後者指人可以進一步使用語言來後設創立或議論事物），自然也就隨著定調鑄範了。換句話說，漢民族緣於氣化觀的集聚謀劃的生活形態，在先天上就沒有個別組成分子私自說話的餘地，一切都得「顧全」周遭家族人的感受（即使擴大到外面泛政治階層制的聯盟圈，也不例外）。因此，聲調就從這裏形塑發皇而充分展現它綿密挈情的功用了。

學者未憭這種情況的「前因後果」，常有誤判和自我窄化的問題。例子如「關於四聲之性質，舊來說者每以『長短、輕重、緩急、疾徐』為言，籠統模糊，迄無的解。如唐釋處忠《元和韻譜》曰：『平聲哀而安，上聲厲而舉，去聲清而遠，入聲直而促。』明釋真空〈玉鑰匙歌訣〉曰：『平聲平道莫低昂，上聲高呼猛烈強，去聲分明哀遠道，入聲短促急收藏。』顧炎武《音論》曰：『平聲輕遲，上去入之聲重疾。』清江永《音學辨微》曰：『平聲音長，仄聲音短；平聲音空，仄聲音實；平聲如擊鐘鼓，仄聲如擊土木石。』張成孫《說文諧聲譜》曰：『平聲長言，上聲短言，去聲重言，入聲急言。』段玉裁〈與江有誥書〉曰：『平稍揚之則為上，入稍重之則為去。』或則望文生訓，或則取譬玄虛，從茲探求，轉茲迷惘！至於王鳴盛《十七史商榷》謂：『同一聲也，以舌頭言之為平，以舌腹言之為上，急

氣言之即為去，閉口言之即為入。』牽混聲母，昧於調值，益謬誤
不足道矣！近人能確指四聲之性質者，當首推劉復、趙元任兩氏。
劉氏以為：聲音之斷定，不外『高低』、『強弱』、『長短』、『音質』
四端。四聲與強弱絕不相干；與長短、音質間有關係，亦不重要。
其重要原素為高低一項而已。然此種高低是複合的而非簡單的；且
複合音中兩音彼此之移動，是滑的而非跳的。此即構成四聲之基本
條件也。趙氏以為：一字聲調之構成，可以此字之音高與時間之函
數關係為完全適度之準確定義；如畫成曲線，即為此字調之準確代
表。自此兩說出，而千餘年來之積疑，乃得一旦豁然，誠審音之大
快事也」（羅常培，1982：59～60）。這顯然未去深究前人那些相關
聲調的「哀／厲／清／直」等論斷的由來（雖然前人的論斷及其用
語等還是略見分歧）；它們原都是在具體情境中使用「見分明」或「顯
真切」以為挈情的呵！而這樣一跳跳到現代語言學家「科學」式的
析理方式，則不啻「原味」盡失而不復知曉聲調在漢語中究竟有什
麼「來頭」！

　　依此類推，中國傳統「抒情」味濃厚的詩詞曲賦式的文學創作，
也就是同稟一源而更事「超」交際（見前）的演出了。所謂「詩言
志，歌永言，聲依永，律和聲。八音克諧，無相奪倫，神人以和」
（孔穎達，1982d：46）、「詩者，持也，持人情性」（劉勰，1988：
3090）、「詞曲者，古樂府之末造也。古樂府者，詩之傍行也。詩出
於〈離騷〉楚詞；而〈離騷〉者，變風變雅之怨而迫、哀而傷者也。
其發乎其情則同，而止乎禮義則異。名之曰曲，以其曲盡人情耳」
（郭紹虞，1981：112引胡寅說）、「（賦）或以杼下情而通諷諭，或
以宣上德而盡孝忠，雍容揄揚，著於後嗣，抑亦雅頌之亞也」（李善
等，1979：22）等等，這裏面所要紬情杼意（兼及字詞聲調的調節）
的創作／接受機制，豈不是跟一般說話的挈情預設相通？因此，說

話／書寫在漢語系統裏也就因為「本質」齊一而同條共貫了（周慶華，2007b：80～81）。

四、有聲調／無聲調的社會／文化功能的比較

相對的，沒有漢民族這種社會／文化背景的地區，就不可能發展出類似漢語的聲調來。雖然有人說聲調並不是漢語所獨有的，而且「也不是亞洲、東南亞語言所獨有的；非洲也有；美洲有一部分的紅印度語言也有；中美洲、南美洲有的紅印度語言也用聲調作分別——在歐洲各國的語言裏頭，用聲調的比較少，不過也有。比方在北歐立陶宛、瑞典、挪威，都有利用聲調的不同來辨別字的」（趙元任，1987：56～57），但那些類型的聲調幾乎都是「陪襯」性的，而且比較單調（僅有高低／升降以及少數帶有滑音），並不像漢語聲調那樣擔負著語言表述「圓足」的任務。

正因為這樣，所以有些「比附」就顯得鑑別欠精：「中國詩文之平仄律，於某種程度上，與西洋詩歌之長短律或輕重律頗為相似」（潘重規等，1981：167）、「平聲之字，較之上、去、入三種仄聲之字，有下列兩種特色：（甲）在『量』的方面，平聲則長於仄聲……（乙）在『質』的方面，平聲則強於仄聲。因此，余遂將中國平聲之字，比之於西洋語言之『重音』（accent），以及古代希臘文字之『長音』而提出：『平仄二聲，為造成中國詩詞曲的『輕重律』（mekaik）之說……本來中國語言，因其兼有四聲：忽升忽降、忽平忽止之故，其自身業已形成一種歌調。再加以平聲之字，既長且重，參雜其間，於是更造成一種輕重緩急之節奏。故中國語言本身，實具有音樂上各種原素」（張世祿，1978：159引王光祈說）、「世界上大部分的語言都是聲調語言，單單在非洲就超過一千種；其他如亞洲的許多語

言，如漢語、泰語、緬甸語以及許多美洲印地安語，都是聲調語言」
〔佛隆金（V.Fromkin）等，1999：307〕。其實漢語聲調豈止輕重緩
急升降而已，它還有高低屈折以及相互錯雜所顯現的抑揚頓挫感，
這都是其他語言所未見的。

要了解這個原因，除了像上述那樣掀揭漢民族所繫的社會／文
化的底蘊，還可以透過異社會／文化的對比來彰顯。這裏就以印歐
語系中白人所操語言為例：它們所以統統沒有漢語式的聲調，只因
為使用者不必經常對著「許多人」講話，自然而然就會朝著「輕聲
細語」的方向發展。如果他們還要再加點變化，那麼也僅止於輕重
／緩急／高低一類有關「輔助傳情」卻不涉「攝眾聽取」的調節罷
了。後者（指輕重／緩急／高低一類的調節）是語言使用者所能表
現「語言才分」的極致，此外無法想像他們還需要什麼抑揚頓挫來
喚起周遭一羣人的「注意」！而非印歐語系中的人不懂這點，難免
就會發生一些學者所指陳的這種「怪現象」：

> 筆者在師大執教近十年，這期間有很多次去參觀國中和高中
> 英語教學，幾乎沒有一次不發現學生以一種平板、誦經式的
> 聲調在練習英語。這種現象尤其以整體誦讀時最為明顯，即
> 使是跟著錄音帶或唱片唸也會如此。造成這種現象的原因至
> 少有二：第一，這種聲調很接近國民小學學生朗讀國語文的
> 聲調，所以很可能是那種聲調的自然延伸。第二，英語在語
> 音這一層次上和中國話截然不同，而學生和教師大多沒能認
> 清這個基本差異，而任由學生以中國話中勉強可以認為相當
> 的調子來替代，結果是這種不中不西的怪調。（曹逢甫，
> 1993：54）

所謂「這種聲調很接近國民小學學生朗讀國語文的聲調，所以很可能是那種聲調的自然延伸」，是既不了解漢語、也不了解英語的現代人才會這麼「蠻幹」的。如果不是這樣，那麼至少也是忽略了英語在白人社會「細緻」的演出實況（而以漢語聲調的「對反」來想像並刻意加以平板化）。它是一個不能通約的對象；那裏頭有著不同的社會／文化背景。

　　白人世界基本上是一個被創造觀籠罩的世界（周慶華，1997a；1999a；2000a；2001a；2002a；2005；2006a）。這種世界觀預設了一位造物主，而所有受造者（人）凜於造物主個別造物的旨意（而不像氣化那樣的「糾結」在一起），彼此但以「分居」為最切要的考量（也就是白人世界是以「個人」為社會結構的基本單位），以至說話就只侷限於所要互動的對象。這樣又怎麼會需要「聲大話重」而出現漢語式的聲調？至於後來白人得著了種種的便宜（包括轉體悟造物的美意而積極的模仿造物主的風采去創造事物、被選中的優越感勃發而極力於發展資本主義和殖民主義以及他方世界的妥協臣服而讓他們予取予求等等），需要面對大庭廣眾說話卻不夠「聲勢嚇人」時，他們就發明擴音器、廣播和視訊設備來輔助。相對的，漢人原來最多只對著「同族／同僚」說話（現在學白人擴及對更多人說話，則另當別論），聲音「抑揚頓挫」就行了，根本毋須輔助器材（因為很少有機會聯合異族相處）。因此，倘若說漢語聲調的功能在挈情，那麼白人所操無聲調的語言，就只是單純的為「傳情達意」而已（周慶華，2007b：81～82）。

五、由「言」向「文」的回歸

　　漢語聲調的社會功能，是在現實交際中為挈情而凸顯的；而漢語聲調的文化功能，則是以可據為區別其他文化傳統中無聲調的語

言而流露的。後面這一點,是把它視為進入文化的體系在運作而姑且研判的,實際上它在不說自己是漢語聲調時本身就是一種文化的徵象;這種徵象的異質性的示現,也就是前節「有聲調/無聲調的社會/文化功能的比較」該一課題所以成立的基本保證。換句話說,有聲調和無聲調的差別,既是關聯社會制度的、又是牽涉文化意識的;而後者(指文化意識)的如同先驗式的制約力,更是這一切考究的關鍵性對象。

　　現在要將這類考究的成果援引來發揮另一種「貞定」文化方向或「重整」文化思維的效應。原因是自有隸屬特殊文化傳統的漢語聲調,如今已經因為他者強勢文化的介入攪和而出現「精神渙散」的現象;長此以往勢必會喪失原有獨特的格調,而得反向努力設法扳回一點「顏面」才行。我們知道,漢語的孤立語和對接式直接組合表義等特徵(高本漢,1977;李瑞華主編,1996),給了書寫朝向「極盡修飾」的途徑發展提供了很大的助力,終於一改說話/書寫先後或主從對列的格局。也就是說,自從書寫的「文飾」性定型後,所有的說話模式都有可能反過來仿效書寫,造成書寫是語言表述唯一或最高的準則(而不像拼音系統,書寫只是說話的「紀錄」而恆常居於「從屬」的地位)。但這種情況演變到現代,由於創造觀型文化的橫掃壓抑,導至原自成特色的漢語聲調的表現日漸「荒腔走板」化。且看兩段古今對聲調的重視與否的說詞:

> 平上去入四聲,惟上聲一音最別。用之詞曲,較他音獨低;用之賓白,又較他音獨高……蓋曲到上聲字,不求低而自低;不低,則此字唱不出口……初學填詞者,每犯陰陽倒置之病。其故何居?正為上聲之字,入曲低而入白反高耳。詞人之能度曲者,世間頗少。其握管捻鬚之際,大約口內吟哦,

皆同說話。每逢此字，即作高聲。且上聲之字出口最亮，入
耳極清。因其高而且清，清而且亮，自然得意疾書。孰知唱
曲之道與此相反，唸來高者唱出反低？此文人妙曲利於案頭
而不利於場上之通病也。（李漁 1990：41～42）

1957 年作曲藝家白鳳鳴先生在一次戲曲座談會上的發言，
曾給我很深的印象。當時他對於唱羣眾歌曲，是相當熱心
的，他在那次談話中間，曾口頭引舉了好多首羣眾歌曲中的
好多歌句，具體而生動地說明了：那幾首音樂配得好，那幾
首字調彆扭，他雖然曾經努力想把它們唱好，但終於沒有能
表達得好。看來，他對他所愛好的和不大愛好的羣眾歌曲，
都曾花過相當的工夫；因為就在那一次的發言中，他脫口而
出，非但能背出他所認為好的歌曲，而且也能背出他所認為
不可能唱好的歌曲。當時我的印象是：僅就字調一點上說
來，他的批評是相當公正的。但若從批評所能尋致的效果著
想，則又覺得從他的批評，只有那些已經對字調有理解的作
曲先生們才能獲得益處；否則很可能還不容易聽懂。（楊蔭
瀏，1988：52）

前則的連帶訾議古代的初學者還只是涉及守律不嚴的問題；重點在
後則所隱含的對現代人「失去法度」的喟嘆！而仔細想來，後則所
揭發的現代人不再理會倚聲填詞的規律而任意使弄字調的現象，不
正是外來文化（包括思想觀念、政治制度和對待語言的方式等等）
滲入侵蝕後所衍化成的嗎？然而，這種仿自創造觀型文化純為「我
手寫我口」（言／文一致）的論調及其實踐，近百年來並未使氣化觀
型文化中人的文化地位徹底的「向上翻一番」。換句話說，從氣化觀
型文化中人倡導「白話文」並凡事向創造觀型文化取經以後，整體

文化的走勢就開始傾斜，以至仿效的一方「畫虎類犬」而遠遠落後（追趕不及）的窘境就一直存在著（周慶華，2004b；2004c）。

倘若身處在氣化觀型文化中的人還覺得漢語有必要保護它既有的尊嚴的話，那麼對倚聲學深富經驗的人的意見還是得斟酌採納的：「倚曲填詞，首先要顧到歌者轉喉發音的自然規律，把每一個字都安排得十分適當，才不致拗嗓或改變字音，使聽者莫名其妙。我們學習填寫或創作歌詞，所以必須對四聲陰陽予以特別注意，甘受這些清規戒律的束縛，也只是為了使唱的人利於喉吻，唱得字字清晰，又能獲致珠圓玉潤的效果；聽的人感到鏗鏘悅耳，而又無音訛字舛的毛病」（龍沐勛，2000：125）、「文學之所以講格律的目的，不僅是在追求單純文學形式上的美，實際上在要求配合音樂。譬如說我們看整齊句型的民歌，它們音樂的結構都是作呼應式的上下句，有的兩句為一組，有的四句為一組，句型一樣，節奏板式往往也雷同。為什麼詩句要講求字數？這是道理之一。中國文字本身含有聲調，如果有了音樂需求，它們的同聲調的字，必定要求作藝術性的調整，這樣就可使語言旋律有輕重疾徐。上下句呼應有主從關係，那麼古人講求『四聲八病』，豈僅是文字上的遊戲或枷鎖？它正是設計優美動人的音樂旋律！簡單說，這都不是故意橫加於文學創作上的負擔」（楊蔭瀏，1988：197）。這總說是由逐漸被創造觀型文化同化攪散的「言」（說話）向氣化觀型文化原有的精實華美的「文」（書寫）的回歸；這種回歸即使不是重返傳統詩詞曲賦式的，至少也是「轉化」傳統詩詞曲賦為現代而「結合」外來語文融匯出一新製式的（周慶華，2007c）。而這比起目前大家普遍盲從創造觀型文化的作為，應該是較有希望重樹文化尊嚴的。此外，就不知道還有什麼更可行的道路可以讓人「戮力以赴」！

第十一章　臺灣文學如果要有希望：

以葉笛的文學論述為一個參考點

一、走出臺灣文學的想像共同體

　　凡是以地域來區隔文學的存在以及賦予該存在某些特性的，都是世俗分類觀念的衍化；它的強為建構的理論欲求，也一樣不能不受權力意志和文化理想的單一或雙重的制約（周慶華，2004a：68～71）。長期以來，在本地文學圈一再被形塑推銷的「臺灣文學」，從它的勇猛於衝撞體制和積極於怨敵發聲的情況來看，更明顯可見背後的政治或更新信仰的企圖。

　　這種必須「混和」著政治或更新信仰企圖的作為，原也是一種生存方式而無可厚非（布睿格等，2000：51～54；周慶華，2005：9～23）；但當它的訴求強烈到要讓整體社會來承擔可能的「成敗」後果時，就難以「等閑視之」了。我們知道，「臺灣文學」的提出是要有所區別於其他的地域文學（如英國文學、法國文學、美國文學、日本文學、中國文學等等）；而它的自我追蹤譜系脈絡而建立起一個專屬於臺灣的「文學傳統」，也就成了它要在整個充滿著競爭氣氛的文學生態中搶攻灘頭的「一項利器」。問題是所謂的專屬於臺灣的「文學傳統」並不是一個自明的真理，它仍是輾轉經由相關的文學社羣想像建構出來的（周慶華，1997c；2004b）；而這顯然還有很大的空間可以讓我們再為它「糾彈訾議」或「別進一言」。

　　臺灣一地，本就族羣複雜、政治歧見深重，很多新興的國族概念或文化圖像，即使不全是「被想像出的共同體」或一些「抽象的共同體」（孫治本，2001：6），至少也是自我創造或發明了一個個傳統。傳統原可以指從過去延續到現在的事物，也可以指一條世代相傳的事物變體鏈。前者是傳統一詞最基本的意涵，它包括一個社會在特定時刻所繼承的建築、紀念碑、景觀、雕塑、繪畫、音樂、書籍、工具以及保存在人們記憶和語言中的所有象徵建構；後者是傳統一詞較特殊的意涵，它圍繞一個或幾個被接受和延續的主題（如宗教信仰、哲學思想、藝術風格和社會制度等）而形成的一系列變體（詳見第八章第三節）。但現代人所謂的傳統卻都不像，反而有如一窩蜂似的趨流行硬將它「量身訂做」出產：

> 近兩百年來，一則由於工業資本社會裏許多事物日新月異；另一則因為「民族國家」紛紛建立，經濟的和政治的理由使得許多「新傳統」被少數有心人刻意創造出來……西方社會裏，這些「新傳統」儘管大多已經擺脫了從前宗教的、民俗的儀式和內涵，但卻以嶄新的世俗或國家符號出現。例如：商業資本家大力炒作情人節、母親節、聖誕節……等，動機就是為了促銷商品；左翼團體熱烈慶祝勞動節和婦女節，以便彰顯下層社會及弱勢族羣的地位：而各國政府首長也一本正經隆重舉辦國慶日和各種政治紀念日的活動、甚至連宗教團體也爭先恐後舉行法會、祭典或朝聖活動，以便凝聚廣大信眾及其樂捐……這些「新傳統」都是刻意創造出來的，或者是從「舊傳統」、「舊習俗」轉化改造而來，換句話說，新舊「傳統」之間實際上都有斷層（斷裂）的現象，並非完全

薪火相傳、一脈相承連續不斷的。（霍布斯邦等，2002：審訂序6）

我們看「臺灣文學」從鄉土文學論戰前夕葉石濤登高一呼以具「臺灣意識」為準的開始，論者就紛紛為它揭櫫「反帝、反封建、反強權」的大纛（尉天驄編，1978；彭瑞金，1995；江自得主編，2000；施懿琳等，2003；莊萬壽等，2004），從而塑造出了一個在地化的文學新圖像：而相關的周邊的媒體、徵獎體制、學術活動、文學館藏、教育改革和文化政策等等也多在迎合附和，豈不形象化了一個「新傳統」的變造創發歷程？

正因為「臺灣文學」的新傳統被創發成功了，所以「一個民族的大部分成員彼此根本不認識、甚至未曾相遇，但在他們的腦海中卻存在著一個由他們組成的共同體」〔安德森（B.Anderson），1999a〕的那種想像的集體籲請也就莫名的過渡轉而隨著日益高漲，導至我們現在不正視它的「存在」也不可得了。然而，這一被想像出的共同體難道就是臺灣文學的命脈所繫了嗎？又不然！放眼看去，不但西方人還在瞧不起東方文學（當然也包括臺灣文學在內）〔寒哲（L.J.Hammond），2001〕，連國人所可以開闢的國際性的發聲管道也幾乎等於零（南方朔，2002），試問我們還能關起門來繼續想像臺灣文學在「反帝、反封建、反強權」的麼！

如果說臺灣文學的倡導是為了區別於其他的地域文學，那麼以現實的情況來看它至少要有足以強過其他的地域文學的特色才有可能「扳回一點顏面」，而實情卻是大家仍然激情有餘而本領不足（周慶華，2006b：162～165）；終究要再思考一個「有否替代方案」的問題。換句話說，我們得試著走出既有的臺灣文學的想像共同體。

二、在文學批評的道路上跟葉笛相遇

　　所謂的走出既有的臺灣文學的想像共同體，不是要完全的拋棄它，而是要藉機淡化它的魔咒般的「束縛」而別為尋找「出路」；這個出路所預期的再造臺灣文學的「新風華」是需要多一點「理智」有效的介入運作，才可望開啟的。而這項新使命，無疑的有待國人批評觀念的提升來「領航」完結，將所有隱蔽的癥結揭開來並予以必要的諍論，或許我們肩上的「無謂」的擔負（自我想像的文學傳統加身）才會減輕一些。

　　大體上，文學前面所加上的限制詞如果是「地域」的話，那麼它的意涵就僅止於是地域性的文學（如英國文學、法國文學、美國文學……等等比較文學界所會採用的稱呼，就是以地域作為區別的標記）；但如果要把它轉成具有審美特徵，那麼這種地域區隔就不再有效而得另外擷取依據。好比寫實主義文學、浪漫主義文學、象徵主義文學、表現主義文學、未來主義文學、存在主義文學、超現實主義文學、魔幻寫實主義文學或優美文學、崇高文學、悲壯文學、怪誕文學、滑稽文學、諧擬文學、拼貼文學等等現存常見的分別，就是以技巧或風格作為判準而成立的；這時地域性的概念就不合無端介入而干擾到它的（審美）運作規律。但我們看「臺灣文學」的出現卻妄想收編這一切，而造成「消化不了」反見徒滋紛擾的後果。這一點，最明顯的證據是「臺灣文學」在二十世紀八○年代初臺灣一地威權政治鬆弛順勢被「強力」推出後，它不只要嚥盡從日據時代以來的各種寫實主義文學（臺灣文學研究會主編，1989；胡民祥編，1989；葉石濤，1990；彭瑞金，1995；林瑞明，1996；江自得主編，2000；鍾肇政，2000）；更在某些「放寬視野」的人士主導下還要併吞在臺灣出現的一些寫實主義文學以外的文學（如存在主義

文學、超現實主義文學、魔幻寫實主義文學或諧擬文學、拼貼文學等等）（呂正惠，1992；羅宗濤等，1999；何寄澎主編，2000；王德威，2005；柯慶明，2006）。這時「臺灣」的地域概念一轉也可以是審美概念，不但不倫不類，而且還嚴重混淆學科樹立重在創新的用意。換句話說，為文學加上限制詞是為了標榜一種新類型的誕生，但「臺灣文學」的形塑卻只能是後設性的指涉（不具有開新義）；而即使是後設性的指涉，也因為各人可以再給予不同意涵的限定而釀至當今還時有爭論的下場（周慶華，2006b：157～158）。

　　從文學需要被「再議定」的層面來說（周慶華，2004c；2007c），臺灣文學的出現同樣有它的合法性；而所要框限的文學範圍本身，其實是緣於「正名」一個理由。為了正名，文學人不惜喚起自我的政治情結，而運用各種可能的管道（如撰文發表、出版、講說以及啟動意識形態國家機器等等）展開遠近距離的文學搏鬥。因此，不論認同者如何的為臺灣文學勇於辯說，它的斬絕此地文學對外來文學的依附性或躲避此地文學被外來文學收編的命運考慮，永遠是它唯一不會褪去的標誌。也因為這樣，臺灣文學這種內蘊的正名意圖以及上述那種外發後不能自我節制的窘況交纏在一起形成了一個難解的結，所以這裏就註定了要有一段掙扎的歷程。這段歷程，對此地的每一個文學人來說，都是一種著魔式的考驗（周慶華，2006b：158）。

　　這種著魔式的考驗，在最切近的意義上所指的是臺灣文學的命名及其所區別於其他地域文學的努力，畢竟不會那麼容易看到成效；舉凡有關它所引發的意識形態鬥爭以及抵抗外來文學支配的徒勞無功等問題，都會深為困擾人心而更覺前途未卜！當中的癥結，自然是此地的文學人但有激情而缺乏遠見所致；而這無妨從臺灣文學的出現所寓含的自指性和他指性談起。臺灣文學的自指性，是指臺灣文學一名可以是單一的完整概念，也可以是併列的複合概念。

前者以臺灣作為文學的限制詞，將臺灣文學當作是一個不可分割的個體；後者則以臺灣和文學的結合為所蘄向，二者會有某種程度的交錯。雖然如此，「臺灣文學」所蘊涵的「臺灣的文學」意義和「臺灣＋文學」所蘊涵的「臺灣中的文學」意義，在不嚴格區別的情況下還是會被「單一看待」。也就是說，不論是「臺灣的文學」還是「臺灣中的文學」，只要有「臺灣」在範限文學，最後都不免會被同一化。至於臺灣文學的他指性，則是指臺灣文學兼為地域文學的概念範疇，這個範疇是為了有所別異於其他的地域文學。它跟臺灣文學的自指性部分為一體的兩面：一個向內限定臺灣文學的內涵；一個涉外爭取臺灣文學的身分地位（周慶華，2006b：158～159）。

　　雖然如此，經由上述的分解，還是不足以看出所謂的「癥結」所在；它仍然要比照一些文化批判理論〔巴克（C.Barker），2004；李威斯，2005〕來多方的揭祕，才有可能知所「因緣效益」。先以臺灣文學的自指性來說，由於臺灣的國際地位未定以及內部國族認同的歧異，使得有所限定「臺灣」內涵的言說都無從免除意識形態的糾葛（而要藉它來發為文化理想的渴望也因為認同者的陣營分化而備感困頓難行）。這也影響到文學人要框限臺灣文學的範圍時，在首關上就遭遇了「敵對」者的遙相挑釁。好比我們可以設想，臺灣可以是地理意涵的，也可以是政治意涵的，還可以是經濟意涵的，更可以是文化意涵的；而除了地理意涵部分（這比較沒有爭議；但也經常被棄而不用），其他在各自的認定上都不容易有一致的見解（周慶華，2004b），以至所謂的「臺灣文學」在虛擬上就會出現五花八門的情況：

　　　　臺灣文學 1
　　　　臺灣文學 2

臺灣文學 3

臺灣文學 4

　⋮

如果再把「文學」的異指性（如前面以技巧／風格為準據所區劃的
各類型文學）納進來，那麼「臺灣文學」就得在理論上先分化為「臺
灣」和「文學」而後再合看，終而形成多種「臺灣」和多種「文學」
相靡相盪的情況：

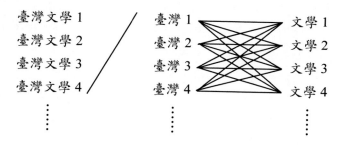

這麼一來，所謂「臺灣的文學」或「臺灣中的文學」的形成，就是
一個意識形態投射抉擇的過程，它永遠要在競爭環境中不斷地被媒
介化（而無關它的實質「動人」或「益世」一類本體論的課題）。因
此，當我們看到「從日治時代的新文學運動直到戰後五十年的臺灣
本土文學是紮根在臺灣現實的文學」（江寶釵等編，1996：引言 II）、
「臺灣的文學或許有特殊的綜攝取向所形成的『主體性』，但它關注
的視野卻絕對不會僅限於一個本島和幾個離島而已」（文訊雜誌社
編，1996：33）、「所謂臺灣文學是：臺灣這個島嶼所產生的文學。
它是由出生或曾經居住在臺灣這塊土地的人，以臺灣地區使用的語
文來創作的文學」（莊萬壽等，2004：9）這些彼此不能相侔的論說，
就該知道那已經不是什麼「真理之爭」而是徹徹底底的「意識形態

之爭」。這種爭鬥，都以消費臺灣文學的自指性為前提，然後再自製競逐相關權益（如發言權、傳播權、教育權以及各種可能的經濟利益等）的策略，試圖把自己推向時代的前沿（周慶華，2006b：159～161）。

再來以臺灣文學的他指性來說，所有相關臺灣文學的正名工作，除了可以對內作為相互作梗或黨同伐異的憑藉，還可以涉外去爭取必要的身分地位；而這一「被逼迫來自我聲明」的情勢主要是海峽對岸的收編行動所促成的（至於此地內部大中國意識的長久盤固而遭到本土派人士的反彈，那畢竟只是個觸媒）。海峽對岸在二十世紀七〇年代取代此地成為國際合法成員後，就一直「蠻橫」的要統戰臺灣，連文學這一可以淡薄於政治的審美對象也不能倖免於被染指塗色，終於引發了此地本土派人士的忿恨以對兼怨及內部大中國意識的「不能救國」！然而，這種正名拒外的背後既然也是政治的，那麼它的號召力就只能來自政治的激情，此外很難有充足的「文學的理由」。原因是「臺灣的文學」還有待形塑（而不是早就有讓世人刮目相看或高度肯定的成績擺著）；同時世界文壇的桂冠加冕也還未看上臺灣這個蕞爾小島所有的「尋常的表現」（也就是世界文壇所競相標榜的文學都是攸關技巧／風格的，而臺灣一地所生產的文學還不足以在這方面見長）（周慶華，2004b）。以至此地本土派人士的正名舉動無異徒事嫌外；海峽對岸不會放棄仗勢欺人的文學統戰（白少帆等編，1987；劉登翰等編，1991；黃重添等，1991；王晉民，1994；古繼堂主編，2003；曾慶瑞等，2003；朱雙一，2005），國際局勢也不會立刻轉為利厚臺灣（除非臺灣的文學人爭氣寫出了舉世稱頌的作品），最後就真的只剩下原初的那份政治的激情（周慶華，2006b：161～162）。

　　為著這份激情，雅不願被捲入「漩渦」的人，都會無端的困惑於臺灣文學的「前景何在」的問題；而這時煩擾人的已經不只是怨懟仇敵的「內耗空轉」現象無法止息，還有那進不了國際舞臺的空悵悲感也在心中無盡的孳生啃噬！因此，繼續期待高明的批評觀念來「濟時解厄」，也就比什麼都迫切。而這在我個人來說，也不時的要撰文喟嘆一番，並且嘗試發發或許有用但不太有人理會的議論。只是沒想到在這條批評的道路上竟然會遇到一個同樣焦灼於為臺灣文學找尋出路的人，他就是葉笛。

三、葉笛的臺灣文學批評觀

　　葉笛生前所作的文學論述並未形成體系，儘多的是對文學思潮的評介、作家作品的賞析以及對臺灣文學前景的關懷等。就因著這一對臺灣文學前景的關懷，相對的也逼出了他個人的一些信念；這些信念在臺灣一地也經歷過後現代現在又進入網路時代來說，雖然顯得「不夠入時」，但當中略帶在相當程度上可以普遍化的「深微卓見」還是自有高明處。如果說以前彼此素未謀面卻有幸在批評的路上常跟他的觀念相遇也算是件值得「一誌」的事，那麼接著的就不妨藉機來闡發他的那些高見以為自我酬償當時的「驚喜一場」！

　　整體來說，葉笛寫評論兼創作。在創作方面，他的詩（有《紫色的歌》、《火和海》和《失落的時間》等詩集問世）有很纖細的觸感，對於西方浪漫主義以降到現代派的象徵主義和超現實主義等都有「吸收轉化」的凸出的表現（許達然，2006）；但這都不及他在評論方面所流露的文學觀念那麼「鮮明聳峙」而可以立即加以捕捉掌握。首先，葉笛的批評幾乎都帶有「反省」和「展望」兩面性。在一篇討論《笠》詩刊前行代詩人們的論文裏，他提出兩點創作觀：「第

一，永遠堅定地站在生我育我的母親『臺灣』這塊土地上，寫它的生命之美麗，它的哀愁，它的每一個歷史時期的面貌，以及它富有前瞻性的未來。第二，不但要繼承前輩詩人們披荊斬棘開墾的詩園地，還要有毅力創造擁有獨特個性的詩來超越他們，來鍛鑄嶄新的詩世界」（葉笛，2004）。這兩點所蘊涵的「以大包小」的文學觀（「大」指臺灣文學；「小」指臺灣文學中的詩），看似只為《笠》詩刊而發，其實它就貫串著葉笛長期裏所有的文學論述。而被他討論過的臺灣前行代作家的作品，也多可以見著這種既肯定（反省）又有期待（展望）的兩面性：

> 1924 年 10 月上旬，他（張我軍）遄返臺灣，擔任《臺灣民報》漢文欄編輯，開始以他那充滿熾烈的熱情和犀利的筆鋒和臺灣的舊文化、舊思想、舊詩壇交鋒，正面提出新文學的主張，一面為新文學振臂呼籲；一面奮勇前進，以文學道上的「清道夫」自居……在今天，我們看張我軍及其詩集《亂都之戀》，必須了解二十世紀二〇年代、三〇年代的臺灣的客觀的情勢，及世界、整個亞洲地區的新思想、新潮流的衝擊。社會歷史的改變有它的內在因素和外在因素的，如何正確地認識社會歷史、文化環境的轉型期，如何正確地促進它改變是人人有責的，尤其是青年知識分子。張我軍時代的文學革新，不但要從整個臺灣文學史上予以肯定，還可以從該文學運動的歷史探索八〇年代以後，臺灣需要的是那一種文學，它的內涵、路向何在？該如何去提升臺灣文學，使它真正成為精神的糧食，沒有真正屬於國民的文學是可悲的。（葉笛，2003：49～62）

許達然說的：「不是詩的社會裏寫社會的詩，很久了，很現代的……自以為師的失意將腐爛，披美衣的尸必進棺材，喜愛囈語埋怨讀者的才死譯西方的冬、自己的春、唐的夏、宋的秋……」正是端視這一段時期發出的慨嘆……「詩發源於民間，民間詠唱生活，社會生活構成最豐饒的詩土：舒展大家的自己，大家的社會，大家的鄉土，大家的歷史，大家的現代……詩人既然不是老鼠灰色地躲在屋內享用社會生產消磨個己頑固的稚恥，就獅樣出來淋濕」。這種詩才是真正的詩，這種寫詩的態度才是詩人真正的精神。許達然的詩精神在此，他的創作的原點也在此。同時，它也是臺灣現代詩的出發點和該循此前進的路。否則，臺灣只會落得個毫無文化氣息的暴發戶，文化還是一片沙漠。〈違章建築〉就是這片文化沙漠上的一小塊綠洲；雖然一小塊綠洲，但可以斷言行將擴大的綠洲。（葉笛，1995：170）

郭水潭……對於沒有把過去和現在連成一貫，沒有堅決地主張臺灣文學的主義和意識形態的文壇現象，他有冷峻而嚴厲的批評；針對當時的日本中央文壇作家們對臺灣新文學的觀察、批判，郭水潭保持著非常冷靜，理性的剖析和堅持自己的主張，發出難能可貴的呼籲……讀郭水潭的詩、隨筆、論述，讓我想起我們的前輩文化人所遭遇的艱難、辛苦，以及時代社會的巨變給予他們的衝擊、挫折、磨練的深重。同時，也讓我深感到在泥淖裏折騰後，站起來的勇氣是如何地可貴！這個身邊的事實使我沈思：知識分子要怎樣才能維護自己對文化不變的摯情、韌性、擇善固執？（葉笛，2003：227～233）

其次，葉笛對於臺灣文學的「控訴」或「抗議」本色雖然也有著時下部分本土派人士一樣的堅持，但他對於外來的新思潮也不是不知道怎樣把它「轉用」來豐富啟新文學的創作。就以超現實主義這一頗受寫實派作家和評論者詬病的思潮為例，葉笛就多語有讚賞：

> 三○年代臺灣在文化上、政治上的反封建、反殖民的運動和當時的日本一樣被強力鎮壓，幾乎窒息而死……有鑑於此，詩人水蔭萍才在 1935 年 6 月結合林永修、李張瑞、張良典、岸麗子、戶田房子、尚梶鐵平等六名同志組成「風車」，豎起超現實主義旗幟的……目的不外，A：給臺灣文壇注入「新精神」的新的創作方法，讓文學更具美學上的表現，提升文學能達到更高的境界。B：他認為「文學技巧的表現方法很多，和日人硬碰硬的正面對抗，只是更引發日人殘酷的犧牲而已；唯有以隱蔽意識的側面烘托，推敲文學的表現技巧，以其他角度的描寫方法來透視現實社會、剖析它的病態、分析人生，進而使讀者認識生活問題，應該可以稍避日人兇焰……」可見楊熾昌提倡超現實主義對它理解的共鳴外，還有出自認識現實的臺灣歷史情緒，想藉以避免日本殖民當局監視的耳目，可以說也是一種「障眼法」。從這點看，他並不是個不顧前後左右，只管衝向「風車」的唐吉訶德。（葉笛，2003：198～199）

> 在日據時期的三○年代，臺灣的現代詩已經有這種（按：指巫永福〈歡喜〉詩）令人刮目相看的超現實的心象表現了。新的不一定好，舊的也不一定壞，孰取孰捨，端在詩人的拿捏，視其表現的需要。嶄新的壓克力、破銅爛鐵，都能成為

雕塑家手中美好的材料。詩的主題、表現的手法，想來也是
一樣的吧！（同上，298～299）

這跟他一貫要擺脫依賴而自鑄偉貌以凸顯臺灣文學的主體性的論調
或許不大合轍（而且也無從在另一個時段批判附和政權的文學人都
缺乏骨氣來自我「前後」淆亂扞格），但因為讚賞超現實主義如同是
對「回復人性」和「反抗通俗的思考」的基進的渴望（葉笛，1995：
44～52），所以我們也就毋須刻意加以「指瑕」了。再次，葉笛的實
際批評最顯力道的是試著扭轉一些過度新奇的文學形象而導回可以
普遍感動人心的層次上。如他對白萩詩的批評及衍論就是這樣：

> 〈流浪者〉一詩在遣句、排列、秩序、意象，準此以觀〈蛾
> 之死〉一首詩，在詩想及形式的建構上，堪稱詩人匠心獨運
> 之作；但我屢次讀〈蛾〉詩時，總不能不為之惋惜。詩人企
> 圖藉詩行及字句的排列、組合以求「時間」和「空間」在視
> 覺上呈現一種繪畫的表現效果；可是事實上呈顯於讀者心中
> 的意象卻是不統一的、不完整的。究其原因，我以為最根本
> 的差異就在繪畫是藉線條、色彩、筆觸、量感在空間表現的
> 純屬視覺的藝術；而詩卻不然，詩的工具是語言文字，它雖
> 然透過視覺為人們所認識，但人們必須從語言文字所表現的
> 思想、意象給予人的感情及字裏行間磅礴著的 Nuanece 去體
> 驗、品嚐之後，才能接納它的感動的。換句話說，詩給予人
> 的感動不像繪畫在視覺上那樣直接；所以〈蛾之死〉一詩，
> 企圖將「時間」和「空間」兩次元融化為一，以語言文字為
> 表現工具，實在是無法完成的實驗。因為它的後果必然是詩
> 思不能成為一定的完整的意象，予人以一種衝擊的力量。這
> 也是時下一些對於詩的對象沒有成熟的觀察、透視、深入的

體驗而徒以技巧及繁複的意象去寫出來的詩，何以不能感動人的一有力的反證。（葉笛，1995：100）

縱觀象徵主義以降的現代詩人們的技巧上，似乎太過分腐心於比喻和象徵形象的雕塑，以至繁複多歧的形象戕害了詩的主題的明朗性和感情的爆發性，造成了現代詩的技巧至上主義及晦澀。沒有向未來延續的力量，沒有給現在以一種血和力的傳統主義之蔽，我想於此可見一斑。盲信傳統和割斷摒棄傳統，在藝術是同屬荒謬有害的。是以有自覺的詩人在創作上有所抉擇；他必須站在時代的「目擊者」的立場，挖掘自己以及人在現代的存在，將隱祕浮泛的日常生活現象下的「實存的」諸種形態和意識表現出來，才配成為時代的代言人。（同上，122）

這種批評，也許我們可以說當事人或其他的認同者還得「自我長進」而發展出相應的審美觀來對待所批評的對象（而不能一味的否定它的「創新」價值）（孟樊，1995；焦桐，1998；丁旭輝，2000；張雙英，2006）；但對於已經有了明確的文學信念的批評家來說，這種可以徵得多數人信賴的「感動」說還是自有它的相對上的「不易之理」。換句話說，葉笛的這一文學主張，在一個可見的強調相關審美必須有「同情共感」基礎的環境氛圍中，不啻是重建新信仰的絕佳的策略（它既是復古也是開新，或者是以復古為開新）；從此抵拒太過個別化的前衛作法，也就有了「正當」的理由。

　　綜觀葉笛的臺灣文學批評觀，著實有著強烈的本土／現實意識為支柱以及趨新而不奢華的理念前導。這比起同類型的「泛泛言談」或「不辨前景」的論述模式，顯然「具體而可感」且能「自成一套

說詞」。這是葉笛本人的文學信念的展示，也是我們所可以把它「放大」來看臺灣文壇的一個參考點或對照系。

四、相關批評觀所給臺灣文學開展新局面的啓迪

看起來臺灣一些現代派的前衛表現和後現代派的超前衛表現（還可以包括當今正在流行的網路時代的超鏈結表現），所不受部分本土派人士的青睞情況（葉石濤，1987；彭瑞金，1991；宋澤萊，1988；鍾肇政，2000），在葉笛那裏同樣也不乏予以鄙薄的言詞（葉笛，1995：137～138、220～221、224～225）；但他更在意的是如何變化臺灣文學的容顏而有「沒有一種生命力能夠延續到久遠的舊傳統是註定會銷亡的，真正的傳統一定是摻揉著現代的民族特性而有活力活下去的；否則將不成為傳統」（同上，228）、「『詩可以興，可以觀，可以羣，可以怨』，臺灣的新詩必須承受這個詩的傳統，進一步創造具有現代社會的新傳統」（同上，232）、「不論如何，我們是衷心期望臺灣文學蛻變成長，走向理想之境」（同上，267～268）等一類的創新焦慮。而這種創新焦慮也就是如今我們重拾臺灣文學的課題的一個無可迴避的切入點。

前面提過的批評觀念升級的問題（詳見第二節），所要對應的就是這裏的臺灣文學蛻變成功說。葉笛本人雖然並沒有太多這方面的高度有效的「航管」策略（他那一帶有葉氏標誌的「感動」說可以保障文學的「根柢」，卻還嫌無力把臺灣文學「推向」國際舞臺去爭取桂冠榮耀），但他的比較文學視野以及看出臺灣文學必須求新求變等批評觀還是有可以引人「望見前路」上的啟迪作用。換句話說，臺灣文學要展開新局面而向世界文壇進軍，葉笛生前所提供的超越傳統／樹立新美學的諍言，仍然是一壺醍醐而足以灌頂醒目。

　　這一點，還是得回到前面所提及的臺灣文學的自指性和他指性的課題上。雖然臺灣文學的自指性和他指性都會讓人轉生困悶，但比起他指性的在外「出頭無望」，自指性的盡屬內部的吵嚷也就不算什麼了。換句話說，內部的吵嚷這一方面無法避免而另一方面也不關顏面的問題，但一旦要涉外去「與人較量」而現有的本事還不夠「用來吹噓」時，所得擔受遭人鄙夷或自我汗顏的壓力就非同小可了（周慶華，2006b：162）。我們且看一本題為《文學地圖》的厚厚的書〔布萊德貝里（M.Bradbury），2007〕，居然「不屑一顧」海峽兩岸的文學（連比照日本文學而讓它們佔一點點篇幅的機會都沒有）；而這再對照「西方人很少有欣賞東方文學的，中國和日本的詩人在西方的讀者也為數不多」（寒哲，2001：43）這類的說詞，豈能不教人大為喪氣、甚至憤恨不平？此外，還有臺灣作家在外始終「搶灘不力」的現象（詳見第一節），也很讓人覺得憂惶無望！

　　在這種情況下，臺灣文學的他指性勢必要深化（不然只要稱呼「文學」就行了）卻又難獲迴響，整體上就遺留下了不少問題：首先，文學就文學，再加一個「臺灣」限制詞後，無形中給自己添了麻煩而不見得討好，這樣還需要加上「臺灣」而來為它強為辯說嗎？其次，臺灣文學的勉為促成，只能在內部自我誇耀，外面的人根本無心理會，而這所可能回過頭來削弱心理防衛能力的機會一定會越來越多（也就是大家只知道守著「臺灣」而忽略了真正的關鍵「文學」），這樣還值得繼續瞎捧「臺灣」文學的能耐嗎？再次，世界文壇過去不流行以「地域」賞鑑文學（但以技巧／風格類型為評斷依據而將地域視為「附屬性」或「共存性」的存在）〔貝爾，2002b；卜倫（H.Bloom），1998；布萊德貝里，2007〕，將來應該也不會時興看「地域」評論文學，於是臺灣文學的「自行典律」化，就只能乾過癮而難以博得別人的同情，這樣還有希望「臺灣文學」夢想成

真嗎？此外，諸如臺灣文學的「加加減減」的無謂作為（也就是臺灣文學被用來指涉實情有寬窄不等的考慮，這嚴格的說都無助於向外爭取相關的權益）和「逢阻力就得準備退縮」的窘況（也就是中共處處干預打壓，連「臺灣」這樣的獨立的用詞都不見容於它所能左右的交流場合，導至理應嗆聲的卻嚴重受阻）以及「海外幫閑都自身難保」的窩囊事（也就是臺灣的國際空間無緣伸展，海外華人的聲援只能「虛應故事」而無從轉助益臺灣文學的「先馳得點」）等等，也都不禁讓人懷疑崇獎臺灣文學的苦心白費（周慶華，2006b：164～165）。

這時葉笛所遺留的幾許諍言，不禁又衍化出了新義；也就是臺灣文學要有希望被世人所矚目，就不只是超越自我文學既有的成就而已，它還要超越世界現有的知名文學的成就。也只有超越世界現有的知名文學的成就〔以小說來說，像喬伊斯（J.Joyce）《尤里西斯》、普魯斯特（M.Proust）《追憶似水年華》、吳爾芙（V.Woolf）《戴洛維夫人》等三大超現實主義小說和中南美洲的一些魔幻寫實主義小說以及符傲思（J.Fowles）《法國中尉的女人》、納博科夫（V.Nabokov）《幽冥的火》、卡爾維諾（I.Calvino）《如果冬夜，一個旅人》等後設小說，都是難以超越而又必須去超越以顯現自我的特殊性的〕，臺灣文學的進一步（國際性）的「正當性」也才能夠確立下來。

五、再造另一個臺灣文學的想像共同體

倘若說先前的臺灣文學傳統的建立是一個還不能耽戀的想像共同體，那麼接下來必須再去創造搏外的這一新的臺灣文學的想像共同體則是沒有理由不「賭它一賭」而懸為終極目標的！而這依舊所要承載的權力意志（詳見第一節），能不能反轉過去「遺大務小」的

格局（也就是只知向「內」渴望遂行而不知向「外」尋求滿足），決勝點就在有沒有辦法推出「臺灣有某某文學」（而不是「有臺灣文學」）為世界所罕見稀寶。

這樣一來，相關的語用規範勢必得將「臺灣」虛提來重新建立準則，讓那臺灣有某某文學的「某某文學」能夠浮現出來。而這種新的語用規範所可以設定的指標，自然要以具「超邁性」為核可依據而將它無限標的化。換句話說，為新的語用規範設定指標儘管雜有不確定性，但總歸要以「超常」作為終極的標竿，才有機會一掃長久以來「因襲怠墮」的習氣而真正踏上探取文學桂冠的旅程（周慶華，2006b：166～167）。而這所無法免除的「新魔咒」的譏諷，則是以能夠帶來「無窮希望」為自我釋懷（或減罪）的憑藉。

如果比較「前後」兩種有關臺灣文學的想像共同體，那麼大家將不難發現它跟近代新興的政治體「國家」的形成有點類似。近代新興的政治體「國家」，它在地圖上是標畫出來的位置，在國際集會中是人格化了的主權政府。而它的存在，首先必須是國民肯同意他們自己是聯合一統的團體；但以一羣人集合在一起為國家的定義，卻頗為令人困惑。如東歐國家被不同的激情族裔忠忱分裂，使人不得不感慨：將一羣人團結成一個國家的潛在力量究竟是什麼！這對於任何一個新興的國家來說，是關係重大的問題。因為別的國家視為理所當然的民族情操，新興的國家卻得自行創造出來；而別的國家的人可以從先人繼承的東西，新興的國家的人必須自創，也就是（自創）團結意義、一整套國家象徵物和活躍起來的政治熱情。以至不是國家造就了歷史，而是歷史造就了國家〔艾坡比（J.Appleby）等，1996：84～116〕。所不同的是臺灣文學的創造完成還要「標新立異」涉外去贏得口碑（而為國爭光）；而後一種有關臺灣文學的想像共同體就正是要團結所有可用的力量來推動見效。

　　所以有這樣的基進考慮，在另一個文化理想層面上，是因為既有的臺灣文學的形塑不是容易變成特定意識形態加被的對象，就是可能淪為後殖民情境中純為抵拒的媒介。前者（指容易變成特定意識形態加被的對象），很難讓臺灣文學從一片日漸加深的殺戮戰場上脫身；後者（指可能淪為後殖民情境中純為抵拒的媒介），則仍然無益於臺灣文學越過國際強權的封殺而尋找可以發展的新天地。因此，這裏才有虛提臺灣且創新文學的「脫困」或「去縛」構想。它不再以「臺灣」為念而終於創作出可以讓人肯定的「臺灣有的文學」；而就以它來爭得外人的刮目相看，也從而自我成就一個比較不須額外掛慮的最新的語用規範（周慶華，2006b：169）。這個語用規範雖然已經超出葉笛的批評觀很遠了，但他的「永遠朝著藝術更高的境界艱苦地邁進的詩人每到一段時期就以反抗精神反叛自己」（葉笛，1995：121）一類的中用的鏗鏘言論還是餘音嫋嫋，終程彼此依然會再呼應偕進，高歌凱旋。

第十二章　從臺灣文本到文本臺灣：

一個華語敘述的新向度

一、敘述與華語敘述

　　從發生學的角度看，敘述（敘事）的透露故事特徵的原動力在於權力意志和文化理想〔麥克唐納（D.Macdonell），1990；周慶華，2002b〕；而它的持續性出現所體現的則是人類展示發達語言的運作能力以及刻意藉為區別學科的捷徑〔蘭特利奇等編，1994；：87；浦安迪（A.H.Plaks），1996：6〕。也因為這樣，所以論者就「紛出競奇」而各成氣候後學派也相對的林立了：

> 在實際的教學和批評實踐中，儘管一種理論和它的鄰近理論
> 有很多重疊及錯合，每一個理論還是傾向於同一二個主要實
> 踐者相聯繫，他們既創建了該理論又是該理論的典範性的實
> 踐者，例如普羅普、什克洛夫斯基和艾肯鮑姆之於斯拉夫語
> 的形式主義敘事（敘述）理論；巴赫汀之於他所創建的對話
> 敘事理論；布萊克默爾屬美國新批評的眾多理論家之一，例
> 如克蘭和布斯之於芝加哥亞里斯多德學派；佛洛伊德本人、
> 伯克和拉康以及亞伯拉罕之於精神分析的敘事理論；英伽
> 登、利科和波利特之於詮釋學和現象學的敘事理論；列維——
> 史特勞斯、巴爾特，托多洛夫、格雷瑪斯、熱奈特和懷特之
> 於結構主義、符號學和轉義學的敘事理論；盧卡契和詹明信

之於馬克思主義和社會學的敘事理論；依塞和堯斯之於讀者
反應理論；德里達和德曼之於解構敘事理論。（蘭特利奇等
編，1994：89～90）

在這份概括論者及其衍化的學派的名單中，我們理當要能看出敘述
這種舉動的「多重」指標性，才算是一個稱職且可以再造歷史新奇
或重演發生學典律的新敘述者。

　　就敘述的形式來說，它的成體或借體除了小說、戲劇一類較典
型的表出，還可以透過詩歌、甚至論說予以完構，而總體上就以「講
故事」的形態被人所直接認知。這一講故事的形態，可以涉及「過
去」和「現在」，也可以涉及「未來」，而以內容關係著作者、讀者
和整體環境的互動繁衍為旨歸。換句話說，只要有需要，人就會仰
賴被講說的故事來進行「目的訴求」，而讓敘述徹底成為一種心理／
社會／文化機制再現的活動。

　　在上述這個前提下，我們如果把焦點擺在特定的案例如「華語
敘述」上，那麼它的一切「前因」都不會改變，剩下的只是會有什
麼「後果」的問題。華語敘述會有什麼後果，這基本上不是一個抉
擇或可預見的理論課題，而是一個試為尋求出路的哲學考驗。理由
是華語敘述的需求性已經在時代的氛圍裏成形，而它究竟能不能「管
領風騷」，則有待更精實或更可靠的踐履成果來保障，從而在世界舞
臺上發聲見影。

　　這是華語敘述的宿命（不然它就不要強調是「華語敘述」）；它
得以有別於非華語敘述的獨特性去世界舞臺爭取「出頭」或「風行」
的機會，然後回返來自我卸下躍起前所受被邊緣化的種種「屈辱」
擔負。因此，它所面對的是一個還得掙扎脫困的艱難處境以及「歸

宿何覓」的自我逞能試煉。雖然無法預期終程，但在「翻身求榮」
的願力上卻不能有所懈怠。

二、全球化中華語敘述的處境

用華語來敘述，所講的故事當然跟華人的事物有關，但在這裏
基於個人的發話位置只能以所在地「臺灣」為限。而臺灣作為一個
華語敘述的取材兼指涉範圍，卻又得擺在整體世界的環境中來看
待，才能評估相關敘述可以有的取徑及其延伸向度。而這在當前會
對這種華語敘述構成高度制約力的，則莫過於全球化浪潮。

如果說全球化浪潮所衝擊的是無力超前的邊緣敘述，那麼所有
的華語敘述（不只以臺灣一地為範圍的華語敘述）都得面臨同樣的
「困折營生」的命運；以至於從這一「更大」的不協調的畫面著眼，
也就有更能知所「撥雲見日」的自覺覺他效果。換句話說，以臺灣
一地為範圍的華語敘述在無能自我標高前，所有可見的華語敘述已
經「欲振乏力」而任人矮化了；於是先了解一下到底是什麼原因逼
迫我們要一再去思考「華語敘述如何再起」的問題（相對的，位處
核心的西方世界就毋須這般急切的面對「自我」敘述的課題），總有
立論「順理」上的必要性。

我們知道，眼前的全球化不僅僅是一個事實，它也是眾人矚目
聚訟的對象。所謂「全球化的概念提醒我們一種經由跨全球性的，
並經由我們對它注意而形構起來的多元面向的經濟、社會、文化和
政治的聯結。因此，全球化涉及世界的逐漸壓縮以及我們對於那些
過程逐漸增長的意識」〔巴克（C.Barker），2007：99〕，像這種帶
有總結性意見的全球化界定自身雖然還可以分化出「全球化是由全
球規模的經濟活動所構成，此種活動創造出一種相互聯結的但卻是

不平均的世界經濟」和「全球化不僅跟經濟活動有關,更跟文化意義的議題息息相關;雖然跟地方相關的價值和意義仍舊極為重要,但我們已經漸漸地涉身於網絡之中,網絡的延伸遠遠超越我們所直接位處的地理位置」等兩項命題(同上),但它所掩蓋的事實卻是「主導變數」的嚴重遺忘。而這在另一家的論述中,就稍微「補齊」了:

> 全球化是歐洲文化經由移民、殖民和文化模仿而擴張到世界各地的直接結果,而它伸入文化和政治領域的支脈在本質上也跟資本主義的發展形態相同。不過,這並不意謂世界各角落都得西化和變成資本家,而是每一組社會安排都得建立它相對於西方資本主義的位置;用羅伯森的話說,就是它必須把自己相對化。也就是說,這種相對化過程指涉世界上有愈來愈多的部門可能偏好西方和資本主義。但在另一層意義上,全球化也是高度的歐化,社會安排甚至是政治安排的去領土化在西歐進行得相當快速(人們不再強調國界,而各種超國家主義和次國家主義也在激增當中),這意味正在經歷全球化的全球化模式本身是一個歐洲模式(譬如歐盟的發展被廣喻為全球去領土化實例)。〔華特斯(M.Waters),2005:5〕

縱是如此,針對全球化發言的人,不會停留在這「一因一果」的層次上,它還會跨越到諸如「既存的國際政治秩序主要是透過經濟和軍事上稱霸一方的強權國家(及它們的組織)的行動所構成……按照這樣的說法,倘使沒有美國霸權的運作,那麼支撐著晚近國際互賴密集化的既存自由世界秩序則無法維繫。在這樣的觀點內,全球化被理解為幾乎和美國化無異的現象」〔赫爾德(D.Held)等,2005:11~12〕、「伴隨虛無優勢地位的,是一個空前富足的時代,但虛無的興起本身又伴隨著一個導至實在(由本地創建並控制且內容上獨

特的形式）產生損失的傾向……例如快餐店的興起，使得為數不少的人們可以享用各種各樣的廉價食品，但在這一過程中趨於消失的，正是奧爾登伯格所稱的像本地咖啡館這樣的『絕妙的好去處』以及經常跟它們聯繫在一起的社區意識〔里茨爾（G.Ritzer），2006：前言 8〕等關係主導變數的遞嬗競爭和詆斥虛無化前景的相異面向，而給予無力主導全球化的國家和厭惡被同化的個人有了抗拒的理由。

　　有人可能會懷疑在這種充滿著「指涉事實不定」和「論述取向不一」的全球化情境中，如何能夠思考和討論華語敘述的處境問題？但又不然！大家將會發現，不論全球化怎樣的「詭譎多變」，可以從事華語敘述的人本身及其所隸屬的國家幾乎是無法介入參與「主導」全球化行程的（雖然主導全球化不見得是一件光榮的事）；以至整體華語敘述就不得不深陷在一種自吹自擂或無人理會的「大門不出」的泥淖裏。它的回應全球化的後設警覺，不是繼續容忍所指涉對象「隨波逐流」而被劃歸成為西方強權主導的經濟鏈（擴及政治、文化等）的一環，就是勉為「力爭上游」轉而逆向操作勸戒所指涉對象去另尋出路；而這二者都會讓華語敘述恆久的自我困窘。

　　我們看，華語敘述最大的生產地中國大陸，它挾著潛在的廣大的消費市場以及廉價的勞動力和低環保標準等「誘人」優勢在近年崛起了。它以累增的經濟成長率和世界排名第一的外匯存底炫耀著世人的眼睛〔毛思迪（S.W.Mosher），2001；伊茲拉來維奇（E.Izraelewicz），2006；肯吉（J.kynge），2007〕；但背後的「實情」又如何？那是一副「飢餓之國崛起」而讓人怵目驚心的狂飆悲情狀呵：「由於中國對原物料的需求大幅增加，使得廢五金的價格水漲船高。所以以臺灣為始，馬路上的人孔蓋一一消失；蒙古、吉爾吉斯、芝加哥、蒙特婁、格洛斯特、吉隆坡的人孔蓋全都缺貨」、「為了供

應中國糧食需求，巴西砍伐大量雨林地種植大豆，每分鐘有六塊足球場大的雨林消失。為了供應中國木材，印尼每年有一塊面積相當於瑞士大小的森林遭到盜伐；而中國還一面製造越來越多的二氧化碳」、「世界銀行列出全球汙染嚴重的二十個城市，當中有十六個在中國。中國有 30%的地區下酸雨。雖然對外的主力城市正在進行清理，但鄉村地區逐漸淪為傾倒有毒廢棄物的垃圾場。跨國企業所成立的工廠使中國變成世界工廠，但也讓中國成為『世界垃圾場』」（撮自肯吉，2007：28、215～217、214）。這種崛起法究竟有什麼可稱道的？它難道不是原先全球化的操盤手們又一次的移地演練？因此，華語敘述不管再如何的像底下這段話這樣企圖「兩面通吃」：「全球化是一把雙刃劍，我們只能因勢利導，趨利弊害，順水推舟，為我所用，把本地的、民族的、傳統的富有文化特色的東西保持好、發展好、做大做強，立足本地，推向世界；而不可讓全球化的浪潮破門而入，不加分析，全盤照收，將民族的傳統的特色喪失殆盡，造成無法挽回的損失」（里茨爾，2006：譯後記 297），它都得不斷地面對「跟上了沒有自家面目」而「不跟上則今後難以自處」的雙重危境（後者是指在西方強權的眼裏，根本還沒準備好要瞧得起這一「還在邊緣掙扎脫困」的敘述表現）。

三、「臺灣文本」式華語敘述熱潮的涉外無望

　　儘管有人還是信誓旦旦的肯定新全球化時代已經取代冷戰體系而變成所向無敵的國際體系〔佛德曼（T.L.Friedman），2006〕，它的應該是「事實」的特性卻隱藏著極少被重視的相關的遊戲規則全為西方先進工業國家基於本身利益所訂定的遺害問題（也就是無止盡地透過跨國企業以龔斷獨佔的方式向非西方國家廉價採購礦產、

木材等天然資源以及將汙染性產業移往該國家造成嚴重的環保傷害）〔史迪格里茲（J.E.Stiglitz），2007〕；以至像底下這一反撲反全球化的說詞就讓人覺得是既得利益者的刻意矯飾：

> 我想全球化不僅僅是殖民主義歷史重演，持這種論調的人錯了。這現象複雜多了。我們可以看看我們周圍的事物。因為有了全球化，過去受到宰制的人的文化其中有些內容已經向北滲透。現在英國人上館子最愛吃的不是魚和薯片，而是咖哩，他們甚至不覺得咖哩是一種帶異國情調的食物了……即使在思想層面，人們對不同宗教也開始有某種程度的興趣了。所以現在雖然有一股主導的潮流（美國化），但其下也有朝別一個方向走的暗湧。現在大家都有機會在網際網路上陳述自己的觀點……這是全球化為邊緣化族羣所作的貢獻。我們說全球化是一條單向道，那是不對的。我們要了解此一現象的複雜性：人們在不同層面活動。在某一層面，他們可以憤恨美國化過程對他們所屬社會的不公，然後和他們在美國念書的兒女邊吃麥當勞邊討論這個問題。（佛特曼，2006：359 引穆札法爾語）

殊不知背後那穩居政治、經濟、科技、軍事和文化優勢的西方先進工業國家的布局和操縱，才是全球化「質」、「量」不斷高升擴展的主要原因（非西方國家沒有強行支配他者的欲望和能耐，不可能主動引發全球化的浪潮）。在這種情況下，前面所說的「華語敘述的需求性已經在時代的氛圍裏成形，而它究竟能不能『管領風騷』，則有待更精實或更可靠的踐履成果來保障，從而在世界舞臺上發聲見影」和「它的回應全球化的後設警覺，不是繼續容忍所指涉對象『隨波逐流』而被劃歸成為西方強權主導的經濟鏈（擴及政治、文化等）

的一環，就是勉為『力爭上游』轉而逆向操作勸戒所指涉對象去另尋出路；而這二者都會讓華語敘述恆久的自我困窘」的實際上的難題，也就徹底的要在面對強權的「施壓」和「擺布」等不利的情境中妥為伸展解決了。

　　雖然如此，在地相關的華語敘述卻大多僅止於發掘臺灣已經有什麼東西可以標榜而又不能自信那不是西方先進工業國家所恩賜的「代工」成果層次。這種可以稱作「臺灣文本」式的華語敘述模式，即使再怎麼的自我強調臺灣有不少「高科技產業」（如在生物科技方面能完成一條以上水稻染色體序列解碼和有蝴蝶蘭、臺灣鯛、烏龍茶、芒果等旗艦產品以及在工業科技方面可以製造筆記型電腦、主機板、液晶監視器、CDT 監視器等電腦零組件和交換器、路由器、無線區域網路等數據通訊產品等）（盧世祥等，2006），還是會被人謀不臧的高舉債、高浪費、高汙染和有心人藉機爭權奪利等負面效應所抵銷。所謂「核四停建決策，讓國庫直接增加五百億元以上支出，加計核四因延後運轉，以火力發電增加的支出，國庫整體流失了二三九三到四千億元……十多年來，官商勾結、裙帶資本主義，造成金融大黑洞，全民被迫埋單。給這些問題企業紓困，但最後還是成為呆帳。這些借錢給問題企業的銀行，九成是公營行庫。如果沒有呆帳，這些打呆金額原本該化身為盈餘回歸國庫。這麼幾年，公營行庫就花了八千億元打呆。成立金融重建基金，承接破產金融單位、調降金融業營業稅供其消化呆帳。這些花費，又偷走了六千多億元……至於每年預算在五千到八千億元之譜的公共建設投資，更是一個隱形、難以估算的黑洞。各地林立的『選舉機場』、蚊子館、三步一漁港的離島建設、過度華麗的法院和政府機關等，都說明了有多少資源被浪費、被虛擲；而上自部會政務官、立委，下至鄉鎮地方首長及公務員，牽扯的貪瀆司法案件之多，更讓人難以想像國

庫被偷竊的金額，更甭談計算了⋯⋯而長達四十多年對企業的租稅優惠減免⋯⋯可以確定的是它造成租稅的大量流失；從早期的獎勵投資條例，到今日的促進產業升級條例，前者減免企業五千三百多億元的稅，後者也減免了四千五百億元以上⋯⋯如果這一切都不發生，你可以超過十年不繳稅！十年來，那些政客，不但不斷從國庫偷竊，為了選票，更大開支票，又不敢加稅，那錢從那裏來？就借吧！中央政府債務未償餘額，從 86（1997）年一兆三千八百多億飆高到今年的三兆八千七百多億。這債，遲早要還的」（《中國時報》，2007）、「以（以彰化縣為例）在平原系統環境汙染問題方面，由於金屬加工業和電鍍業的汙染問題，造成農地重金屬污染、土壤污染；而廢水處理問題也尚未能有效解決，像大肚溪、員大排、濁水溪的河川污染源來自於工業廢水、養豬養雞廢水、家庭廢水等；再加上空氣污染問題及廢棄物處理，這些都是持續的汙染源，還有待共同努力」（蕭新煌等，2005：125）、「過去七年，民進黨執政期間，陳水扁總統對內操弄族羣對立、製造政黨衝突，對外限制兩岸交流，使本土和跨國企業紛紛出走，導至就業惡化，民生凋敝⋯⋯憲政體制經過七次修憲，總統權力擴大，有權無責，以至在野政黨無力制衡。少廉寡恥師心自用的政治無賴，一旦登上大位，治國無能，濫權有術，不但導至經濟衰落，也使社會風氣敗壞，結果國家沒有前途，人民失去希望。預見不久東亞共同市場和東亞經濟共同體先後形成，臺灣的處境將更為艱難」（孫震等主編，2007：序 iii～iv）等等，這些都是被收編為人家的中下游工廠後的赤裸病癥，只會教人心情沉重而如何也興奮高貴不起來（按：那些爭權奪利的政客，還是不得不抱西方先進工業國家如美國的大腿作為「後臺」，終究不是一個「關起門來自幹」了得）！

　　此外，再看看另一些精緻性的文化產業，不但所有的哲學、科學、文學、藝術、宗教學等理論建構儘是在搬弄外來的術語而缺乏自我專屬的概念體系（沈清松主編，2002；黃光國，2001；張錦忠等編，2007；詹偉雄，2005；輔仁大學宗教學系編，2007），並且整個的「扶植」政策還充滿著效法西方的迷思！所謂「在全球化的過程中，各地域及族群的界線日益模糊，面貌漸趨近同。在地文化特色及藝術創作，是保有自我面貌的重要關鍵之一。而普遍具有多樣性、小型性、分散性特色的文化創意產業，特別著重結合在地文化及全球性市場的深層思考，遂成為各國兼顧經濟和文化發展的重要政策。為提升我國全球競爭力，政府將『文化創意產業發展計劃』納入『挑戰 2008：國家發展重點計劃』積極推動，並將文化創意產業分為創意生活、數位休閑娛樂、時尚、設計、廣告、建築、出版、廣播電視、電影、視覺藝術、音樂及表演藝術、工藝、文化展演設施等十三個產業範疇」（文建會，2007：4），像這樣仍是一面倒的向人家看齊的思維方式（包括規劃的項目、運用的新科技媒體和創意接軌的意圖等等都是），豈能形塑出獨特且可以聳動當世的論說？這種「臺灣文本」式的華語敘述熱潮固然可以讓自己人不斷反省窺見臺灣現有迎合全球化的一些成果，但畢竟它的命定的「屈居」性依舊無望在世界舞臺發聲（因為別人有早已領先且雄霸寰宇的各種成就，根本不會回過頭來看中臺灣這個小區域所有的低一級次的表現）。這麼一來，相關的策略運作就得重新調整方向。

四、向「文本臺灣」式華語敘述過渡的需求

　　既然「臺灣文本」式的華語敘述在取得主體性上不可能有什麼指望，那麼再盲闖下去而不思改弦易轍也就會更為闇昧且加倍的虛

擲力氣。這總理念是向「文本臺灣」式的華語敘述過渡；而具體的提點則是一併得擺脫「臺灣文本」式的華語敘述的魔咒（它已經風靡全臺而看不出有絲毫的「反挫自清」的跡象）。

　　所以說「臺灣文本」式的華語敘述像道魔咒而得一併擺脫它，主要是國人只要隨著喊喊「拚經濟」、「搞科技」、「弄創意文化產業」等口號，似乎就可以忘掉被人家「拖著走」的疼痛。這時此地有什麼的「臺灣文本」式的華語敘述，就更加居間的煉就了一副迷醉劑「自我飲誤」，永遠不知道別人向來都不會買賬！換句話說，不論國人如何努力的發掘臺灣到底有什麼東西可以用來自我標榜，西方先進工業國家的蔑視事實都不可能在可見的未來得到改寫的機會。既是這樣，我們還能耽溺眼前他賜的「勉為飽足」而不試為「別作奮進」嗎？

　　反觀「文本臺灣」式的華語敘述的理念提倡，則是以一種只論發生地（臺灣）而不論現有成就的「未來高華」姿態勝出的。它是以有特殊的東西在臺灣形塑而受重視且以華語敘述呈現，而跟臺灣僅有泛泛的代工成績的既有的華語敘述背道而馳。現在大家已經可以感覺得到一個「結構性」的全球化弊病正在形成：

　　　　今年七月，《華爾街日報》刊登了一篇題為〈電子垃圾的全球路線圖〉的文章，把部分中國黑心商品生產背後複雜的「全球共犯結構」進行了揭露。大家都知道，一些中國出口的兒童玩具和飾品含有鉛，甚至是銅、銻，這些金屬成分將對使用這些玩具的幼兒和製造產品的工人造成嚴重傷害……中國製造商使用的這些鉛中有一部分來自西方國家傾倒至中國的廢棄電腦和其他電子產品。原來在此類黑心商品的背後，是一個有毒物質的全球循環：美國高科技垃圾中的有毒

　　　　材料，出口到了中國，經過加工製造後變成了對孩子有害的
　　　　商品又轉回了美國……除此之外，黑心食品的問題或許也比
　　　　想像中複雜。黑心食品之所以有毒有害，一方面固然是食品
　　　　生產加工業者為了牟取利潤，或是使用惡質原材料，或是添
　　　　加有害物質，或是在生產過程中滲進了有毒物質等。這些都
　　　　還是製造者有知覺有意識下的作為；更難追查的是水和土壤
　　　　的嚴重污染帶進食品中的毒物。今天的中國，不僅是世界工
　　　　廠，也如過去的臺灣和許多第三世界國家一樣成為世界垃圾
　　　　場。除了中國本地企業製造的汙染外，來自全球的跨國公司
　　　　也是中國環境破壞的首謀和共犯。（楊偉中，2007）

這還只是一端，更可怕的是普遍性的資源枯竭、生態失衡、溫室效
應、臭氧層破壞和核武恐怖等全人類得共同來面對承受的「沒有明
天」苦果〔喬姆斯基（N.Chomsky），2003；高德里耶（S.Cordellier），
2004；貝爾（W.Bell），2004；戴蒙（J.Diamond），2006；克里斯欽
森（G.E.Christianson），2006；巴克（J.A.Barker）等，2006；聖吉
（P.Senge）等，2006；奈思比（J.Naisbitt），2006；康斯勒
（J.H.Kunstler），2007；萊特（R.Wright），2007；麥唐諾（W.
McDonough）等，2008〕。在這樣惡劣的環境中，「文本臺灣」式的
華語敘述就得反轉「臺灣文本」式的華語敘述的方向而重新佔上可
能的制高點來考慮「濟世」或「益世」的良方；而就以有這一特別
的「濟世」或「益世」的良方在臺灣自我光華。

　　現在我們會看見一個以西方創造觀型文化為準的「恨他者不能
一樣創造」的論調：「亞洲的現代文化很多仍是沒有創造力。日本小
說很繁榮；印度也還有一些真正高質量的文學家，存在著一些有趣
的畫家。從整個來看，是呈再造而不是創造的趨勢。在數學和自然

科學方面，日本已成為完全的現代文化。印度在物理學領域有一些高質量成果，並且旅居國外的印度人在這個領域及其相關的領域中也一直起著顯著的作用。在印度，自然科學研究的規模很大，但整個科學領域中科學成果的質量，總的來說還不能認為已達到國際標準。巴基斯坦在這方面不論是在數量上還是質量上似乎更不行。日本和中國是亞洲具有比較先進的現代文化的國家，兩國存在的明顯趨勢是，一些很有才華的年輕科學家都暫時或永久的從他們本國移居到西歐和北美。整個東南亞，科學研究幾乎不存在。在社會科學方面，創造性和即使只是熟練的高標準的日常生活也很缺乏。正在進行的有價值的工作是地方編史和本土傳統文化的研究」（希爾斯，2004：499）。這一得了便宜又賣乖的霸權心態，自然會讓人生厭！它既不了解自己何以能夠走上不斷「挑戰自然」創新的道路（背後原因全在於為了模仿或媲美上帝造物的本事），也無所契會他者諸如中國傳統的氣化觀型文化和印度佛教所開啟的緣起觀型文化所強調的「諧和自然」和「解脫痛苦」的存世情懷（周慶華，2001a；2004a；2005；2006a；2007b）。而這在今後「文本臺灣」式的華語敘述，則可以率先的汲取後者有關的存世情懷來摶造更新「濟世」或「益世」的策略。它包括自我脫卸參與耗用資源的行列的「刑責」以及批判當世人類不能如是跟進「悔改」和反彈西方強權的迫使大家同蹈「絕對」等等；或以理論攻勢去形成「輿論」壓力，或自我勉為踐履以「行動」來提高能見度，從而讓整體的華語敘述因為得著一個新的著力點而可以區別於偌多無助於「濟世」或「益世」的敘述。這是另一種新命定的「不歸路」，沿途一定會有昂揚的英姿留影（只要我們肯全力以赴）。

五、沒有止境的止境

　　顯然「文本臺灣」式的華語敘述這個新向度不會是一條坦途，它在自我鍛鑄塑造中能不能深著外煥是個問題；而外界不諳華語又如何會感受到這股敘述力量的存在也是個問題。但這些顧慮比起先前「窮為敘述卻沒人理會」的懊惱來說，還是值得「持續」搏它一搏。也就是說，有做就會有希望（相對的，不做就永遠不會有希望）；它一旦可以逼出一種異系統的新穎的哲學或獨特的文學／藝術或殊異的宗教理論或其他具標竿性的學問，不必自我推銷也會有人主動來習取，屆時它就不是「純自足」的單一敘述，而是「兼達天下」的普泛敘述了。

　　換個角度看，這種想望或許會被詆諆為新帝國主義的迷思，卻又不能如此輕易的坦承自比流弊。因為舊帝國主義不可能那麼容易就妥協棄守，而「文本臺灣」式的華語敘述既以「濟世」或「益世」為宗旨當然不會也沒有能耐重蹈舊帝國主義的覆轍，以至仍然可以依上述的規劃「盡力從事」！這終點是在「沒有止境」中，但所要的卻不是西方強權那一套「世界主義一致性的實現」：

　　　　在全球現代的不確定性條件之下，沒有任何事物可以確保世界主義一致性的實現。但至少從一些有力的現代文化資源中可以產生世界主義一致性，這些資源包括：世俗經驗的去疆域化，使我們逐漸面臨更寬廣的世界；以及面臨擴張的相互關係，導至生活方式的自我實現。由此可知，去疆域化的文化條件，並不必然和人類道德狀況毫無關係，或是彼此互不相容；事實上，二者可視為相輔相成的觀念。這種相當低調而謹慎的世界主義，也許和英雄式的全球公民理想大相逕

庭，但這種世界主義至少是我們能夠掌握並加以實踐的觀念。〔湯林森（J.Tomlinson），2005：232〕

如果是這樣，那麼就真的是在自我陷落，基本上不會有什麼可靠的理由說服人前來「皈依」。它所要奮起諫諍世人的，不過是一個各自在所在地「善護飴養」而已。有人擔心臺灣還不能爭取到「國際身分」而力勸大家得繼續解構國際社會的「一中政策」：「隨著中國國力的增強，北京當局在國際外交上的對臺作為，變得更具主動性和攻擊性，進一步限縮了『一個中國』的國際框架。很清楚地，在法理以及事實上推動『一個中國實質化』的目標，是中國當前在國際外交上的重要作為，這也是臺灣生存和發展的重大挑戰。在此一國際環境變遷之下，『一個中國』的處理已是我國外交當局無法迴避的重大課題；而解構國際社會的『一中政策』，非但不應被視為是臺灣的主動挑釁，而應該被理解為臺灣追求生存的自衛手段和必要作為」（羅致政等主編，2007：15）。這倘若也連到上述新向度的華語敘述，那麼勢必也要以製造或取得「高曝光率」為近期目標。但實際上無法這樣一廂情願的強為樂觀（別人還是照樣不理會）；回返自身先「集思廣義」或各人「單打獨鬥」端出精采可從的研發成果才是最急迫的事。

有位趨勢專家正在以後工業社會的動態變遷歷程預言人類未來的「新遊牧」生活：「在 2040 年時……全球大約有二十個大都市，人口在一千五百萬到三千萬之間。歐洲大約 80%都市化，都市和鄉村之間的防線已經消失了。歐洲的大都會已經沒落了，但因為越來越多人生活在大自然中，並以此賺錢維生，所以都市文化反而更為擴張。東亞國家中，鄉村遷徙到大都會的人潮已經沒有了，聚集了幾百萬人的密集住宅區就是大遷徙的結果，城市完全由電腦控制，

六線道的公路和完美的物流體系……所有交通的轉乘地就是成長最快的大城市。這將發展成高度動態、新遊牧民族的生活方式……機場、火車站、所有的候車站，不再是『不重要』的地點，而是一幅生命的風景。這些地方的多元文化、多種語言、由圖像組成的地貌和由商業、消費和社會戲劇混合的通用密碼，本來就反映出一種生活形式……我們這些後工業社會時代的人，將更接近祖先的遊牧生活方式」〔霍克斯（M.Horx），2007：301～302〕。這不能說沒有實現的可能，但他完全忽略了支持這種生活的物質條件「究竟要從那裏來」以及強權只要一日存在世界就一日不會平靜「到底要靠誰去善後」等問題。因此，我們自己要走的有尊嚴有遠景的路還是沒有替代方案；並且不試著即早開啟，好機會也不可能憑空的等待我們。

第十三章　詩性思維 VS.情志思維：

一個根源性的中西詩觀的比較

一、一個半新不舊的論述模式

　　中西文學的差異，論者多能指陳歷歷，如有的就形式特徵而說中國文學重抒情／西方文學重敘事（陳世驤，1975；高友工，2004）；有的就技巧特徵而說中國文學較少變化／西方文學較多變化（馮錫瑋，1995；陳平原，1990）；有的就風格特徵而說中國文學內斂含蓄／西方文學奔迸暴露（梁啟超等，1981；古添洪等編著，1976）等等，這些都可以有效的區別中西文學的不同。但所論也僅止於表面現象的分疏而已；一旦要進一步追究「何以會如此」，那就還礙難想及或偶爾碰觸到了卻無法深入。

　　這種情況的「補救」式思考得從詩入手。詩的最具藝術性格的精鍊性語言，一向被認為是文學的代表（或說文學是以詩為範本）（王夢鷗，1976：12～13）；而它在中西方的「源流」則各有專擅，以至出現了形式一重抒情一重敘事、技巧一較少變化一較多變化和風格一內斂含蓄一奔迸暴露等表面現象上的歧異。這類歧異的分辨，除了可以獲得文學史探本考鏡上的知識，還可以從中思索文學交流出奇的問題，是一件在目前文學發展陷入一片混沌局面來說「刻不容緩」要去致力的急迫事。

　　大體上，詩在西方傳統為「詩性思維」所制約，而在中國傳統則為「情志思維」所制約，彼此一傾向「外衍」一傾向「內煥」；循至外衍的恣肆宏闊而有氣勢磅礴的史詩及其流亞戲劇和小說等的賡續發皇，而內煥的精巧洗鍊而有抒情味濃厚的詩歌及其派典詞曲和平話等的另現風華。這在論者相關的書篇裏，也不乏「各」有揭發（朱光潛，1982；葉維廉，1983；豐華瞻，1993；李達三等主編，1990；曹萬生，2003）；但要論及彼此為何會有這類的思維模式及其流變趨向，則又深受障蔽，始終不見一併看透發微。因此，本文要在這個環節上重開思路，也就有「後出轉精」的意味而可以成就一個「半新不舊」的論述模式。

二、兩種「詩」的思維再度爭鋒

　　如果說數百年來中西文學的交涉對比提供了比較文學界足以從事影響研究、平行研究和跨科研究的機會〔謝弗雷（Y.Chevrel），1991；劉介民，1990；季羨林等主編，1993；曹順慶等，2003〕，那麼這裏要再另闢蹊徑而導出中西文學再度較勁的必要性。換句話說，中西詩觀及其實踐方式幾乎是不可共量的，而相關的「平行」對比研究目的不在藉機相互取鏡而在各自尋求系統內的突破；這樣兩種詩觀就勢必要在可見的未來再一次的爭鋒，成為我們特該關心的一件「文壇大事」。

　　這就得從兩種不同的「詩」的思維說起。在西方，從柏拉圖、亞里斯多德以降，都把詩定位在「模仿」（不論是模仿人生事件還是模仿內心世界或是模仿碎裂的資訊社會情狀）；而模仿的「藝術轉化」所以可能，就在它是一種非邏輯的思維。這種非邏輯的思維，維柯（G.Vico）特別稱它為「詩性的思維」（詩性的智慧）：「因為一切事

物在起源時一定都是粗糙的」;因此,我們就得把詩性的思維的起源「追溯到一種粗糙的玄學。從這種粗糙的玄學,就像從一個軀幹派生出肢體一樣,從一肢派生出邏輯學、倫理學、經濟學和政治學,全是詩性的;從另一肢派生出物理學,這是宇宙學和天文學的母親,天文學又向它的兩個女兒,就是時歷學和地理學,提供確鑿可憑的證據,這一切也全是詩性的」(維柯,1997:175)。這是假定人稟自神的特性後開始「進化」的前階段表現,當代又有人稱它為「原始的思維」或「野性的思維」〔列維-布留爾(L.Lévy-Brühl),2001;李維-史特勞斯(C.Lévi-Strauss),1998〕。而不管是怎樣的稱呼,它都體現了一種神學思想下人/神置換機制匱乏的「心理掙扎」。而這種掙扎,終於導至一些神學詩人「如何透過他們的自然神學(或玄學)想像出各種神來;如何透過邏輯功能去發明各種語言;如何透過倫理功能去創造出英雄們;透過經濟功能去創建出家族;透過政治功能去創建出城市;透過他們的物理功能去確定出各種事物的起源全是神性的;透過專門研究人的物理功能,在某種意義上創造出人們自己;透過宇宙功能為他們自己創造出一個全住著神的世界;透過天文把諸行星和星羣從地面移升到天上;透過時歷使經過測量的時間有了一種起源;又如何透過地理,例如希臘人,把全世界都描繪為在他們的希臘本土範圍之內」(維柯,1997:175~176)。

至於在中國,則始終把詩定位為內在「情志」(情性或性靈)的抒發。所謂「詩者,志之所之也。在心為志,發言為詩。情動於中,而行於言;言之不足,故嗟嘆之;嗟嘆之不足,故永歌之;永歌之不足,不知手之舞之足之蹈之也」(孔穎達,1982d:13)、「詩者,持也,持人情性」(劉勰,1988:3090)、「詩者,吟詠情性也」(嚴羽,1983:443)等等,就是在說這個道理。而這可以特稱為「情志的思維」;情志的思維目的不在馳騁想像力而在盡可能的「感物應

　　西方人所見（信守）的詩性的思維，體現在「詩」裏的，無異就是可以使不可能的東西成為可能：「跟《愛麗絲夢遊奇境記》中的白皇后一樣，詩人在早餐之前可以相信六件不可能的事為可能的。下面是我所開列的詩歌使它成為可能的各種學理上的不可能：（一）字面不可能；（二）非我存在的不可能；（三）做前所未有之事的不可能；（四）改變不可改變事物的不可能；（五）等同對立雙方的不可能；（六）完全翻譯的不可能。詩運用包括比喻和想像的聯想跳躍在內的許多手段使這些不可能成為可能」〔戴維斯（原名未詳）等編，1992：284〕。如「無色的綠思想喧鬧地睡覺」、「她拳頭般的臉緊握在圓形的痛苦上死去」和「時間的熾熱一直持續到睡眠為止」等等，這些讓語言學家和哲學家無法捉摸語義的「非正常」的句子〔查普曼（R.Chapman），1989：1～2；安傑利斯（P.A.Angeles），2001：59〕，卻成功的隱喻創新了一個有關茂長的思緒、死亡的絢美和無止盡的煩躁等感性的世界。

　　詩人的這一創新能力，所開展出來的藝術形式，無形中就統攝了舞蹈、音樂和戲劇等藝術種類。所謂「在考慮詩歌可能具有的某些固有的不可能性時，我們必須記住，希臘人賦予三繆斯（埃拉托／愛情詩，歐忒耳珀／抒情詩，卡利俄珀／史詩）掌管的這一藝術形式，從一開始就是跟舞蹈、音樂和戲劇而不是日常談話緊密聯繫在一起的」（戴維斯等編，1992：282），這一「聯繫」說在往後的發展並沒有兩樣，其他的藝術都同稟著一個詩性的思維在比喻象徵感性的世界；而西方人就這樣代代相傳的從詩性的思維裏找到他們寄寓化解人／神衝突的方式。

　　所以說西方人從詩性的思維裏找到他們寄寓化解人／神衝突的方式，不僅是有些論者所指出的略見於神話傳說（多由古希臘的史詩所蘊涵）〔唐君毅，1989；羅青，1994；艾恩斯（V.Ions），2005〕，

它還全程貫串著一部西方的文學史（布萊德貝里，2007；卜倫，1998；
鄒郎編著，1985）。而這種試圖藉由文學創作來昇華人性終而解決人
不能成為神的困窘的「化解」跟神性衝突的作法，所締造的就是一
波又一波的創新風潮。這些風潮從前現代的寫實性作品奠定了「模
象」的基礎，再經過現代的新寫實性作品轉而開啟了「造象」的道
路，然後又躍進到後現代的解構性作品和網路時代的多向性作品展
衍出「語言遊戲」和「超鏈結」的新天地（周慶華，2002b；2003；
2004c；2007c），這中間都看不出會有「停滯發展」的可能性；而西
方人在這裏得到的已經不只是審美創造上的快悅，它還有涉及脫困
的倫理抉擇方面的滿足，從而體現作為一個受造者所能極盡「回
應」的本事。

　　我們知道，詩性的思維在早期的表現以直接用來處理人／神衝
突而見於史詩和兼攝的戲劇為主調；文藝復興以後，「人文主義」抬
頭（神暫時退場），開始改變片面模擬而致力於「仿作」以媲美神造
物的風采，於是有強調情節、布局、人物刻劃和背景渲染等寫實小
說的興起以及轉移焦點到關注人和自我性格的衝突或人和社會體制
的衝突的近代戲劇的進展〔尼采（F.W.Nietzsche），2000b；艾柯
（U.Eco），2000；葉長海，1990；姚一葦，1997；趙如琳，1991〕。
當中越見理性的邏輯結構（包含幾何觀念的運用、語理解析的強化
和因果原理的發揮等等），並沒有消減詩性思維的光芒（也就是它仍
然保有大量隱喻、換喻、借喻和諷喻等藝術形式）；反而因為「這一
結合」而更加凸顯進化觀的「必然推演」（也就是近代小說和戲劇的
出現，所相應於人文主義的發展正好印證了西方人所信守的進化觀
的「過渡」或「搬演」狀態），詩性的思維依舊維持在該文化傳統裏
「一樣顯赫」的位置。爾後現代派的前衛詩和超現實小說或魔幻小
說以及荒誕劇等〔羅森堡（H.Rosenberg），1997；欣奇利夫（原名

未詳），1992；鄭樹森，1994；柳鳴九主編，1990；段若川，2003〕，不過是把模象轉向造象以為超越傳統的窠臼而已；它的「未來感」還是夾纏著濃厚的詩性思維在起另類聯想的作用。至於以解構為能事的後現代派的遊戲性的詩／小說／戲劇以及崇尚超鏈結的網路時代的多向性（兼互動性）的詩／小說／戲劇等〔哈山（I.Hassan），1993；德曼（P.de Man），1998；竇治（M.Dodge）等，2005；鍾明德，1995；鄭明萱，1997；葉謹睿，2005〕，也是在同一個文化氛圍裏「力求新異」的表現罷了；它的「虛無」化依然無法不依賴詩性思維來作最後的調節或折衝。

四、情志思維下的中國文學的流變

反觀情志的思維，就沒有前者那樣衍化出「波瀾壯闊」的文學場景；它僅以有「情志」才鋪藻成篇（雖然有時也不免要「為文造情」一番），在先天上就不是詩性思維式的可以「聯想翩翩」或「窮為想像」。因此，相關的藝術形式就會約束在一個「為情造文」的高度自制的有限的美感範疇裏。

有人觀察到中西方的抒情詩所具體呈現的思維各有主流／支流的不同：「合唱歌詞在希臘悲劇中並沒有居於主要地位，並沒有像中國抒情詩在元明戲劇中那麼獨佔鰲頭；中國每一部元明戲劇幾乎是幾千幾百首名詩組織起來的。荷馬式的頌詞或警句並沒有布滿了整篇史詩；反觀中國抒情詩，在傳統小說中它幾乎到處都是。有一點很有趣，那就是希臘哲學和批評精神把全副精力都貫注在史詩和悲劇上，以至於亞里斯多德在他的《詩學》第一章第六、七節裏說用抑揚格、輓歌體或其相等音步寫成的抒情詩『直到目前還沒有名字』。另一方面，希臘史詩和戲劇又迫使當時的美立克詩放不出光

彩；所以當希臘人一討論文學創作，他們的重點就銳不可當的壓在故事的布局、結構、劇情和角色的塑造上。兩相對照，中國的作法很不同。中國古代對文學創作的批評和對美學的關注完全拿抒情詩為主要對象。他們注意的是詩的本質、情感的流露以及私下或公眾場合的自我傾吐。的確，聽仲尼論詩，談詩的可興、可怨、可觀、可羣，我們常不敢斷定他講的是詩的意旨或詩的音樂。對仲尼來說，詩的目的在於『言志』，在於傾吐心中的渴望、意念或抱負。所以仲尼著重的是情的流露；情的流露就是詩的『品質說明』」（陳世驤，1975：35～36）。但西方抒情詩在該文學傳統中的「別調」現象，卻不是我們所能想像的已經可以等同於情志思維的「異系統並現」；它的「激情」演出以及「衝突／矛盾」的情節安排等僅「差一級次」的奔迸暴露的表現，還是詩性思維式的。所謂「（抒情詩）可以有相互對照的主題，也允許詩人的態度發生變化、甚至達到自我矛盾的程度。儘管如此，它還是以激情而不是以理智為主要特點」，而「在抒情詩人的眼中，生活不是由彼此關聯而且已有定評的經驗構成，而是由一系列強烈感覺的瞬間所組成。因此，抒情詩人在創作時傾向於使用第一人稱和鮮明生動的意象，並熱衷於描述具有地方色彩的生活；而對傳授系統的知識、講述奇聞軼事以及表現抽象的思想等等卻不大感興趣」〔福勒（R.Fowler），1987：154～155〕，正道出了當中跟史詩「分工合作」的狀況，實在很難拿它來比配中國傳統抒情詩的「始終一貫」的內斂含蓄的審美特徵。

　　中國傳統這種情志的思維，從詩經以下到楚辭、樂府詩、古體詩、近體詩、詞、曲等等，都緊相體現著（差別只在形式、格律等外觀上的前後稍事變化罷了）；而受佛教講唱文學影響且結合詞曲而摶成的雜劇／傳奇以及承繼傳統說書藝術而更精銳發展的平話／小說等（周慶華，1999b；胡士瑩，1983），也無不深為蘊涵。即使是

較後出且紛紛為憤激或為勸懲或為諷刺而作的長篇章回小說（俞汝捷，1991；周啟志等，1992；齊裕焜等，1995），也依舊不脫「抒情」的範疇。而這一抒情，在「內煥」的過程中，不論是為「用世」的還是為「捨世」的（前者是儒家式的；後者是道家式的），它都勢必會有一個「精雕細琢」洗鍊相關思維脫俗的程序；以至所見品類日增細碎而情采更加粲備，直如氣脈流注，響應不絕。而不了當中「情繫人心」至關重要情志思維的內煥性的人，難免就會以詩性思維的外衍構事作風來衡量而所論「不得其平」。好比當年開啟考證新紅學的胡適，就曾經批評過普遍獲得肯定的曠世鉅著《紅樓夢》「不是一部好小說，因為沒有一個完整的故事」（周策縱，2000：62）；殊不知以「事」見長是西方人稟自詩性思維才有的實踐成果，如何也對不上全在「人」情下功夫的情志思維，而喝過洋水的胡適恰巧跟一些礙難欣賞《紅樓夢》一書的西方人（姜其煌，2005）一樣從頭到尾都錯看了。類似的情況，還發生在一些頗以中國產生不了西方的悲劇為憾的人身上（劉燕萍，1996；熊元義，1998）。他們同樣忽略了西方戲劇「比較明確地圍繞事件展開，以『事件中心』為原則，戲劇中的一切要素：人物、結構、語言、行為，都為事件服務」，而中國戲劇「則多數圍繞人物展開，以人物情感為中心，著意於人物在戲劇中的感情變化，透過寫情展示人物的內心和社會背景下的人際關係」（徐志嘯，2000：84～85）；馴至後者的悲感就無緣藉「事」廣蘊而成，最後只是維持一個自制收斂的「情」感而已（周慶華，2007b：126～129）。

五、各自尋求出路的展望

統觀中西文學在先天上已經不可共量,而在後天上是否可以融通也不無疑問。理由是西方文學從前現代的模象走到了現代的造象和後現代的語言遊戲以及網路時代的超鏈結,相關的形式、技巧和風格等都一再的翻新求變;而海峽兩岸的中國人從上個世紀初起棄捨了既有自我專屬的抒情寫實的道路而改崇尚西方的創作的模式,卻因為「內質難變」和「效外無由」而至今還是沒有一種體裁不「小人一號」(形同「追趕不及」或「超前無望」)(周慶華,2004b)。至於西方人長久以來雖然不乏接觸中國文學的機會(林水福等,1999;徐志嘯,2000;李岫等主編,2001),但由於「文化障礙」及其「霸權心態」作祟,也依然難見「深受影響」的成效。後者甚至還有人不諱言「西方人很少有欣賞東方文學的,中國和日本的詩人在西方的讀者也為數不多」(寒哲,2001:43);這就問題嚴重了。

如果說文化相涵化是跨文化交流最終的歸趨,那麼我們原也該樂見這種「平衡」的發展;但現在實情卻不是這樣,不僅西方文化一直在獨霸傾銷,而且還無意正視他者文化的正當性,輾轉「混淆視聽」久了就變成大家必須無條件臣服在它的威懾下。因此,各自原有的文學傳統,都齊一「萎縮」或「棄置」的來迎合西方的文學潮流;高格造物主的榮光是普曜全世界了,但從未有造物主介入的其他具異質色彩的文學風華卻也不再了。這種轉變,自然是西方文化「強凌」和他者文化「妥協」所造成的;而舉世無從重返「自由知解」的情境,也不能不致隱憂。換句話說,世界現存的三大文化體系(包括西方的創造觀型文化以及東方的中國傳統的氣化觀型文化和印度佛教所開啟成就的緣起觀型文化等),在它們各自發生演變的歷程,本來都享有充分「自主」的空間;但自從近代西方科技文

明興起後（隨著殖民主義／帝國主義）逐漸橫掃他方世界，導至他方世界棄保的棄保、委屈求全的委屈求全，始終都無法跟西方世界分庭抗禮（周慶華，1997a；2000a；2002a；2005；2006a）。而這種現象的持續「虛無」下去，難保不會造成西方人「不勝扶持」非西方人的悲劇。

我們知道，西方世界所以能夠造就昌盛的科技文明，全是有一神信仰的緣故；而該神萬能造物本事的假定所影響的已經遍及文化各個領域（不是只有科技而已），所有被「感召」的人都極力在仿效以為媲美神（至少也是為了榮耀神），以至我們在看到巴哈所說的音樂創作的終極目標「就是榮耀上帝、修補靈魂」以及西方人經常要不擇手段的把文學產業化（如大仲馬「他身後有一批固定的捉刀人，隨時備好稿子，只待大仲馬簽名發表。當時坊間就流傳這樣的笑話，大仲馬問同為小說家的兒子：『你看過我最近的大作嗎？』小仲馬回答：『沒有，爸爸你？』」）（索羅斯比，2003：138、139），也就不足為奇了。像這種文學／藝術創作都可以跟造物主連上關係（文學產業化部分是兼牟利傲人和榮耀上帝的「一箭雙鵰」的作法），豈是沒有單一神信仰的他方世界的人所能模仿深著的？這一點，如果再拉回正在對比中的中國傳統，它的「精氣化生」觀念所摶塑的著重「綰結人情，諧和自然」的文化特色（因為氣化成人，大家如「氣」聚般的糾結在一起，必須分親疏遠近才能過有秩序的生活，以至專門致力於經營良好的人際關係或無意世路以為逆向保有人我實存的自在，也就「勢所必趨」；而同樣都是氣化，萬物一體，當然就不會像有受造意識的西方人那樣為達媲美神的目的而窮於戡天役物）（詳見第五章第四節），本來是自足的；只因為一百多年來敵不過西方文化，從此就「退藏於密」而不再發揮應世的功能。這麼一來，大家就會漸漸淡忘曾經還有一個異質文化的存在（至於歷史上佛教從印

度傳到中土而被吸收／轉化一部分「相近」的東西，稍微改變了中國傳統文化的格局，那又另當別論）。

　　比如說，過去大家所解釋不清的中西文學差異的內在原因（總是不脫民族性／宗教信仰一類解釋模式）〔梁啟超等，1981；姚朋等，1987；古添洪等編著，1976；余蓮（F.Jullien），2006〕，現在我們就可以把各自的世界觀帶進來重新發落〔西方文學內蘊的詩性思維固然由西方人的宗教信仰形塑的世界觀所致（古希臘時代的諸神信仰中所見的「主神」造物觀念，後來被基督教的一神信仰所收編），但中國文學內蘊的情志思維卻只是由泛神信仰轉來的世界觀所摶成（僅以精氣形態存在的眾神和由精氣化生的眾人是同一位階的，差別只在一方沒有肉體一方有肉體而已）〕。也就是說，中國傳統的氣化觀肯認的陰陽精氣聚合化生萬物，在別無可以「越級聯結」的情況下，就只能全力關注人倫而連帶蘊蓄出情志思維以為開啟抒情性的文學藝術的旅程；而西方傳統的創造觀執意的神創造萬物，將人／神分成兩橛所勾出的「巨大空間」，正好成了西方人發揮詩性思維以為探取構設敘事性的文學藝術國度的機會。這縱使無法再進一步追溯各自的信仰「緣何而來」（也許是偶然分化而成；也許是別有原因導至），但它們在形塑文學的傳統上各有源流卻是不容否認或不容視而不見的事實。

　　雖然如此，這種本是多樣美感特徵併存的現象還是從當今的時空坐標中消失了，只剩下一些不再廣為流傳的相關的文獻在沉默的召喚不知何時才會再有的「鄉愁」。但話說回來，一枝獨秀的西方文學又保證了什麼？前面提到西方文學隨著文化的其他領域一路狂迄今「看不出會有『停滯發展』的可能性」（詳見第三節），其實不是出於肯定或禮讚，而是基於現象描述的需求而不得不然；它的無從預期衍變突進的方向，已經帶給人像面對地球的資源被耗用而逐

漸邁向能趨疲臨界點那樣的不確定感。所謂「早期基督徒設想的天國，是『靈魂』完全擺脫肉體弱點困擾的地方。現今的網路族傲然聲稱，在這一『（數位）世界』裏，我們將豁免生理形體帶來的一切侷限和尷尬」（魏特罕，2000：2），但這種「歡呼勝利」的背後卻是一個舉世同蹈不可再生能量即將趨於飽和這條不歸路的難堪情景；文學人也跟著邁入網路世界想要找尋「出路」，豈不是「窮奢過望」？難可「久恃」的苦果也已經可以預見。那麼再「突破」又如何？對照西方人過往的「勇猛精進」，這是可能的；但仍舊無法確保它不會像現在這樣「反噬」人類和諧多元美感的根基。

　　在這裏並無意主張西方人改弦易轍，重新自我調整詩性思維的向度或從別的文化傳統裏汲取智慧來汰質換裝（這難度太高了），只深切的期待他們適時的收斂自制而還給他方世界自由回歸既定傳統的空間（周慶華，2007b：129～131）。以中國原來所習慣的情志思維來說，它的「新變」欲求也時有所聞〔如「名理有常，體必資於故實；通變無方，數必酌於新聲。故能騁無窮之路，飲不竭之源」（劉勰，1988：3118）、「作者須知復變之道：反古曰復，不滯曰變」（郭紹虞，1982：211 引皎然語）、「蓋文體通行既久，染指遂多，自成習套。豪傑之士亦難於其中自出新意，故遁而作他體以自解脫。一切文體所以始盛終衰者，皆由於此」（王國維，1981：25）等等，都是同一取徑〕；但這種新變改革的只是不具「侵略」性的外貌，並未牽動抒情的本質，以至它在面臨西方文學以「事」功誘惑激盪時顯得無力予以「還擊」。而不意如今又節節敗退到要處處仰人鼻息（人家只要創設了一種新的文學品類或發明了一種新的傳播媒介，就立刻羣起效尤而完全不知道這類舉動究竟有什麼意義），顏面盡失不說，還成了人家無關緊要的附庸而恐怕再也「翻不了身」（特指追隨路上所預見的命運）。而從這個角度看，倘若這種無助於世界「長治

久安」的遺憾事不宜久駐的話，那麼勉力重返原先所屬的抒情傳統而再行體式的更新（如詩詞歌賦的變化或話本戲曲的展衍之類），也就是唯一可以或必要「進取」的通路了。因此，第一節所論定的有關中西文學「歧異的分辨，除了可以獲得文學史探本考鏡上的知識，還可以從中思索文學交流出奇的問題，是一件在目前文學發展陷入一片混沌局面來說『刻不容緩』要去致力的急迫事」，在雙方來說就是以維持這樣的研議為最佳的選擇：而它的反當前「前路不明」的文學混沌狀態以及理該勤於「知己知彼」以自行尋求出路（也就是「交流出奇」的命意所在）的倡導，也因為有上面的析辨而終於得著了堅實的理論基礎。

第十四章　數位文學的明天：

一個文學未來學的焦慮點

一、文學復活了嗎

　　綜觀人類一部文學史，在二十世紀的演變特別的詭譎，一方面前有現代派的造象觀搶灘取代前現代派的模象觀的風采而後有後現代派的語言遊戲觀一併支解封殺模象觀和造象觀的流動；另一方面則因為資訊發達轉移了眾人的注意力以及文化評論帶起通俗文化的研究風潮而淡薄壓縮了文學的發展空間。此外，電影、電視、廣播等電子媒體的劫掠改造而異化了文學所有的豐富意象的傳達，也深深影響到文學的感性領受的貧乏化〔米勒（J. H. Miller，2007）〕。這些綜合摶成的「文學死亡」的心結，從二十世紀後半葉以來就一直「唱衰」整體文學的運勢。

　　然而，曾幾何時這種預言所不看好文學前途的「殘敗景象」，卻悄悄的從電腦科技的新寵網際網路中找到「重整復甦」的機會。而這從剛要跨過二十一世紀的前幾年就忙於部署新局的數位創作，儼然就成了文學「還有未來」的救星。只是我們要問：這樣文學就復活了嗎？這個問題相連的更緊要的問題是先前有人在哀悼文學死亡而文學就真的死亡了嗎？很顯然的，從舉世還有文學人在活躍以及出版市場上文學作品仍少不了一定的生產比例等現象看來，文學並沒有死亡，也看不出有什麼復活的跡象；以至從「文學死亡」到「文

學復活」的轉折，就只不過是從逐漸「凋零」過渡到「變形」伸展
而已。所謂逐漸「凋零」，是指文學經過前現代／現代／後現代等幾
個階段的風格變遷後，再也變化不出新花樣，就形同是在凋零；而
所謂「變形」伸展，是指網路時代提供給文學人有別於過去紙面的
創作平臺，終而把文學帶向一個可以超鏈結兼互動的最新場景。而
這一從逐漸「凋零」再轉「變形」伸展，所徵候的就是一個文學新
紀元的「可能來臨」。

　　如果再回到原問題上，那麼「文學復活了嗎」中的「文學」，是
否就因為網路提供了一個新的創作平臺就有了「新生命」？這是不
惑於「機運」一類的社會學課題而向本體論範疇追問的結果；它遠
比長年以來大家所不忘救活「文學市場」的願力還要嚴肅可觀。換
句話說，「文學復活了嗎」這個問題，真正該問的是「文學」被後現
代的解構威力一掃蕩之後進入網路就可以找到重生的契機了嗎（而
不是依然謹守著前現代就定型的「文學」觀）？這麼一來，所謂一
個文學新紀元的「可能來臨」（見前），就得等著接受更嚴格的考驗
才能證明它的可能性；而我們所要仰賴電腦科技來活絡或新生文學
的一些「樂觀」的激情〔希爾厄斯頓（R.Silverstone），2003；格拉
斯奈（A.Glassner），2006；林淇瀁，2001；須文蔚，2003a；羅鳳珠
主編，2004〕，也許還不夠充足的理由敞開作過多的釋放。

二、後現代之後與數位文學

　　從整個文學的運作來看，後現代的解構威力才是「迫使」文學
死亡的一大關鍵〔詹明信（F.Jameson），1990；布希亞（J.Baudrillard），
1998；金惠敏，2005〕。它從解構理論那裏支取「延異」（différance）
觀念在批評和創作上左衝右突，讓傳統的語言表意系統幾乎就要失

去了制約力；從此不但解構、去中心、不確定性、平面化、無政府主義等等說詞強為登臺而溢目盈耳，並且還有不少附和的言論一起在敲響人類文化的喪鐘〔佛克馬（D.Fokkema）等，1991；哈山，1993；史馬特（B.Smart），1997；安德森（P.Anderson），1999b；康納（S.Connor），1999；羅青，1989；陸蓉之，1990；李一，1994；蕭燁，1996；高宣揚 1999；王晴佳等，2000〕。這種情勢的持續發燒，就成了逼死文學而不再有模象或造象光華的最大元兇。

　　雖然如此，就在解構理論被利用而所向披靡的時刻，有人警覺到解構理論的核心觀念「延異」本身不也是要延異的嗎？這樣自我的立足點都不穩固了（蘊涵了自我解構）（楊大春，1994：29〜35），又要如何去批判消解別人？此外該解構作為一旦普遍踐行，又不禁要成為另一種形上學（這原是它最先所要破解的）：「假使我們盲目深信『解構』，我們不外墮進了另一種『形上學』之中。正如薩伊德在批評德希達時所說的：雖然德希達毋須負責，他的文本播散性威力已經形成了一種新的『形上學』──」（朱耀偉，1994：60〜61）。縱然有些人（包括解構主義大家德希達本人）一再的辯解說「解構文本的目的在要求透過不斷地重構過程，重新詮釋文本的意義，以開放其他可能的詮釋，並經由一連串的思考辯證，更深入地探討文本──換句話說，解構思考在解體現存的中心結構，破除二元階級對立關係，不斷重構，以進行歷史演變和思潮接替更換的不止息過程；如此循環不已，才能在各個歷史階段裏產生新象和新知，而不致封閉和約束在現存結構的『意識形態國家機器』裏」（楊容，2002：20），但它的實踐處（不論是執意解構別人的文本還是自我構設解構式的文本）所給人的感覺卻是解構理論以它新的大敘事反對被解構對象原有的大敘事，這就顯得難以「自圓其說」（也就是彼此都是一種意識形態的體現，目的在遂行各自的權力意志，沒有誰對誰錯或

誰是誰非的問題）（周慶華，2003：217～218）。因此，在文學領域所凜於「自我解構」的必要性而形成以語言遊戲為旨趣的後現代派（渥厄，1995；鍾明德，1995；孟樊，2003），也就無從再「肆無忌憚」的橫行下去了。

　　人類社會經過二十世紀後半葉近三十年（從六〇年代到九〇年代）的後現代解構思潮的「洗禮」和「反悔」，最急切要思考的是「後現代之後」所要走的路。而這在當時確實也「激」出了一股風潮，但大多不離「復古／開新」的論調。所謂「後現代之『後』會是什麼？世界文化的未來走向何方？人類精神靈魂的歸宿在那裏？這是詹明信目前思考的焦點，這也是他較其他文化思想家棋高一著的地方，詹明信清楚地看到，今天在理論上有所發現的英雄時代已經結束了，後結構主義的顛覆和遊戲業已出現衰頹跡象，西方馬克思主義的自由解放的許諾也遠未兌現。因此，有跡象表明，將會在文化和批評界出現一種反擊解構主義理論的潮流，就是出現一種新形式的文化保守主義。然而，這種一度死亡的文化保守主義的重新抬頭並非春信。詹明信認為，令人欣慰的是，現在已經普遍出現了另一種新的歷史文化思潮，那就是倡導返回歷史的新歷史主義。這是一種走出價值『平面』，重獲精神『深度』的努力，一種告別解構走向歷史意識的新的復歸。新歷史主義將重新呼喚新的歷史意識，它的旗幟上寫著『文化』和『意識形態』。新歷史主義必將走上文化和詩學的前臺，這一點詹明信堅信不疑」（王岳川，1993：249），這就暗示了「舊帝國」（文化保守主義）的反撲，將是後現代之後的狀況。而既然是舊帝國的反撲，那麼它就不會只限於某一舊帝國（如上述歷史意識的復歸之類）：

我們能夠想像得到後現代主義可能會怎樣結束？以什麼作結束？如前所見，他連個具體可指的開始都沒有，只是一種被延續著的在現代性之中的糾纏。某些趨勢看來像是新的，但事實不然。(一)一名遊戲者，就是「共產主義」，從場上消失（五〇年代晚期就有人如此預測），卻不真的可信；(二)電腦空間（資訊技術和巨碩媒體的總成）是「超級」現代的種種發展的產物。傅柯去世（1984 年）前不久，從籲求重新思考「啟蒙時代」。似乎已出局的那些「壯觀大敘事」哲學家，忽然又都回來了……另一個「幽靈」正等著再度出場：浪漫主義。也許此一幽靈將帶來我們正在尋求的治療法。後現代主義的唯一治療法，就是無法治癒的浪漫主義病。〔阿皮格納內西（R.Appignanesi），1996：174～175〕

後現代理論發展迄今，已經出現了一些根本的缺陷。大多數的後現代理論傾向於化約、對競爭觀點的獨斷排他、過度狹窄。大多數的後現代理論忽略了政治經濟學並且未能闡明現實的經濟、政治、社會以及文化層次之間的適當關聯。為了對抗後現代理論的這些缺點，我們將要尋求重建一種多向度和多觀點的社會理論（批判社會理論）。〔貝斯特（S.Best）等，1994：319〕

所謂「啟蒙時代哲學」、「浪漫主義」、「批判社會理論」等等，都是舊有的勢力，它們都將重新復出歷史舞臺（周慶華，1997a：216～218）。這後來幾乎無不一一應驗，造成文學界各種超前衛的實驗在進入新世紀之前，也很識趣的立即偃旗息鼓，以免趕不上「以復古為新潮」的時代腳步。縱是如此，後現代的解構衝勁並沒有減退，它仍然在文化各領域產生顛覆、消無的作用；所謂「沒有什麼不可

以」的社會，是在後現代之後才真正的來臨。而文學的後現代性，也正「激勵」了文學人走向徹底的無政府境地。他們的終點站，約略就在數位文學王國新築完成的城前（周慶華，2004b：36～37）。

　　我們知道，二十世紀九〇年代網路社會興起，它所帶給文學人的衝擊，一方面顯現在嘗試運用網路這一新媒體而將文學作品數位化處理以廣為傳播；另一方面顯現在利用網路或電腦特有的媒體特質創作數位化作品以達多元的互動效果。這是過去所沒有的創作、流通和閱讀的經驗，已經吸引許多文壇的新秀想要在網路上大展身手，從此不再理會或耽戀由前行代理論家所規劃的「復古」偉業。一個可以稱為「網路主義」獨領風潮的時代，顯然已經來臨了。它的多媒體、多向文本（超文本）、即時性、互動性、不被檢肅性等等特徵，把後現代所無由全面出盡的解構動力及其自由意願徹底的展現釋放出來了。尤其是多向文本，不啻真正落實了文本是一個無始無終的建構過程的後現代「宣言」。所謂「多向文本真正實現了作品不再是單向封閉系統的說法，它可以做成道道地地貨真價實的寫式文本，多向文本要求一個主動積極的讀者，多向文本泯滅了作者和讀者之間的區別。多向文本是流動的、多樣的、變化的，它既不固定又不單一。多向文本無始、無終、無中心、無邊緣、無內外。它又是多中心、無限中心、無限大。多向文本是網狀式的文本，無垠、無涯，是合作式的文本，是沒有那大寫作者的文本，是人人都是作者的文本」（鄭明萱，1997：59），正說明了它永遠處在建構中（而不是「可以建構完了」）的特性。因此，哀悼一個「舊」時代的逝去也就連著「數位文學將在傳統文學的廢墟上重建」的歡呼聲一起推上歷史的前沿（周慶華，2004b：39～40）；而另一種面對嶄新的未來的不確定感，則正在偷偷的佔滿每一個人的胸臆。

三、數位文學興起所帶動文學場域的變遷

　　所以說隨著網路新時代的來臨也摻雜著對未來的不確定感，不只是指網路主義解除了一切畛域，自己不禁又成為新的「疆界」、新的「中心」、新的「道」、甚至新的「宗教」（如同前面所指出解構理論所遭受的批判一樣），而不斷招來「科技毒害」的撻伐聲（鄭明萱，1997：59；周慶華，2004b：40）；他更是指網路主義所引發的整體文學場域的變遷，而這種變遷還沒有人能夠有效的預期進程。

　　倘若說網路主義所提供給文學「新生」的機會是在它的無限數位化前景，那麼這裏就得仔細分辨這種前景是否可以算數且能夠恆久倚賴。換句話說，我們要對數位文學懷抱希望，是必須有實際拿得出來的「可靠」的成果作保證的；而它到目前為止可能還得再行「加強審視」。如果沒有別的「牽掛」或「旁繫」，那麼對於這一文學場域正逢亙古以來未有的變局而究竟要如何看待善後的問題，就不妨從數位文學的「成形」及其踐履的「具體」效應談起。

　　首先，這裏所說的數位文學，一般都稱它為網路文學。但正如有人所認為的網路文學僅以媒體作為限制詞並不足以顯示它的「實質性」或「特殊性」：「目前常用的『網路文學』一詞有它的侷限性：一方面，早在網路昌行以前，現代詩的作者就已經運用／模仿數位語言形式進行前衛書寫，他的努力和啟蒙性不容忽略；二方面，網路是新形態的傳播工具，在文學論述上一般不會以媒介名稱視為一種特殊文類或文體，所以從來沒有『電視文學』、『書籍文學』等概念存在，尤其利用電子布告欄系統所傳布的詩文絕大多數是文字形式的，跟平面媒體出現的並沒有太大差別，它在文學史上重要的意涵應當在於虛擬文學社羣的建構上，尚難稱為一種新文類；三方面，目前出現在全球資訊網上含有非平面印刷成分並以數位方式發表的

文學作品，事實上不見得只能在網路上展現，同樣可以光碟出版或以離線電腦陳列，以網路文學稱呼似乎過於狹隘；四方面，在網際網路出現前，教育工學的領域內早已提出『多媒體』的概念，企圖描述一種電腦驅動的互動溝通系統，用以製作、儲存、傳遞和檢索文字、圖形以及聲音的資訊網。目前多數人所稱的網路文學，其實是順應網際網路風潮之下，以新的、強勢的傳播媒體又取代了『多媒體』概念，用以命名，實際上很難以『網路』涵蓋全數的數位科技形式」（須文蔚，2003a：23～24）。因此，基於「正名」的原則，這裏也就不隨「眾聲」而「附和」了。

其次，數位文學固然可以同時指「運用網路這一新媒體而將文學作品數位化處理」和「利用網路或電腦特有的媒體特質創作數位化作品」這兩類（見前），但前者的可以在平面媒體再現就不及後者必須依存於網路且能夠變化花樣來得可觀。因此，當有底下這類針對前者的表現不令人滿意（包括為求時效而無從提升水準、只不過是簡易現實世界的延伸和複製而了無新意等等）所進行的指責時後者大致上就可以免疫：

> 虛擬原本是需要想像力和創意的；然而在數位化的虛擬世界，經常缺乏真正的虛擬性。例如許多 BBS 社群只是實體社群的延伸或反射，版上的文章不脫日常生活的聊天性質。（孫治本，2003）

> 網路文學（數位文學）發展至今，原本強調純文學、邊緣、前衛、實驗、社區和小眾的內涵精神，一夕之間在「消費市場」導向之下，開始尋求新奇、聳動、情慾以及巧變為風尚之所趨，把現實世界中的文學環境再到網路上複製一遍。（須文蔚，2003b）

在網路小說（數位小說）社羣中，取代製造不透明技術的「作者／讀者」的技術區別依據其實很模糊。但依照我的觀察，較受讀者稱頌的作者，大抵都具備用影像式的分鏡處理文字的能力。這種影像式分鏡的掌握，跟年輕一代為好萊塢電影風格、日本少年漫畫、電視日韓偶像劇所餵養的集體成長歷程有關。它的文字必須是可以快速在讀者腦海轉譯成影像的；而影像的背景最好也符應眾所熟悉的校園、補習班、公車、宿舍、KTV；然後以極為大量的對話作為故事動線的主要節奏，在呈現故事人物的特色時，場景的描繪往往成為多餘、惱人的累贅，就連內心的獨白都是自言自語式的簡易言辭，而非深沈的、意義堆砌的反省。（柯景騰，2003）

也就是說，如果要數那一種情況比較具有「代表性」，那麼能利用網路或電腦特有的媒體特質創作數位化作品的部分就可以「堂而皇之」的出線。

再次，不論那一類型的數位文學，一旦進入了網路世界，整個文學生態就會開始起變化。所謂「網路的去中心的作用力，將挑戰以副刊為主的文化主導權……隨著作者表達空間的大幅擴張，被文學副刊守門人企劃編輯所排擠的作品，將可以在網路找到生機」（須文蔚，2003a：139引渡邊徹語）、「作者如同回到了『古騰堡時代』，可以身兼打字員、排版者、美工設計、出版者和行銷者，直接和散居各地的讀者面對面，不需要經過媒介守門人（包括出版社、副刊編輯和雜誌編輯等）的把關，更不必透過大眾文化市場的行銷體系，就以類似『人際傳播』的方式和文學的讀者心靈情意相通，更誠實地面對自己的作品」（須文蔚，2003b：引羅立吾語）、「FLASH 這個套裝軟體出現，提供製作動畫網頁一個新利器，成品不但檔案小、

傳輸快、影音可以合一；特別是在1999年底Macromedia推出Flash4.0版，強化了多向鏈結的功能，讓作者把文學作品轉化成影音動畫、動態互動作品、甚至遊戲都不成問題」（須文蔚，2003a：275）等等，就是在說它的新自由化、人際傳播化和互動／遊戲化等狀況。但它的「盲目跟進」、「理想斷滅」和「進退兩難」等問題（後遺症）也跟著暴露出來了：

> （虛擬現實的代價）是人和人之間親身接觸的隔離隔膜？新媒體和舊媒體之間，真的不能相容並存；新的真的有如後浪，將前浪覆滅一空，完全取代嗎？去中心、多線多徑的後結構，真的是事物本相？遇事建立結構、設定組織、尋找次序的傾向，真的是我們從印刷文字文化習得的行為，而非本能？作者真願、真能、並且真的放棄了主控權利（鏈結是誰設的，徑路組合又是誰安排的呢），將他的藝術企圖交在讀者手中（推動文本的那隻作者的手）嗎？讀者真願、真能、並且真的放棄心靈對話式的閱讀，反客為主，動「筆」書寫起來嗎？「媒體」真的就是「信息」，新的就一定比舊的好（這也是線性思想）嗎？科技真的對人類有益，真的代表進步，真的決定一切，真的不可避免嗎？（鄭明萱，1997：140）

在文學創作方面，多向文本的發展固然開拓了我們的視野，滿足了我們恣意創作的慾望；但同時也阻絕了我們攀爬「高峰」的驅力，斷滅了我們追求「理想」的意志。在整個過程中，我們不必成為勇於發現「新大陸」的航海者；只要當一個不辨方向的泅泳者，或者在高度無政府狀態中隱姓埋名而終了殘生。這是網路世界所透露給人的信息（人一離開網路

世界，就什麼也不是，什麼也無法全樣保存下來），我們能不感到悲哀嗎？（周慶華，2001b：253）

> 網際網路，猶似一座迷幻的虛擬之城，有它無可置疑的開放性和不被檢肅、阻斷的「野火」性格，在這座燃燒著真實世界透過法律、教育和文化機制所禁制的人性慾望的虛擬城市中，權力、利益以及飽含人類慾望的資訊強而有力地流動著。表面上，這標誌了一個不被政治、權力或文化霸權宰制的「美麗新世界」；實質上，則如柯司特洞見，這樣的網路社會所產生的「新秩序」乃是一個「價值被生產、文化符碼被創造、而權力被決定」的「網路社會新秩序」。而這一新秩序「對大多數人來說則越來越像後設的社會失序」；它的迷幻和虛擬，「緣自不可控制的市場邏輯、技術、地緣政治秩序或生物決定論的自動化隨機序列」。在網際網路這樣迷幻的虛擬之城中，文學社群的文本虛擬，相對地更像是斷裂的，瓦解的「碎片」，被華麗的流金掩飾、遭淫邪的聲色的鄙夷。文學和網路的聯結，因而更陷入弔詭的困局之中：作為文學書寫者，到底該加入這個迷幻的虛擬遊戲？還是該進入當中抵抗這種被市場邏輯操縱的戲局？（林淇瀁，2001：212～213）

因此，所謂數位文學興起所帶動文學生產、傳播和接受等場域的變遷，是連著新虛無主義的風險一起存在的（這還不包括前面所說的只能將文學作品數位化處理而始終無力改變文學體質那種情況）；它的危機因為要仰賴電腦科技可能還會更多（新虛無主義只是「最明顯可見」的部分）。換句話說，文學的前景如果全靠電腦／網路這種

新的傳播媒體在作保證，那麼只要該媒體「無以為繼」或「失去效用」，一切就會化為烏有。

四、文學場域的變遷中的新危機

不論是文學創作的新自由化，還是文學流通的人際傳播化，或是文學閱讀的互動／遊戲化，舉凡所有文學場域的變遷仍舊都還要深繫著一個電腦科技的「恩賜」，那麼它們在勢必要向電腦科技「稱臣」的過程中，就會產生「後」路無著的新危機。這種新危機，則明顯有著不利於文學本身的「殊命」和不利於人類經營生活的「共命」等雙重性，頗可以作為未來學評估、預期前途的對象。

這種評估、預期前途的關鍵點，就在電腦科技可否恆久的予以信賴上。如果省事一點而以大包小或以小塞大（前者指用上述的「共命」包裹兼論「殊命」；後者指用上述的「殊命」夾進「共命」隨機發論）的方式來談，那麼就可以說網路的興起等於宣告了一個「微敘事」時代的來臨；而這種對絕對速度的追求則無疑是現代「大敘事」、甚至是後現代「小敘事」（背後的解構理念仍屬於大敘事）的最大威脅。所謂「繼現代『大敘事』的危機之後，也許將會是後現代的『小敘事』面臨危機。因為空間面向的危機，也意味著倫理、美學參考架構多樣性的危機。隨著實際空間和間差時間的消逝，無數建立於不同空間和不同時間的小敘事也將會消失；取而代之的是正在不斷擴張的電傳『微敘事』。微敘事不再是文字、話語或論述的敘事，而是聲音、影像乃至觸覺的電傳敘事。微敘事不再是回到現代性理論或理念的普世化，而是跳到資訊和新聞實況時間的世界化」〔維希留（P.Virilio），2001：26〕，正道出了這一消息。因此，文學人的寄身網路而嚐受「恣意創作」和「極速傳輸」的快感，也就可

以擺脫在平面媒體上難以成就大敘事式的實體建構或跟人競玩小敘事式的解構遊戲的焦慮。然而，實情真的這麼簡單嗎？我們知道，電腦這一最新科技，有關它的軟體程式和視窗工作平臺等設備的研發始終操縱在電腦科技專家的手裏，而一個文學人卻只能「尾隨」利用而毫無「主導」的能力，結果有一些「看壞」性的危機就那樣赤裸的在眼前發生或疾或徐的效應：

首先，文學人表面上隨著大家進入一個「後電子書寫時代」而要展開他的新的創作旅程，但實際上卻如何也避免不了一種「永遠追趕不及」或「無法預測止境」的新的資訊焦慮：「『後電子書寫時代』的書寫，經由電腦螢幕和指尖在鍵盤敲擊，眼睛在心智和文字之間，成為不可替代、不可或缺的中介。因此，電子書寫於是取代了傳統的書籍的架構，經由電子自動化的支配的特性，電子書寫取代了文人的工匠雕琢，把我們的注意力『由個人的書寫經驗，轉向更為接近算數過程的一般化邏輯』；我們對於當代文化的理解，因此跳過理念沈思的穩定性，而朝向動態可能的過剩，一種無時無刻都存在的『資訊焦慮』。不論是由於資訊量的過多而產生焦慮的心理，還是因為對於資訊科技所帶來的『沒有盡頭的進步』感到焦慮，人類在『後電子書寫時代』感受到新的孤獨形式」（黃瑞祺主編，2003：173）。這種新的資訊焦慮所伴隨的新的孤獨形式，所帶給文學人的不是自信、踏實等一類的心理慰藉，而是無從「計慮明天」的深重的不確定感，一顆心終將要跟著電腦螢幕不安且無目的的晃動而無所止息。

其次，在「後電子書寫時代」，文學人固然可以攀躋上另一波創作「高峯」而參與了所謂跨性別、跨階級、跨族羣、跨國家的「數位化」世界的運作，但這種比先前任何一個時代更自由化的生活形式，所帶來的刺激、快感和新浪漫情懷，卻是以（新）虛無主義為

代價的。因為西方社會從現代起放逐造物主而追求自主性，所藉來代替失落的終極關懷的是哲學和科學；而哲學和科學到了為追求更大自由的後現代也一併被放逐了，人們從此生活在一個沒有深度且支離破碎的平面世界中。為了避免繼續「迷失」，一些有識之士已經看出必須「超越後現代心靈」，重返對造物主的信仰，才能挽回嚴重扭曲的人性和化解塵世快速沈淪的危機〔布洛克（A.Bullock），2000；史密士（H.Smith），2000；威爾伯（K.Wilber），2000；阿姆斯壯（K.Armstrong），1999；希克（J.Hick），2004〕。但事實上卻不如所預期；整個西方世界由於電腦網路的發明，使得許多人有了新的崇拜對象而喜不自禁的宣稱一個「理想化國度」的來臨。所謂「早期基督徒設想的天國，是『靈魂』完全擺脫肉體弱點困擾的地方。現今的網路族傲然聲稱，在這一『（數位）世界』裏，我們將豁免生理形體帶來的一切侷限和尷尬」（魏特罕，2000：2），就是他們尚未「妥協」的明證。而非西方社會本來沒有「靈性復歸」的問題（源於宗教信仰的不同），但已經追隨西方社會的腳步從現代走到後現代又轉進了網路時代，現在自然也得同樣面對必須自我拯救的關卡（周慶華，2001b：94）。但整體看來，文學人（不論是西方的文學人還是非西方的文學人）似乎都還沒有準備好要面對這一新的課題；以至在網路世界裏寄身就帶有相當程度的盲目性，離「實質性」的自主還有很長一段距離（仍然受限於電腦科技而不可能有所謂的真正或徹底的解脫）。

　　再次，電腦科技的高度發展，不啻助長了另一波的霸權爭奪戰以及資源的大消耗。前者（指霸權爭奪戰）是因為網路世界的變數太多，只有能掌握電腦科技（包括硬軟體技術以及相關的生產機制和行銷網絡等）的人才能立於「不敗」的優勢；其他的迎合者和使用者只好淪落被片面宰制的命運。所謂「在以電腦為基礎的資訊化

科技發展的衝擊下，資訊化知識成為直接社會生產力主體的同時，國際政治以爭奪資訊化知識的主導權為核心，而那些掌握資訊化知識的生產分配主導權的跨國企業，更有可能成為影響國際政治經濟、甚至軍事文化發展的主要力量」（李英明，2000：25～26），這實際上已經得到了驗證；而它所衍生的新科技殖民也早就隨著全球化的浪潮在世界各地造成大大小小的「強力支配」的災難〔曼德（M.J.Mandel），2001；勒比格（O.Lbinger），2001；格拉罕（G.Graham），2003；湯林森（J.Tomlinson），2003；雷席格（L.Lessig），2002；喬登，2001；麥切斯尼（R.W.McChesney），2005；林南（Nan Lin），2005；甘茨（J.Gantz）等，2006；維加德（H. Vejlgaard），2008〕，讓無力操縱科技的人更不由自主（或活得更無奈）而對未來世界深懷恐懼！後者（指資源的大消耗）是因為電腦科技要締造的「理想化國度」，是要以無止盡耗用地球的資源為代價的；而這樣下去在可見的未來在地球這一封閉的系統內一定會面臨不可再生能量趨於飽和的能趨疲的壓力（周慶華，2001a；2002a；2005；2006a；2007b）。試問在這種情況下，所謂的網路世界又可以維持多久？而站上這個「舞臺」的文學人究竟又要如何自我定位（或說又要表明什麼立場）？這恐怕會是一個兩難結局。換句話說，文學人不是要向「現實」低頭（一樣隨他人去競逐權勢和參與耗用資源的行列），就是要逆向操作而採取抗拒「現實」的態度；而不論如何，這都不可能是一條康莊大道而可以任文學人「稱意」的去馳騁。

　　以上所舉只是犖犖大者，而對於電腦操作技術的摸索學習以及軟硬體設備更新花費的壓力等等都未涉及。這些總合起來，一個寄身網路的文學人所能嚐受的「恣意創作」和「極速傳輸」的快感，並不如想像的實在；而所謂網路儼然就要深繫著文學人的命運這一可能的新命題真要成立，大概也是負面意義多於正面意義。因此，

在一個嶄新的數位化世界裏，文學人的前途依然沒有得到什麼「有力的保障」（周慶華，2004b：72～76）。而從這一點看，一些論者所欣喜的多向文本的建制化和互動機制的形成以及超鏈結的藝術能量的增強（已經出現了空白點、堆置點、暗指點、關鍵點和嬉玩點等多重制動點的美學形式）等既有數位文學的「成就」（格拉斯奈，2006；羅鳳珠主編，2004；須文蔚，2003a；東華大學中文系編，2004），也就禁不起以上述會迫使文學人「一再受挫」的那些危機來輕施索問了。

五、電腦科技還會是文學未來學所寄望的麼

數位文學的明天要用諸多的危機來「恫嚇」，也許會被認為是杞人憂天；它的媒體「救活」文學的意義依舊有受到重視的可能性。那麼這就得從另一個角度來別作觀測，看看是否有可以擺脫文學未來學的焦慮而再「向前推進」。畢竟文學已經在電腦科技的「裏脅挾帶」或「推波助瀾」中重新出發了，它的「變形」伸展即使無法確保一個文學新紀元的來臨，但也不盡然全無「希望」可說。

現在僅能數位化處理文學作品且不免跟商業掛勾而基本上提升不了文學品質的局部創作風氣（洪凌，2005），固然不必對它多所寄望；而正在流行密織的部落格新社羣（網路與書編輯部，2006）所被預言的「是繼 e-mail、BBS、即時信息（如 MSN Messenger）之後，第四個改變世界的網路殺手」（沈昱瑄，2006），可以想像得到它的「散漫」同樣沒有本事更新文學的場景，從此也毋須為它投注太多的心力。剩下來的就是創作數位化的文學作品那一部分，它還可以再藉機來給予「發微」或「悲憫」一番。

　　自從有「文學」觀念形成以來，有關它的體製、形貌和技藝等雖然「言者紛紛」，但總是在相當程度上保住了用意象或事件來比喻／象徵思想情感以有別於逕直表出思想情感的非文學的底線。這不論是崇尚模象觀的前現代派（包括古典主義、寫實主義、浪漫主義等等），還是崇尚造象觀的現代派（包括象徵主義、表現主義、未來主義、存在主義、超現實主義、魔幻寫實主義等等），都「一致」的信守著。直到強調語言遊戲觀的後現代派興起，試著以「除魅」的方式而將先前的文學觀予以解構、諧擬和拼貼等，整個文學的「嚴肅」氣氛，才在一夕之間崩解（周慶華，1994；2001b；2002b；2004c）。接著繼起的數位文學，透過超鏈結文字、聲音、影像、圖形和動畫等企圖更徹底的「延異」文學的內涵，讓文學的整體面貌再度陷於「虛無飄渺」或「流蕩失重」的狀態。這才是文學真實的命運（而不是因受外力影響而造成它退卻那一表面的波動），也是這裏所指出的文學未來學真正該焦慮的所在。

　　文學未來學作為一個專門預測「文學未來趨勢」的學科（雖然這還在醞釀階段），它所關懷的文學的「觀念易動」和「藝術昇華」等課題〔科恩（R.Cohen）主編，1993：1～19；周慶華，2004c：359～361〕，大致上都還是體制內的。但這一切在數位文學的多向文本和互動性的演出中，卻不得不失落了它的可以指稱的「文學性」（也就是一旦起動超鏈結和制動的機制，文學性就從「延異」裏消失了）。這樣還要稱它為（數位）「文學」，豈不是極大的弔詭？換句話說，數位化所泯除學科的界域是導至文學衰亡的根本原因，而文學人卻還沾沾自喜的自以為「創新了文學」，這當中難道沒有可寄以「同情其無知」而身懷憂慮的麼！因此，在文學的觀念尚未獲得實際的翻新前（一般談論數位文學的人，只觸及形式／技巧一類屬於「第二級序」的問題，對於意象、事件等文學的本真如何還保有的屬於「第

一級序」的問題幾乎都無暇兼顧），數位文學就看不出有什麼值得期待它繼續存在／發展的地方。

那麼要翻新文學的觀念又怎麼可能？這似乎只有採取「走險路」的辦法，才可望一舉突破既定的規範。也就是說，現有的數位文學的鏈結網是封閉或半封閉式的而不是可以有的開放式的。這種所可以高期待的開放式的鏈結網，當不是像論者所說的強為「鏈結到其他文類、其他媒體、其他作者、甚至不斷延伸個別作品的可能性，而形成有如『文字的歧路花園』一般」（廖咸浩，1998）而已，它還得開放空間讓讀者也能夠全然的參與創作而使得徹底超文本化的實況再進一層的解除「創作」和「閱讀」的分界；否則只是有限度的單方的鏈結，所有創作（書寫）和閱讀的成規都會被召喚回來而抵銷了跨文本式的基進創新的用意。而這個過程，除了要保留一點基本的文學的藝術存有性（不然就得連文學也一併取消），其餘都得開放給可能的無限的文本構連和讀者的互動（周慶華，2004e：268～269）。

這樣所成就的，就不再是「數位化的文學」（先前相關的稱呼，都不出這個意涵），而是道道地地的「數位文學」。而在這種情況下，回歸到文學和科技的衝突問題上來，在不考慮資源的「節約利用」和文化的「永續經營」的前提下，也只好任憑基進創新而邊走邊看「時效」；否則就得當機立斷停止前進而重返紙本的創作另尋出路。因此，所謂「電腦科技還會是文學未來學所寄望的麼」，也就姑且這麼再一次「無奈」的權予肯定了。它的成敗是專屬於「數位文學」的；只關心「文學」的人，不妨暫時跳過噤聲（周慶華，2007c：286～289）。

第十五章　結論

一、漢文化的文化性的最新檢視成果

　　漢文化所以需要另眼看待，除了它所「隱藏」的許多特質還有待發掘並廣為傳揚，在相當程度上還是它的可為對諍緩和全球化浪潮所帶來的窘迫壓力。畢竟創造觀型文化的極度發展在跟西方人強烈的權力意志聯手或合謀演出後所造成的生態危機和殖民災難等後遺症，無法再透過它的自我救贖以發揮無益的「以水濟水，以火救火」功效（更何況西方人已經「騎虎難下」，根本不可能輕易的就此罷手），以至仰賴「收斂」的漢文化（氣化觀型文化兼及緣起觀型文化）來「挽救」，也就成了我們再行深化轉為推廣的莫大的使命。

　　我個人憑一己之力，雖然掀揭此中奧義未能淋漓盡致，但也逼出了一種論述啟世的模式。所謂「另具隻眼：中國傳統文哲中神祕文本的建構與詮釋」、「『野合』：中國上古社會的一種生活美學」、「『自』字與字『自』：中國傳統的一種生活美學與文化意識形式」、「重新焦點化：跨文化溝通中的哲學諍論」、「新體證模式：佛教形上語言隱含的難題及其化解途徑」、「『古文／今譯』一個不可能的媒合：以陳鼓應的《莊子今註今譯》為例」、「開啟轉傳統為現代的語用符號學道路：以龔鵬程先生《文化符號學》為開展核心」、「你我非你也非我：《公孫龍子》中的後設認知抉微」、「言文的辯證回歸：漢語聲調的社會功能與文化功能」、「臺灣文學如果要有希望：以葉笛的文學論述為一個參考點」、「從臺灣文本到文本臺灣：一個華語

敘述的新向度」、「詩性思維 VS.情志思維：一個根源性的中西詩觀的比較」和「數位文學的明天：一個文學未來學的焦慮點」等論題所顯現的思慮向度，正是世所罕見而可以著為「新」典範。這在自我評估上，一面是轉傳統為開新以為確保主體的存在優勢；一面則是契合現實濟危扶傾的隱聲籲求，合而展現出可為世所「持續矚目」的超卓成就。

二、我們還可以怎樣開啓未來「與世競馳」的途徑

　　這條轉傳統為開新的另眼看待漢文化的道路，在上述諸理論和實踐向度以外，自然還會有我們可以繼續「開啟」的空間（沒有人能夠絕對的保證已經「了無餘韻」）。好比當今資訊社會所強調的「資訊是知識」、「語言、符號是資訊存在的形式」、「資訊是動態性的」、「資訊是具有利用價值的知識」和「資訊的反饋性質」等有關資訊「順向」的特徵（王治河主編，2004：673），就被我以一個「資訊文學化」的新要求所別為規模：

> 　　從資訊被框限具有「一定的內容」、「要藉助載體」、「是動態傳遞的」、「可利用的」和「為未來服務的」等特徵來看，它的不得不講究「精確性」和「易懂性」（避免歧義以方便於傳播和接受），跟文學一向所專擅的「模糊性」和「難解性」（刻意製造歧義以方便於玩味審美）明顯大不相同。在這種情況下，文學被「強迫」和資訊結合（將文學資訊化而成為可以立即傳播和接受的對象）就會有些不協調：首先，從接受的角度看，原來人在面對文學透過意象或事件來比喻／象徵思想情感時，經常要去填補許多空白、參與創作；而參與

創作本身自然就會有心智上的成長。但人在面對毋須重組也不必強解的資訊時，只要被動接受就行了；最後個個都變成不會思考的動物。其次，從本體論的角度看，資訊的生產是為了給人「消費」的（包括電影、電視和廣播等所提供的資訊在內）；而文學的生產除了給人「消費」，還可以帶動「生產」（接受者參與創作及再轉實際別為創作），彼此的功能有廣狹的差異。而根據上述，文學資訊化就難有「遠景」可以期待。換句話說，文學資訊化是在為文學「降格」（一邊淺易化，一邊弱化創造力），基本上不能作為文學的前途所繫。如果要有遠景可以期待，那麼就得將「文學資訊化」轉成「資訊文學化」。所謂「資訊文學化」，是指先守住「文學」的優質審美性，然後結合興起於西方的人文學科／社會學科／自然學科等各領域的資訊來豐富文學的形式和意義。而這所可以「以《紅樓夢》為典範再啟新猷」的，就是從將文學本身的各個階段演變（包括前現代／現代／後現代等等）融合而出新意以及援引其他學科的資源更擴大文學的體製等兩方面「綜合」來進行突破；這時它就真正的進入了「後紅樓夢時代」而可以有效的再創新典範。（周慶華，2007c：293～294）

這種資訊文學化的新要求仍舊要試著從電腦科技中「游離」出來，才能確保它不會再度淪為耗用資源的「幫兇」。而這透過攝取古今中外所實踐過文體的「所需」來有機的匯製成殊異的文本的作法，跟可能的一空依傍而另行造出嶄新的文體可以合流或雙軌並行，以為所謂開啟未來「與世競馳」的途徑充當先鋒。

　　此外，在儒道佛的哲學思想方面原可以如第五、六章那樣可寄望於寄望它們轉為開新，但遺憾的是它們在當今卻「自我墮落」到惑於西方科技文明的強大威力而頻頻乞為接軌（周慶華，2001a：128～132；2007a：220～221），而看不到自己所有的跟該科技文明對諍或抗衡的優勢。這當然是主導儒道佛走向的人的不夠「明智之舉」（而不是儒道佛「自己」甘願隨波逐流）！因此，真正可議的是主導者的心態。「矯正」的方案在於不是把儒道佛加以改造或強為接納西方的東西而造成儒道佛現代化（西化）的事實，而是在普世現代化的過程中有那些不適應症或弊病或困境而可由儒道佛來提供對諍或救治的藥方，這才是儒道佛在現代社會可以再「復振」的契機（周慶華，2001a：132）。

　　還有在宗教方面對於神秘世界的探尋原也可以使相關的經驗成為最新認知的範疇和道德昇華的憑藉以及豐富審美的資源等（周慶華，2006a：12～19），但也因為國人憚於西方實證科學的威逼而自我弱化思維應變的能力，遲遲不知從傳統取得可為諫諍的資源而平白錯過了再開新學的機會。這些都有待於積極的啟程以為「濟世」的偉業貢獻良策；而所謂的「我們還可以怎樣開啟未來『與世競馳』的途徑」，也就因為有這些的「前導」而可以由世人去舉一反三，一起來諍世「拯救危亡」！

參考文獻

卜倫（1998），《西方正典》（高志仁譯），臺北：立緒。

丁旭輝（2000），《臺灣現代詩圖象技巧研究》，高雄：春暉。

丁福保編纂（1976），《說文解字詁林》，臺北：商務。

于根元主編（2000），《世紀之交的應用語言學》，北京：北京廣播學院。

久大編輯部編譯（1990），《越過疆界》，臺北：久大。

王力（1987），《中國語言學史》，臺北：谷風。

王充（1978），《論衡》，新編諸子集成本，臺北：世界。

王弼（1978），《老子道德經注》，新編諸子集成本，臺北：世界。

王謨輯（1988），《增訂漢魏叢書》，臺北：大化。

王世貞（1983），《藝苑卮言》，續歷代詩話本，臺北：藝文。

王先霈等主編（1999），《文學批評術語辭典》，上海：上海文藝。

王先謙（1978a），《莊子集解》，新編諸子集成本，臺北：世界。

王先謙（1978b），《荀子集解》，新編諸子集成本，臺北：世界。

王初慶（2003），《中國文字結構——六書釋例》，臺北：洪葉。

王岳川（1993），《後現代主義文化研究》，臺北：淑馨。

王治河主編（2004），《後現代主義辭典》，北京：中央編譯。

王晉民（1994），《臺灣當代文學史》，南寧：廣西人民。

王國維（1981），《人間詞話》，臺南：大夏。

王晴佳等（2000），《後現代與歷史學：中西比較》，臺北：巨流。

王夢鷗（1976a），《文學概論》，臺北：藝文。

王夢鷗（1976b），《文藝美學》，臺北：遠行。

王德育（2000），《上古中國之生死觀與藝術》，臺北：國立歷史博物館。

王德威（2005），《臺灣：從文學看歷史》，臺北：麥田。

王孺松（1991），《孔子生平與學說》，臺北：臺灣書店。

巴克（2004），《文化研究——理論與實踐》（羅世宏等譯），臺北：
　　五南。

巴克等（2007），《預見五種未來科技：掌握未來二十五年的商機》
　　（高子梅譯），臺北：臉譜。

巴克（2007），《文化研究智典》（許夢芸譯），臺北：韋伯。

巴特（1988），《符號學要義》（洪顯勝譯），臺北：南方。

巴特（2004），《Ｓ／Ｚ》（屠友祥譯），臺北：桂冠。

巴壺天（1988），《禪骨詩心集》，臺北：東大。

毛子水（1986），《論語今註今譯》，臺北：商務。

毛思迪（2001），《中國——新霸權》（李威儀譯），臺北：立緒。

中村元（1991），《東方民族的思維方法》（林太等譯），臺北：淑馨。

文建會（2007），《臺灣製造：文化創意向前走》，臺北：允晨等。

文訊雜誌社編（1996），《臺灣文學中的社會：五十年來臺灣文學研
　　討會論文集（一）》，臺北：文訊雜誌社。

文史知識編輯部編（1992），《道教與傳統文化》，北京：中華。

方迪遜（2005），《人類極限》（未註譯者姓名），臺北：晶石。

孔穎達等（1982a），《周易正義》，十三經注疏本，臺北：藝文。

孔穎達（1982b），《左傳正義》，十三經注疏本，臺北：藝文。

孔穎達等（1982c），《禮記正義》，十三經注疏本，臺北：藝文。

孔穎達（1982d），《毛詩正義》，十三經注疏本，臺北：藝文。

孔穎達（1982e），《尚書正義》，十三經注疏本，臺北：藝文。

《中國時報》（2007.10.1），〈臺灣希望 2008 專題系列之四：被偷竊
　　的國家〉，《中國時報》第 T1 版，臺北。

丹青藝叢編委會編（1987），《當代美學論集》，臺北：丹青。

尼采（2000a），《權力意志》（張念東等譯），北京：中央編譯。

尼采（2000b），《悲劇的誕生》（劉崎譯），臺北：志文。

尼布爾（1992），《基督教倫理學詮釋》（關勝渝等譯），臺北：桂冠。

甘茨等（2006），《數位海盜的正義》（周曉琪譯），臺北：商周。

永瑢等（1985），《合印四庫全書總目提要及四庫未收書目禁燬書目》，臺北：商務。

布希亞（1998），《擬仿物與擬像》（洪凌譯），臺北：時報。

布洛克（2000），《西方人文主義的傳統》（董樂山譯），臺北：究竟。

布睿格等（2000），《亂中求序——渾沌理論的永恆智慧》（姜靜繪譯），臺北：先覺。

布雷瑟（2002），《另類世界史——打開歷史廣角》（黃中憲等譯），臺北：書林。

布魯克（2003），《文化理論詞彙》（王志宏等譯），臺北：巨流。

布魯格（1989），《西洋哲學辭典》（項退結編譯），臺北：華香園。

布羅德等（1990），《科學的騙局》（張馳譯），臺北：久大。

布萊德貝里（2007），《文學地圖》（趙閔文譯），臺北：胡桃木。

白少帆等編（1987），《現代臺灣文學史》，瀋陽：遼寧大學。

白雲觀長春真人編纂（1995a），《雲笈七籤》卷54，《正統道藏》第37冊，臺北：新文豐。

白雲觀長春真人編纂（1995b），《黃帝內經素問》，《正統道藏》第35冊，臺北：新文豐。

史文鴻（1992），《西方當代美學——問題分析與理解導向》，香港：青文。

史馬特（1997），《後現代性》（李衣雲等譯），臺北：巨流。

史密士（2000），《超越後現代心靈》（梁永安譯），臺北：立緒。

史迪格里茲（2007），《世界的另一種可能：破解全球化難題的經濟預告》（黃孝如譯），臺北：天下。

卡西勒（1989），《人論》（結構羣審譯），臺北：結構羣。

司馬遷（1979），《史記》（三家注），臺北：鼎文。

古添洪等編著（1976），《比較文學的墾拓在臺灣》，臺北：東大。

古添洪（1984），《記號詩學》，臺北：東大。

古繼堂主編（2003），《簡明臺灣文學史》，臺北：人間。

本書編寫組編（1999），《中國古代唯物論無神論名篇解讀》，上海：上海古籍。

艾柯（2000），《悠遊小說林》（黃寤蘭譯），臺北：時報。

艾坡比等（1996），《歷史的真相》（薛絢譯），臺北：正中。

艾科夫（1999），《美之為物：美的科學》（張美惠譯），臺北：時報。

艾柯瑞（2007），《抓鬼大師》（夏荷立等譯），臺北：小異。

艾恩斯（2005），《神話的歷史》（杜文燕譯），臺北：究竟。

米勒（2007），《文學死了嗎》（秦立彥譯），桂林：廣西師範大學。

江自得主編（2000），《殖民地經驗與臺灣文學──第一屆臺杏臺灣文學學術研討會論文集》，臺北：遠流。

江寶釵等編（1996），《臺灣的文學與環境》，高雄：麗文。

江維民（1972），《孔子研究》，臺北：戰地政務月刊社。

朱光潛（1981），《詩論》，臺北：德華。

朱光潛（1982），《詩論新編》，臺北：洪範。

朱光潛（1987），《狂飆時代的美學》，臺北：金楓。

朱建民（2003），《知識論》，臺北：空中大學。

朱雙一（2005），《臺灣文學思潮與淵源》，臺北：海峽學術。

朱耀偉（1994），《後東方主義──中西文化批評論述策略》，臺北：駱駝。

伊格頓（1987），《當代文學理論導論》（聶振雄等譯），香港：旭日。

依茲拉萊維奇（2006），《當中國改變世界》（姚海星等譯），臺北：高寶國際。

安德森（1999a），《想像的共同體》（吳叡人譯），臺北：時報。

安德森（1999b），《後現代性的起源》（王晶譯），臺北：聯經。

安傑利斯（2001），《哲學辭典》（段德智等譯），臺北：貓頭鷹。

托多洛夫（1990），《批評的批評──教育小說》（王東亮等譯），臺北：久大等。

托多洛夫（2004），《象徵理論》（王國卿譯），北京：商務。

列維－布留爾（2001），《原始思維》（丁由譯），臺北：商務。

李一（1994），《走向何處──後現代主義與當代繪畫》，北京：中國社會。

李岫等主編（2001），《二十世紀中外文學交流史》，石家莊：河北教育。

李善等（1979），《增補六臣註文選》，臺北：華正。

李漁（1990），《閒情偶寄》，臺北：長安。

李幼蒸（1993），《理論符號學導論》，北京：中國社會科學。

李延壽（1983），《南史》，臺北：鼎文。

李英明（2000），《網路社會學》，臺北：揚智。

李威斯（2005），《文化研究的基礎》（邱誌勇等譯），臺北：韋伯。

李達三等主編（1990），《中外比較文學研究》，臺北：學生。

李瑞華主編（1996），《英漢語言文化對比研究》，上海：外語教育。

李賢中（1992），《先秦名家「名實」思想探析》，臺北：文史哲。

李霖燦（2003），《中國藝術史稿》，臺北：雄獅。

李維－史特勞斯（1998），《野性的思維》（李幼蒸譯），臺北：聯經。

貝克（2004），《文化研究──理論與實踐》（羅世宏等譯），臺北：五南。

貝爾（2002a），《現代藝術》（武夫譯），香港：三聯。

貝爾（2002b），《文學》（蘇福忠譯），北京：三聯。

貝爾（2004），《未來學導論──歷史、目的與知識》（陳國華等譯），
　　臺北：學富。

貝斯特等（1994），《後現代理論：批評的質疑》（朱元鴻等譯），臺
　　北：巨流。

希克（2004），《信仰的彩虹》（王志成等譯），臺北：世界宗教博物
　　館基金會。

希爾斯（1992），《論傳統》（傅鏗等譯），臺北：桂冠。

希爾斯（2004），《知識份子與當權者》（傅鏗等譯），臺北：桂冠。

希爾厄斯頓（2003），《媒介概念十六講》（陳玉箴譯），臺北：韋伯。

佛思等（1996），《當代語藝觀點》（林靜伶譯），臺北：五南。

佛克馬等（1991），《走向後現代主義》（王寧等譯），北京：北京大學。

佛隆金（1999），《語言學新引》（黃宣範譯），臺北：文鶴。

佛德曼（2006），《了解全球化：凌志汽車與橄欖樹》（蔡繼光等譯），
　　臺北：聯經。

佛陀多羅譯（1974），《圓覺經》，《大正藏》卷 17，臺北：新文豐。

邢昺（1982），《論語注疏》，十三經注疏本，臺北：藝文。

余蓮（2006），《淡之頌：論中國思想與美學》（卓立譯），臺北：桂冠。

門羅（1987），《走向科學的美學》（安宗昇譯），臺北：五洲。

何九盈（2001），《漢字文化學》，瀋陽：遼寧人民。

何大安（1993），《聲韻學中的觀念和方法》，臺北：大安。

何秀煌（1988），《記號學導論》，臺北：水牛。

何寄澎主編（2000），《文化、認同、社會變遷：戰後五十年臺灣文
　　學國際學術研討會論文集》，臺北：行政院文化建設委員會。

呂大吉主編（1993），《宗教學通論》，臺北：博遠。

呂正惠（1992），《戰後臺灣文學經驗》，臺北：新地。

杜加斯等（1990），《當代社會心理學》（程實定譯），臺北：結構羣。

杜普瑞（1996），《人的宗教向度》（傅佩榮譯），臺北：幼獅。

宋兆麟（2001），《巫覡──人與鬼神之間》，北京：學苑。

宋澤萊（1988），《臺灣人的自我追尋》，臺北：前衛。

伯金斯（2001），《阿基米德的浴缸──突破性思考的藝術與邏輯》（林志懋譯），臺北：究竟。

沈昱瑄（2006），〈部落格正風行・網路文學新潮流〉，於國立臺中圖書館編，《書香遠傳》第 39 期（28），臺中。

沈清松（1987），《物理之後──形上學的發展》，臺北：牛頓。

沈清松編（1995），《詮釋與創造》，臺北：聯經。

沈清松主編（2002），《哲學概論》，臺北：五南。

沈清松主編（2004），《心靈轉向》，臺北：立緒。

里茨爾（2006），《虛無的全球化》（王雲橋等譯），上海：上海譯文。

伽達瑪（1999），《真理與方法》（洪漢鼎譯），上海：上海譯文。

吳錫德主編（2003），《世紀文學 9：跨文化與比較文學》，臺北：麥田。

克里斯欽森（2006），《發燒地球 200 年》（達娃譯），臺北：野人。

求那跋陀羅譯（1974），《大方廣寶篋經》，《大正藏》卷 14，臺北：新文豐。

林尹（1980），《文字學概說》，臺北：正中。

林尹（1982），《中國聲韻學通論》（林炯陽註釋），臺北：黎明。

林南（2005），《社會資本》（林佑聖等譯），臺北：弘智。

林水福等（1999），《中外文學交流》，臺北：臺灣書店。

林在勇（2005），《怪異：神乎其神的智慧》，臺北：新潮社。

林西莉（2006），《漢字的故事》（李之義譯），臺北：貓頭鷹。

林信華（1999），《符號與社會》，臺北：唐山。

林淇瀁（2001），《書寫與拼圖——臺灣文學傳播現象研究》，臺北：麥田。

林富士（2004），《漢代的巫者》，臺北：稻鄉。

林瑞明（1996），《臺灣文學的歷史考察》，臺北：允晨。

肯吉（2007），《中國撼動世界：飢餓之國崛起》（陳怡傑等譯），臺北：高寶國際。

居恩（1994），《文字與書寫——思想的符號》（曹錦清等譯），臺北：時報。

孟瑤（1979），《中國戲曲史》，臺北：傳記文學。

孟樊（1995），《當代臺灣新詩理論》，臺北：揚智。

孟樊（2003），《臺灣後現代詩的理論與實際》，臺北：揚智。

宗寶編（1974），《六祖法寶壇經》，《大正藏》卷48，臺北：新文豐。

奈思比（2006），《奈思比11個未來定見》（潘東傑譯），臺北：天下。

周有光（2001），《漢字和文化問題》，瀋陽：遼寧人民。

周昌忠（1991），《公孫龍子新論》，上海：上海社會科學院。

周啟志等（1992），《中國通俗小說理論綱要》，臺北：文津。

周敦頤（1978），《周子全書》，臺北：商務。

周策縱（2000），《紅樓夢案——棄園紅學論文集》，香港：中文大學。

周慶華（1994），《秩序的探索——當代文學論述的省察》，臺北：東大。

周慶華（1997a），《語言文化學》，臺北：生智。

周慶華（1997b），《佛學新視野》，臺北：東大。

周慶華（1997c），《臺灣文學與「臺灣文學」》，臺北：生智。

周慶華（1998），《兒童文學新論》，臺北：生智。

周慶華（1999a），《新時代的宗教》，臺北：揚智。

周慶華（1999b），《佛教與文學的系譜》，臺北：里仁。

周慶華（1999c），《思維與寫作》，臺北：五南。

周慶華（2000a），《中國符號學》，臺北：揚智。

周慶華（2000b），《文苑馳走》，臺北：文史哲。

周慶華（2001a），《後宗教學》，臺北：五南。

周慶華（2001b），《作文指導》，臺北：五南。

周慶華（2002a），《死亡學》，臺北：五南。

周慶華（2002b），《故事學》，臺北：五南。

周慶華（2003），《閱讀社會學》，臺北：揚智。

周慶華（2004a），《後佛學》，臺北：里仁。

周慶華（2004b），《後臺灣文學》，臺北：秀威。

周慶華（2004c），《文學理論》，臺北：五南。

周慶華（2004d），《語文研究法》，臺北：洪葉。

周慶華（2004e），《創造性寫作教學》，臺北：萬卷樓。

周慶華（2005），《身體權力學》，臺北：弘智。

周慶華（2006a），《靈異學》，臺北：洪葉。

周慶華（2006b），《語用符號學》，臺北：唐山。

周慶華（2007a），《語文教學方法》，臺北：里仁。

周慶華（2007b），《走訪哲學後花園》，臺北：三民。

周慶華（2007c），《紅樓搖夢》，臺北：里仁。

岳娟娟等（2005），《鬼神》，臺北：時報。

竺家寧（1998），《中國的語言和文字》，臺北：臺灣書店。

芮基絡（1988），《實用思考指南》（游恆山譯），臺北：遠流。

金惠敏（2005），《媒介的後果——文學終點上的批判理論》，臺北：商務。

季羨林等主編（1993），《中國比較文學》，上海：上海外語教育。

法爾布（1985），《語言遊戲》（龔淑芳譯），臺北：遠流。

拉德納（1991），《科學與偽科學》（安寶明譯），臺北：久大。

邱燮友等編著（1991），《國文科教學輔導論文集》，臺北：臺灣師大
　　中等教育輔導委員會。

欣奇利夫（1992），《論荒誕派》（李永輝譯），北京：昆侖。

阿姆斯壯（1999），《神的歷史》（蔡昌雄譯），臺北：立緒。

阿皮格納內西（1996），《後現代主義》（黃訓慶譯），臺北：立緒。

波謙斯基（1987），《哲學講話》（王弘五譯），臺北：鵝湖。

亞里斯多德（1999），《形而上學》（李真譯），臺北：正中。

東華大學中文系編（2004），《文學研究的新進路──傳播與接受》，
　　臺北：洪葉。

哈山（1993），《後現代的轉向》（劉象愚譯），臺北：時報。

哈爾門（2005），《文字的歷史》（方奕譯），臺北：晨星。

韋伯（1988），《新教倫理與資本主義精神》（于曉等譯），臺北：谷風。

韋伯（1991），《支配的類型：韋伯選集（Ⅲ）》（康樂等編譯），臺北：
　　遠流。

柏肯（2002），《最高意志的修鍊》（蔣孟蓉譯），臺北：生命潛能。

柏拉圖（1986），《柏拉圖文藝對話集》（朱光潛譯），臺北：蒲公英。

柏拉圖（1989），《柏拉圖理想國》（侯健譯），臺北：聯經。

姚朋等（1987），《文學與社會》，臺北：空中大學。

姚察等（1983），《梁書》，臺北：鼎文。

姚一葦（1985a），《藝術的奧秘》，臺北：開明。

姚一葦（1985b），《美的範疇論》，臺北：開明。

姚一葦（1997），《戲劇原理》，臺北：書林。

洪凌（2005），《魔道御書房》，臺北：蓋亞。

科恩主編（1993），《文學理論的未來》（程錫麟等譯），北京：中國
　　社會科學。

科塔克（2007），《文化人類學——文化多樣性的探索》（徐雨村譯），
　　臺北：麥格羅・希爾。

胡適等（1988），《中國哲學思想論集（總論篇）》，臺北：水牛。

胡士瑩（1983），《話本小說概論》，臺北：丹青。

胡功澤（1994），《翻譯理論之演變與發展——建立溝通的翻譯觀》，
　　臺北：書林。

胡民祥編（1989），《臺灣文學入門文選》，臺北：前衛。

胡壯麟（2004），《認知隱喻學》，北京：北京大學。

胡楚生（1980），《訓詁學大綱》，臺北：蘭臺。

胡樸安（1982），《中國訓詁學史》，臺北：商務。

胡應麟（1973），《詩藪》，臺北：廣文。

南方朔（2002），〈「全球化」時代走向「世界文學」〉，於行政院文化
　　建設委員會編，《2000臺灣文學年鑑》，臺北：行政院文化建設
　　委員會。

范文瀾（1971），《文心雕龍注》，臺北：明倫。

俞汝捷（1991），《幻想和寄託的國度——志怪傳奇新論》，臺北：
　　淑馨。

威肯特（1999），《當代意識形態》（羅慎平譯），臺北：五南。

威爾伯（2000），《靈性復興——科學與宗教的整合道路》（龔卓君
　　譯），臺北：張老師。

姜其煌（2005），《歐美紅學》，鄭州：大象。

馬昌儀（1999），《中國靈魂信仰》，臺北：雲龍。

段若川（2003），《安第斯山上的神鷹：諾貝爾獎與魔幻寫實主義》，
　　臺北：世潮。

查普曼（1989），《語言學與文學》（王晶培審譯），臺北：結構羣。

柯景騰（2003），〈網路小說創作之內在動力與連載文化〉，於《當代》
　　第 192 期（28），臺北。

柯慶明（2006），《臺灣現代文學的視野》，臺北：麥田。

柳鳴九主編（1990），《未來主義・超現實主義・魔幻寫實主義》，臺
　　北：淑馨。

郁慕鏞（1994），《科學定律的發現》，臺北：淑馨。

紀曉嵐（1977），《閱微草堂筆記》，臺北：文光。

施懿琳等（2003），《臺灣文學百年顯影》，臺北：玉山社。

班固（1983），《漢書》，臺北：鼎文。

柴熙（1983），《認識論》，臺北：商務。

高誘（1978a），《淮南子注》，新編諸子集成本，臺北：世界。

高誘（1978b），《呂氏春秋注》，新編諸子集成本，臺北：世界。

高友工（2004），《中國美典與文學研究論集》，臺北：臺灣大學。

高木森（2000），《亞洲藝術》，臺北：東大。

高本漢（1977），《中國語與中國文》（張世祿譯），臺北：文史哲。

高宣揚（1999），《後現代論》，臺北：五南。

高壽仙（1994），《中國宗教禮俗》，臺北：百觀。

高德里耶（2004），《全球新趨勢》（黃馨慧譯），臺北：麥田。

孫奭（1982），《孟子注疏》，十三經注疏本，臺北：藝文。

孫震等主編（2007），《臺灣危機》，臺北：渤海堂。

孫治本（2001），《全球化與民族國家：挑戰與回應》，臺北：巨流。

孫治本（2003），〈虛擬世界中的低虛擬性──輕、清、淡的網路文
　　學〉，於《當代》第 192 期（38），臺北。

殷鼎（1990），《理解的命運》，臺北：東大。

唐蘭（1980），《中國文字學》，臺北：洪氏。

唐作藩（1994），《音韻學教程》，臺北：五南。

唐君毅（1989），《中國文化之精神價值》，臺北：正中。

徐四金（2006），《香水》（洪翠娥譯），臺北：皇冠。

徐志嘯（2000），《中外文學比較》，臺北：文津。

徐道鄰（1980），《語意學概要》，香港：友聯。

徐復觀（1980），《中國文學論集》，臺北：學生。

徐復觀（1982），《公孫龍子講疏》，臺北：學生。

浦安迪（1996），《中國敘事學》，北京：北京大學。

格拉罕（2003），《網路的哲學省思》（江淑琳譯），臺北：韋伯。

格拉斯奈（2006），《編故事：互動故事玩家創意聖經》（闕帝丰譯），
　　臺北：閱讀地球。

泰特薩（1999），《終極的演化——人類的起源與結局》（孟祥森譯），
　　臺北：先覺。

桑塔格（2003），《反對闡釋》（程巍譯），上海：上海譯文。

席爾斯（2005），《迷文化》（朱華瑄譯），臺北：韋伯。

海德格（1993），《存在與時間》（王慶節等譯），臺北：久大等。

宮布利希（2000），《藝術的故事》（雨云譯），臺北：聯經。

索羅斯比（2003），《文化經濟學》（張維倫等譯），臺北：典藏。

張法（2004），《美學導論》，臺北：五南。

張湛（1978），《列子注》，新編諸子集成本，臺北：世界。

張瓊等（1994），《科學理論模型的建構》，臺北：淑馨。

張灝（1989），《幽暗意識與民主傳統》，臺北：聯經。

張巨青等（1994），《邏輯與歷史——現代科學方法論的嬗變》，臺北：
　　淑馨。

張世祿（1978），《中國音韻學史（上）》，臺北：商務。

張君炎（1986），《中國文學文獻學》，南昌：江西人民。

張振東（1993），《西洋哲學導論》，臺北：學生。

張漢良（1986），《比較文學理論與實踐》，臺北：東大。

張夢機（1997），《古典詩的形式結構》，臺北：駱駝。

張澄基（1973），《佛學今詮》，臺北：慧炬。

張錦忠等編（2007），《重寫臺灣文學史》，臺北：麥田。

張雙英（2006），《二十世紀臺灣新詩史》，臺北：五南。

陳恆等主編（2007），《新文化史》，臺北：胡桃木。

陳香（2000），《孔子的智慧》，臺北：國家。

陳壽（1983），《三國志》（裴松之注），臺北：鼎文。

陳平原（1990），《中國小說敘事模式的轉變》，臺北：久大。

陳世驤（1975），《陳世驤文存》，臺北：志文。

陳俊輝（1991），《新哲學概論》，臺北：水牛。

陳梅毛（2006），《性愛 200 擊：200 個讓你／妳大開眼界的性名詞》，
　　臺北：布克。

陳彭年等（1974），《校正宋本廣韻》，臺北：藝文。

陳新雄等編（1989），《語言學辭典》，臺北：三民。

陳新雄（2005），《聲韻學》，臺北：文史哲。

陳鼓應（2002），《莊子今註今譯（修訂本）》，臺北：商務。

陳榮捷（1987），《現代中國的宗教趨勢》（廖世德譯），臺北：文殊。

陳鐘凡（1984），《中國韻文通論》，臺北：中華。

康納（1999），《後現代文化導論》（唐維敏譯），臺北：五南。

康克林（2004），《超自然的神秘現象》（黃語忻譯），臺北：亞洲。

康斯勒（2007），《沒有石油的明天：能源枯竭的全球化衝擊》（郭恆
　　祺譯），臺北：商周。

康僧會譯（1974），《六度集經》，《大正藏》卷 3，臺北：新文豐。

許慎（1978），《說文解字》，段玉裁注本，臺北：南嶽。

許達然（2006），〈葉笛的詩義與詩意——論葉笛詩集《紫色的歌》、《火和海》和《失去的時間》〉，於《文學臺灣》第 59 期（90～125），高雄。

許錟輝（1999），《文字學簡編・基礎篇》，臺北：萬卷樓。

梁啟超等（1981），《中國文學的特質》，臺北：莊嚴。

曼德（2001），《網路大衰退》（曾郁惠譯），臺北：聯經。

曼紐什（1992），《懷疑論美學》（古城里譯），臺北：商鼎。

尉天驄編（1978），《鄉土文學討論集》，臺北：遠景。

馮友蘭（1992），《中國哲學史》，香港：三聯。

馮必揚等（1993），《士思維》，上海：上海人民。

馮作民（1998），《中國美術史》，臺北：藝術圖書。

馮其庸等（2000），《紅樓夢校注》，臺北：里仁。

馮錫瑋（1995），《中國現代文學比較研究》，上海：上海社會學院。

馮耀明（2000），《公孫龍子》，臺北：東大。

勒比格（2001），《危機管理》（于鳳娟譯），臺北：五南。

勒埃珀（1989），《迷信》（曾義治譯），臺北：遠流。

郭有遹，（1985），《創造心理學》，臺北：正中。

郭書瑄（2005），《圖解藝術》，臺北：易博士。

郭紹虞（1981），《中國歷代文論選（中冊）》，臺北：木鐸。

郭紹虞，（1982），《中國文學批評史》，臺北：文史哲。

郭慶藩（1978），《莊子集釋》，新編諸子集成本，臺北：世界。

章利國（1999），《中國佛教百科叢書・書畫卷》，臺北：佛光。

莊伯和（1982），《民間美術巡禮——藝術見聞錄之二》，臺北：雄獅。

莊萬壽等（2004），《臺灣的文學》，臺北：財團法人羣策會李登輝學校。

陸蓉之（1990），《後現代的藝術現象》，臺北：藝術家。

曹逢甫（1993），《應用語言學的探索》，臺北：文鶴。

曹順慶等（2003），《比較文學論》，臺北：揚智。

曹萬生（2003），《現代派詩學與中西詩學》，北京：人民。

麥唐諾等（2008），《從搖籃到搖籃：綠色經濟的設計提案》（中國
　　21世紀議程管理中心等譯），臺北：野人。

麥切斯尼（2005），《問題媒體：二十一世紀美國傳播政治》（羅世宏
　　等譯），臺北：巨流。

麥克里蘭（1991），《意識形態》（施忠連譯），臺北：桂冠。

麥克唐納（1990），《言說的理論》（陳墇津譯），臺北：遠流。

國立編譯館主編（1989），《科學與科技》，臺北：國立編譯館。

國立臺灣師範大學國音教材編輯委員會編（2003），《國音學》，臺北：
　　正中。

捷幼出版社編輯部主編（1992），《中國神仙傳記文獻初編》，臺北：
　　捷幼。

渥厄（1995），《後設小說──自我意識小說的理論與實踐》（錢競等
　　譯），臺北：駱駝。

傅柯（1993），《知識的考掘》（王德威譯），臺北：麥田。

傅柯（1998），《瘋癲與文明》（劉北成等譯），臺北：桂冠。

傅大為（1991），《知識與權力的空間──對文化、學術、教育的基
　　進反省》，臺北：桂冠。

傅偉勳（1990），《從創造的詮釋到大乘佛學──「哲學與宗教」四
　　集》，臺北：東大。

寒哲（2001），《西方思想抒寫》（胡亞非譯），臺北：立緒。

焦桐（1998），《臺灣文學的街頭運動（1997～世紀末）》，臺北：時報。

萊特（2007），《失控的進步》（達娃譯），臺北：野人。

喬登（2001），《網際權力：網際空間與網際網路的文化與政治》（江靜之譯），臺北：韋伯。

喬姆斯基（2003），《恐怖主義文化》（林佑聖等譯），臺北：弘智。

智顗（1974），《維摩經玄疏》，《大正藏》卷38，臺北：新文豐。

須文蔚（2003a），《臺灣數位文學論》，臺北：二魚。

須文蔚（2003b），〈雅俗競逐契機的網路文學環境——簡論網路文學的產銷與傳播形態〉，於《當代》第192期（10、11），臺北。

黃公偉（1987），《哲學概論》，臺北：帕米爾。

黃永武（1987），《中國詩學——設計篇》，臺北：巨流。

黃光國（2001），《社會科學的理路》，臺北：心理。

黃亞平（2004），《典籍符號與權力話語》，北京：中國社會科學。

黃重添等（1991），《臺灣新文學概論》，廈門：鷺江。

黃宣範（1983），《語言哲學——意義與指涉理論的研究》，臺北：文鶴。

黃宣範（1985），《翻譯與語意之間》，臺北：聯經。

黃瑞祺主編（2003），《後學新論：後現代／後結構／後殖民》，臺北：左岸。

黃慧英（1988），《後設倫理學之基本問題》，臺北：東大。

黃懺華等（1990），《中國佛教教理詮釋》，臺北：文津。

曾仰如（1987），《形上學》，臺北：商務。

曾仰如（1993），《宗教哲學》，臺北：商務。

曾慶瑞等（2003），《臺獨派的臺灣文學論批判》，臺北：人間。

湯林森（2003），《文化全球化》（鄭棨元等譯），臺北：韋伯。

湯林森（2005），《最新文化全球化》（鄭棨元等譯），臺北：韋伯。

勞思光（1977），《哲學淺說》，香港：友聯。

勞思光（1980），《中國哲學史（第二卷）》，香港：友聯。

勞思光（1984），《新編中國哲學史》，臺北：三民。

華特斯（2000），《全球化》（徐偉傑譯），臺北：弘智。

程發軔（1978），《國學概論》，臺北：國立編譯館。

彭瑞金（1991），《臺灣新文學運動四〇年》，臺北：自立晚報社。

彭瑞金（1995），《臺灣文學探索》，臺北：前衛。

菩提流志譯（1974），《大寶積經》，《大正藏》卷 11，臺北：新文豐。

溫天（2005），《神與物遊‧巧奪天工的智慧》，臺北：新潮社。

聖吉等（2006），《修練的軌跡：引動潛能的 U 型理論》（汪芸譯），
　　臺北：天下。

楊容（2002），《解構思考》，臺北：商鼎。

楊琳（1994），《語言與文化探幽》，長沙：湖南師範大學。

楊大春（1994），《解構理論》，臺北：揚智。

楊士毅（1994），《邏輯與人生──語言與謬誤》，臺北：書林。

楊偉中（2007.9.17），〈中國黑心商品的世界體系〉，《中國時報》第
　　A15 版，臺北。

楊端志（1997），《訓詁學》，臺北：五南。

楊蔭瀏（1988），《語言與音樂》，臺北：丹青。

楊儒賓等編（1996），《中國古代思維方式》，臺北：正中。

董浩等編（1974），《欽定全唐文》，臺北：文友。

董同龢（1981），《漢語音韻學》，臺北：文史哲。

董同龢（1987），《語言學大綱》，臺北：東華。

董洪利（1995），《古籍的闡釋》，瀋陽：遼寧教育。

福勒（1987），《現代西方文學批評術語》（袁德成譯），成都：四川
　　人民。

福斯特主編（1998），《反美學》（呂健忠譯），臺北：立緒。

賈許（2006），《佛教一本通》（方怡蓉譯），臺北：橡樹林。

賈公彥等（1982），《周禮正義》，十三經注疏本，臺北：藝文。

葉笛（1995），《臺灣文學巡禮——臺南市作家作品集》，臺南：臺南市立文化中心。

葉笛（2003），《臺灣早期現代詩人論》，高雄：春暉。

葉笛（2004），〈論《笠》前行代的詩人們〉，於鄭炯明編，《笠詩社四十週年國際學術研討會論文集》（36），臺南：國家臺灣文學館籌備處。

葉石濤（1987），《臺灣文學史綱》，高雄：文學界雜誌社。

葉石濤（1990），《走向臺灣文學》，臺北：自立晚報社。

葉長海（1990），《戲劇發生與生態》，臺北：駱駝。

葉維廉（1983），《比較詩學》，臺北：東大。

葉維廉（1988），《歷史、傳釋與美學》，臺北：東大。

葉錦明編（1997），《邏輯思想與語言哲學》，臺北：學生。

葉謹睿（2005），《數位藝術概論》，臺北：藝術家。

鄒郎編著（1985），《世界文學史》，臺北：五南。

塞爾（1995），《宗教與當代西方文化》（衣俊卿譯），臺北：桂冠。

詹鍈（1984），《文心雕龍的風格學》，臺北：木鐸。

詹京斯（1996），《歷史的再思考》（賈士蘅譯），臺北：麥田。

詹明信（1990），《後現代主義與文化理論》（唐小兵譯），臺北：合志。

詹偉雄（2005），《美學的經濟：臺灣社會變遷的 60 個微型觀察》，臺北：藍鯨。

雷夫金（1988），《能趨疲：新世界觀——二十一世紀人類文明的新曙光》（蔡伸章譯），臺北：志文。

雷可夫等（2006），《我們賴以生存的譬喻》（周世箴譯註），臺北：聯經。

雷席格（2002），《網路自由與法律》（劉靜怡譯），臺北：商周。

葛本儀主編（2002），《語言學概論》，臺北：五南。

齊裕焜等（1995），《鏡與劍──中國諷刺小說史略》，臺北：文津。

愛德華（2004），《像藝術家一樣思考》（張索娃譯），臺北：時報。

鳩摩羅什譯（1974a），《自在王菩薩經》，《大正藏》卷 13，臺北：新文豐。

鳩摩羅什譯（1974b），《般若波羅蜜經（小品）》，《大正藏》卷 8，臺北：新文豐。

鳩摩羅什譯（1974c），《思益梵天所問經》，《大正藏》卷 15，臺北：新文豐。

維柯（1997），《新科學》（朱光潛譯），北京：商務。

維登（1994），《女性主義實踐與後結構主義理論》（白曉紅譯），臺北：桂冠。

維加德（2008），《趨勢學，學趨勢》（羅雅萱譯），臺北：麥格羅‧希爾。

維希留（2001），《消失的美學》（楊凱麟譯），臺北：揚智。

豪斯（1997），《西洋社會藝術進化史》（邱彰譯），臺北：雄獅。

趙元任（1987），《語言問題》，臺北：商務。

趙仲明（1993），《巫師‧巫術‧秘境──中國巫術文化追蹤》，昆明：雲南大學。

趙如琳（1991），《戲劇藝術之發展及其原理》，臺北：東大。

趙雅博（1990），《知識論》，臺北：幼獅。

熊元義（1998），《回到中國悲劇》，北京：華文。

端木鐸（1983），《孔子的故事》，臺北：莊嚴。

蒲松齡（1984），《聊齋誌異》，臺北：漢京。

蒲慕州編（2005），《鬼魅神魔──中國通俗文化側寫》，臺北：麥田。

廖咸浩（1998），〈悲喜未若世紀末──九〇年代的臺灣後現代詩〉，輔仁大學外語學院等主辦「兩岸後現代文學研討會」論文，臺北。

赫基斯（1999），《佛教的世界》（陳乃綺譯），臺北：貓頭鷹。

赫緒曼（2000），《反動的修辭》（吳介民譯），臺北：新新聞。

赫爾德等（2005），《全球化與反全球化》（林佑聖等譯），臺北：弘智。

臺靜農（2004），《中國文學史》，臺北：臺灣大學。

臺北市立美術館編（1993），《生活美學》，臺北：臺北市立美術館。

臺灣文學研究會主編（1989），《先人之血‧土地之花──臺灣文學研究論文精選集》，臺北：前衛。

實叉難陀譯（1974），《大方廣佛華嚴經》，《大正藏》卷 10，臺北：新文豐。

網路與書編輯部（2006），《當如果遇上部落格》，臺北：網路與書。

輔仁大學宗教學系編（2007），《宗教學概論》，臺北：五南。

慧皎（1974），《高僧傳》，《大正藏》卷 50，臺北：新文豐。

慧嚴等加（1974），《大般涅槃經》，《大正藏》卷 12，臺北：新文豐。

劉康（1995），《對話的喧聲──巴赫汀文化理論述評》，臺北：麥田。

劉勰（1988），《文心雕龍》，增訂漢魏叢書本，臺北：大化。

劉魁（1998），《後現代科學觀》，臺北：揚智。

劉介民（1990），《比較文學方法論》，臺北：時報。

劉元亮等（1990），《科學認識論與方法論》，臺北：曉園。

劉文潭（1987），《現代美學》，臺北：商務。

劉仲宇（2003），《中國民間信仰與道教》，臺北：東大。

劉仲容等（2003），《物理之後──形上學的故事與哲學》，臺北：空中大學。

劉昌元（1987），《西方美學導論》，臺北：聯經。

劉其偉（2003），《現代繪畫基本理論》，臺北：雄獅。

劉宓慶（1993），《當代翻譯理論》，臺北：書林。

劉宓慶（1995），《翻譯美學導論》，臺北：書林。

劉軍寧（1992），《權力現象》，臺北：商務。

劉根報（1992），《世界十大思想家①：孔子》，臺北：書泉。

劉登翰等編（1991），《臺灣文學史》，福州：海峽文藝。

劉福增（2002），《公孫龍子新論》，臺北：文津。

劉曉明（1995），《中國符咒文化大觀》，南昌：百花洲文藝。

劉燕萍（1996），《愛情與夢幻──唐朝傳奇中的悲劇意識》，臺北：
　　商務。

劉麟生（1980），《中國駢文史》，臺北：商務。

德曼（1998），《解構之圖》（李自修等譯），北京：中國社會科學。

德希達（2004），《書寫與差異》（張寧譯），臺北：麥田。

鄭小江主編（1993），《中國神秘術大觀》，南昌：百花洲文藝。

鄭志明（1997），《神話的由來──中國篇》，嘉義：南華管理學院。

鄭志明（2000），《以人體為媒介的道教》，臺北：宗教文化研究中心。

鄭志明（2004），《宗教與民俗醫療》，臺北：大元。

鄭明萱（1997），《多向文本》，臺北：揚智。

鄭錦全（1994），《國語的共時音韻》（鍾榮富譯），臺北：文鶴。

鄭樹森（1994），《從現代到當代》，臺北：三民。

鄧元忠（2004），《反省史學之系統價值》，臺北：五南。

蔡天起（2007），《神秘自然生態大解碼》，臺北：晶冠。

蔣廷錫等編（1991），《神怪大典》，上海：上海文藝。

蔣維喬（1993），《佛學概論》，臺北：佛光。

潘知常（1997），《反美學》，臺北：學林。

潘重規等（1981），《中國聲韻學》，臺北：東大。

黎波諾（1989），《水平思考法》（余阿勳譯），臺北：水牛。

盧世祥等（2006），《臺灣的卓越》，臺北：財團法人羣策會李登輝
　　學校。

龍宇純（1984），《中國文字學》，臺北：學生。

龍沐勛（2000），《倚聲學：詞學十講》，臺北：里仁。

霍克斯（2007），《人類大未來》（吳信如譯），臺北：商務。

賴亞生（1993），《神秘的鬼魂世界》，北京：人民中國。

賴明德（2003），《中國文字的探究與教學》，臺北：文史哲。

霍布斯邦等（2002），《被發明的傳統》（陳思仁等譯），臺北：貓頭鷹。

錢谷融等（1990），《文學心理學》，臺北：新學識。

歐陽詢（1973），《藝文類聚》，臺北：新興。

歐陽修等（1983），《新唐書》，臺北：鼎文。

歐蘇利文等（1997），《傳播及文化研究主要概念》（楊祖珺譯），臺北：遠流。

魏明德（2006），《新軸心時代》（楊麗貞等譯），臺北：利氏。

魏特罕（2000），《空間地圖──從但丁的空間到網路的空間》（薛絢譯），臺北：商務。

韓愈（1983），《韓昌黎文集》，臺北：漢京。

戴蒙（2006），《大崩壞：人類社會的明天？》（廖月娟譯），臺北：時報。

戴德（1988），《大戴禮記》，增訂漢魏叢書本，臺北：大化。

戴維斯等編（1992），《沒門》（馬曉光等譯），北京：中國社會科學。

鍾嶸（1988），《詩品》，增訂漢魏叢書本，臺北：大化。

鍾明德（1995），《從寫實主義到後現代主義》，臺北：書林。

鍾肇政（2000），《臺灣文學十講》，臺北：前衛。

蕭燁（1996），《知識的雙刃劍──後現代主義與當代理論》，北京：中國社會。

蕭登福（1984），《公孫龍子與名家》，臺北：文津。

蕭新煌等（2005），《綠色藍圖：邁向臺灣的「地方永續發展」》，臺北：天下。

濮之珍（1994），《中國語言學史》，臺北：書林。

謝弗雷（1991），《比較文學》（馮玉貞譯），臺北：遠流。

謝冰瑩等（1987），《新譯四書讀本》，臺北：三民。

謝希聲（1978），《公孫龍子注》，新編諸子集成本，臺北：世界。

謝明錩（2004），《看懂世界名畫》，臺北：爾雅。

謝國平（1986），《語言學概論》，臺北：三民。

關紹箕（2003），《後設語言概論》，臺北：輔仁大學。

豐華瞻（1993），《中西詩歌比較》，臺北：新學識。

賽爾維爾（1989），《意識形態》（吳永昌譯），臺北：遠流。

曇無讖譯（1974），《大方等大集經》，《大正藏》卷13，臺北：新文豐。

瞿曇僧伽提婆譯（1974），《增壹阿含經》，《大正藏》卷 2，臺北：新文豐。

羅青（1989），《什麼是後現代主義》，臺北：五四書店。

羅青（1994），《荷馬史詩研究詩魂貫古今》，臺北：學生。

羅宗濤等（1999），《臺灣當代文學研究之探討：1988～1996》，臺北：萬卷樓。

羅常培（1982），《漢語音韻學導論》，臺北：里仁。

羅致政等主編（2007），《解構「一個中國」：國際脈絡下的政策解析》，臺北：臺灣智庫。

羅森堡（1997），《「新」的傳統》（陳香君譯），臺北：遠流。

羅鳳珠主編（2004），《語言，文學與資訊》，新竹：清華大學。

譚戒甫（1975），《公孫龍子形名發微》，臺北：世界。

譚國根（2000），《主體建構政治與現代中國文學》，香港：牛津大學。

譚學純等（2000），《接受修辭學》，合肥：安徽大學。

懷特（2003），《後現代歷史敘事學》（陳永國等譯），北京：中國社
　　會科學。

嚴羽（1983），《滄浪詩話》，歷代詩話本，臺北：藝文。

竇治等（2005），《網際空間的圖像》（江淑琳譯），臺北：韋伯。

蘭特利奇等編（1994），《文學批評術語》（張京媛等譯），香港：牛
　　津大學。

瀧川龜太郎（1983），《史記會注考證》，臺北：洪氏。

龔鵬程（2001），《文化符號學》，臺北：學生。

國家圖書館出版品預行編目

轉傳統為開新：另眼看待漢文化 / 周慶華著.
-- 一版. -- 臺北市：秀威資訊科技, 2008.04
　　面；　　公分. -- (哲學宗教類；AA0010)
參考書目：面
ISBN 978-986-6732-95-9 (平裝)

1.中國哲學　2.中國文化

120　　　　　　　　　　　　　97005209

哲學宗教類　AA0010

轉傳統為開新
——另眼看待漢文化

作　　者 / 周慶華
發 行 人 / 宋政坤
執行編輯 / 詹靚秋
圖文排版 / 黃莉珊
封面設計 / 蔣緒慧
數位轉譯 / 徐真玉　沈裕閔
圖書銷售 / 林怡君
法律顧問 / 毛國樑　律師
出版印製 / 秀威資訊科技股份有限公司
　　　　　　台北市內湖區瑞光路 583 巷 25 號 1 樓
　　　　　　電話：02-2657-9211　　　傳真：02-2657-9106
　　　　　　E-mail：service@showwe.com.tw
經 銷 商 / 紅螞蟻圖書有限公司
　　　　　　台北市內湖區舊宗路二段 121 巷 28、32 號 4 樓
　　　　　　電話：02-2795-3656　　　傳真：02-2795-4100
　　　　　　http://www.e-redant.com

2008 年 4 月 BOD 一版
定價：320 元

讀 者 回 函 卡

感謝您購買本書，為提升服務品質，煩請填寫以下問卷，收到您的寶貴意見後，我們會仔細收藏記錄並回贈紀念品，謝謝！

1. 您購買的書名：＿＿＿＿＿＿＿＿＿＿＿＿＿＿＿＿

2. 您從何得知本書的消息？

□網路書店　□部落格　□資料庫搜尋　□書訊　□電子報　□書店　□平面媒體　□ 朋友推薦　□網站推薦 □其他＿＿＿＿＿

3. 您對本書的評價：(請填代號　1.非常滿意 2.滿意 3.尚可 4.再改進)

封面設計＿＿　版面編排＿＿　內容＿＿　文/譯筆＿＿　價格＿＿

4. 讀完書後您覺得：

□很有收獲　□有收獲　□收獲不多　□沒收獲

5. 您會推薦本書給朋友嗎？

□會　□不會，為什麼？＿＿＿＿＿＿＿＿＿＿＿＿＿＿

6. 其他寶貴的意見：＿＿＿＿＿＿＿＿＿＿＿＿＿＿＿

＿＿＿＿＿＿＿＿＿＿＿＿＿＿＿＿＿＿＿＿＿＿＿＿＿

＿＿＿＿＿＿＿＿＿＿＿＿＿＿＿＿＿＿＿＿＿＿＿＿＿

＿＿＿＿＿＿＿＿＿＿＿＿＿＿＿＿＿＿＿＿＿＿＿＿＿

讀者基本資料

姓名：＿＿＿＿＿＿＿＿＿　年齡：＿＿＿　性別：□女 □男

聯絡電話：＿＿＿＿＿＿＿　E-mail：＿＿＿＿＿＿＿＿

地址：＿＿＿＿＿＿＿＿＿＿＿＿＿＿＿＿＿＿＿＿＿＿

學歷：□高中(含)以下　□高中　□專科學校　□大學

□研究所(含)以上 □其他＿＿＿＿＿＿＿

職業：□製造業 □金融業 □資訊業 □軍警 □傳播業 □自由業

□服務業 □公務員 □教職　□學生 □其他＿＿＿＿＿

To：114

台北市內湖區瑞光路 583 巷 25 號 1 樓

秀威資訊科技股份有限公司　　　收

寄件人姓名：

寄件人地址：□□□

(請沿線對摺寄回,謝謝!)

秀威與 BOD

BOD（Books On Demand）是數位出版的大趨勢,秀威資訊率先運用 POD 數位印刷設備來生產書籍,並提供作者全程數位出版服務,致使書籍產銷零庫存,知識傳承不絕版,目前已開闢以下書系:

一、BOD 學術著作—專業論述的閱讀延伸
二、BOD 個人著作—分享生命的心路歷程
三、BOD 旅遊著作—個人深度旅遊文學創作
四、BOD 大陸學者—大陸專業學者學術出版
五、POD 獨家經銷—數位產製的代發行書籍

BOD 秀威網路書店：www.showwe.com.tw
政府出版品網路書店：www.govbooks.com.tw

永不絕版的故事‧自己寫‧永不休止的音符‧自己唱